10|18
12, avenue d'Italie - PARIS XIIIe

Dans la même collection

Robert Byron, *De la Russie au Tibet,* n° 2358
Robyn Davidson, *Tracks,* n° 2652
Amelia Edwards, *Une dame dans les Dolomites,* n° 2595
Elie Faure, *Mon périple,* n° 2527
E.M. Forster, *Alexandrie,* n° 2404
Ernst Jünger, *Chasses subtiles,* n° 2448
Barry Lopez, *Rêves arctiques,* n° 2359
Nikolaï Mikloukho-Maklaï, *Le Papou blanc,* n° 2650
Tom Miller, *La Filière des panamas,* n° 2454
V.S. Naipaul, *L'Inde,* n° 2521
Dan O'Brien, *Rites d'automne,* n° 2360
V.S. Pritchett, *Espagne au cœur,* n° 2502
Tobias Schneebaum, *Au pays des hommes nus,* n° 2403
Tobias Schneebaum, *La Demeure des esprits,* n° 2451
Victor Segalen, *Lettres de Chine,* n° 2361
Vita Sackville-West, *Une Anglaise en Orient,* n° 2651
Zhang Xinxin, *Au long du grand canal,* n° 2632

LA NUIT DU DRAGON

Voyages en Indochine

PAR

NORMAN LEWIS

Traduit de l'anglais
par Katherine Feldman-Garcia

10 18

« Odyssées »
dirigé par Marie-Christine Halpern
OLIZANE

Titre original :
A Dragon Apparent

Note de l'éditeur : l'orthographe adoptée pour la transcription des noms géographiques et des lieux procède de l'usage le plus courant en français.

ISBN 2-264-02197-7

Sommaire

Saigon et les Vietnamiens

En 1949, le rideau qui s'était levé une première fois sur la Chine quelque cinquante années plus tôt, retomba pour un changement complet de décor. Les fonctionnaires subalternes du monde entier travaillant dans les bureaux d'expédition maritime et dans les services aériens reçurent des piles de documents et l'instruction d'imprimer le mot « suspendu » sur les destinations telles que Saigon, Canton et Kunming. Plus tard, ils utilisèrent le tampon « service interrompu ». Un voyageur poussé par l'envie de découvrir la Chine arrivait trop tard. Il fallait se contenter de lire quelques livres résumant à tout jamais la connaissance de l'ancien empire à bout de souffle. A cette époque, les protagonistes de cette nouvelle scène s'activaient à un travail de longue haleine. Le rideau allait se relever sur un tableau aussi méconnaissable pour un sinologue qu'il l'aurait été pour Marco Polo. On avait le sentiment que, ces temps venus, les voyageurs curieux auraient été réduits à quelques visites guidées par l'Etat, afin d'admirer les merveilles d'une reconstruction planifiée, un phœnix de béton.

Maintenant que la Chine traversait le feu du changement, il me semblait que si je voulais faire l'expérience d'un voyage en Extrême-Orient – et un voyage agréable – je ne pouvais le retarder plus longtemps. Mais où aller ? Quel serait le prochain pays à subir la transformation qui s'étendait si rapidement à toute l'Asie ? Il fallait le découvrir dans sa forme actuelle, maintenant ou jamais. Je pensais que l'Indochine représentait la bonne solution de remplacement. Et contrairement aux autres pays de la région, très peu de chose avait été écrit sur elle.

A la mi-janvier 1950, décidant de ne pas encourir le risque de nouveaux retards, j'embarquai à Paris dans un avion d'Air France à destination de Saigon.

Au matin du quatrième jour, comme nous descendions vers les brumes de Cochinchine, la lumière de l'aube baigna nos visages. Les passagers se tortillaient sur leurs sièges, ni endormis ni réveillés, et le sourire entraîné de l'hôtesse de l'air nous apparaissait dans toute sa rigidité. Les moteurs ralentis, l'avion tombait des hauteurs alpines en une glissade fluide et pénétrait le nouvel air des plaines matinales comme une libellule sur la surface lisse d'un lac paisible. A l'horizon, les premiers rayons du soleil teintaient les brumes de magenta, alors qu'au-dessous de nous le paysage qui semblait tiré d'un livre de coloriages pour enfant prenait des nuances verdâtres. Maintenant les contours du dessin se précisaient. Un crayonnage jaune indiquait les routes et du bleu signalait les canaux.

Un colonel de la Légion étrangère se réveilla d'un sommeil agité. Il s'efforçait de détendre les muscles engourdis et roides de son visage afin de retrouver cette expression débonnaire des hommes voués au service de la violence. Intrigué par quelque chose qu'il voyait en bas, il éveilla son compagnon et tous deux essuyèrent le hublot puis scrutèrent le sol. Nous passions au-dessus d'une route qui révélait d'étranges encoches çà et là.

— Les tours de défense ! murmura le colonel, avec un doux sourire appréciateur.

Quelques minutes plus tard, une autre vision captivante apparut alors que nous survolions l'échiquier des champs et des fossés qu'un voile de mousseline semblait recouvrir encore. Là en bas se dressaient quelques huttes irréelles dans leur isolement, au croisement des traits tirés à la règle qui marquaient les routes. Un filet d'encens s'élevait en spirale dans notre direction. Pour être visible si distinctement depuis cette hauteur, ce devait être un épais nuage de fumée. Au milieu des champs jaunes, un cercle de petits points se formait autour du village.

— Une opération ! dit le colonel.

D'une façon ou d'une autre, alors qu'il parlait, il semblait lié psychiquement à ce qui se passait en bas. L'autorité de sa fonction renfloua sa silhouette fatiguée par le voyage. Il dominait ainsi les autres passagers, avec une expression presque sacerdotale.

Sous nos yeux la violence grondait mais nous en étions presque aussi détachés que de l'Histoire. L'espace, comme le temps, anesthésie l'imagination. On comprenait mieux à quel point un bombardier devait faciliter la tâche de tuer.

Ce fut une introduction hautement symbolique à l'Indochine.

Lorsqu'on voyage en avion, les premières impressions sont écrasées par la banalité du débarquement. A Saigon, l'arrivée à l'aéroport – avant-scène de bouleversements mondiaux, et cependant lieu aussi fonctionnel qu'une morgue – fut suivie par un trajet en bus le long d'un boulevard napoléonien jusqu'au « terminal international ». Puis vint l'hôtel ; le genre de palace sans majesté qu'on peut observer en face des gares françaises. Jusqu'ici l'Orient était mis à l'écart. On me céda de mauvaise grâce une chambre. J'ouvris tout grand les volets afin de capter une première impression de la ville d'une position favorable et effleurai ainsi une compagnie de moineaux typiquement londoniens.

Saigon est une ville française dans un pays chaud. Il était aussi raisonnable de la nommer, usuellement, le Paris de l'Extrême-Orient que d'appeler Kingston en Jamaïque l'Oxford des Antilles. La motivation de son développement fut purement commerciale et il en résulte une ville sans folie, ferveur ou ostentation. Nulle audace architecturale ne se distingue et la conception de son organisation ne révèle aucune harmonie. Saigon est une petite ville provinciale française, plaisante mais fade et sans caractère, étriquée sur une langue du delta de la mer de Chine méridionale. Depuis là semblent glisser étrangement, dans les criques et rivières environnantes, dix mille sampans qui abritent une population indigène considérable. Au sud, la ville chinoise de Cho-lon, autrefois séparée, a si démesurément enflé qu'elle est devenue sa grotesque jumelle. Les vides laissés par l'urbanisation sont grossièrement comblés de quelques milliers de cabanes faites de branchages et de paille, parfois effacées par des feux accidentels. La partie de la ville la plus soignée compte boutiques, cafés et cinémas, et une simple petite cathédrale construite de briques rouges. Vingt mille Européens demeurent le plus possible entre eux dans les rues centrales ombragées de tamariniers, entourés d'environ un million de Vietnamiens et de Chinois.

Abruti par un jeûne de vingt heures, je fis d'une longue sole couleur safran mon petit déjeuner ; j'appréciai mon thé au goût légèrement terreux et au parfum de serre. Je sortis ensuite dans la lumière jaune et douce puis fus immédiatement témoin d'une scène qui me consola de l'accueil décevant et occidentalisé de Saigon. Les rues étaient animées d'un trafic rapide et silencieusement tourbillonnant où les cyclo-pousses se mêlaient aux cyclistes ; un bus, débouchant d'une rue parallèle s'infiltra dans le torrent principal, happa un cycliste, le renversa et écrasa son vélo. Tous deux, le conducteur du bus et le cycliste, étaient soit Chinois soit Vietnamiens. Le premier sauta de son siège et se précipita vers le cycliste pour le féliciter d'être encore en vie. Les deux hommes étaient ravis, le cycliste repartit, portant les débris de son véhicule et arborant un sourire rayonnant. Aucun autre incident durant mon voyage en Indochine n'a démontré plus clairement la différence fondamentale d'attitude face au destin et à la vie, entre l'Orient et l'Occident.

Mais encore déçu par le centre de Saigon, je décidai de me plonger rapidement dans les rues adjacentes. Je fus immédiatement arrêté par un agent des douanes et de la régie. Il était élégamment habillé d'un pantalon bouffant caractéristique du style tropical et m'expliqua poliment que mes agissements l'incitaient à me soupçonner de trafic de devises étrangères. Je fus discrètement dirigé vers la maison des douanes où l'on me fouilla. Les fonctionnaires, ne trouvant ni or ni dollars sur moi, quelque peu déçus, se confondirent en excuses et me désignèrent des registres où l'inscription de grosses sommes d'argent récemment trouvées montrait qu'ils se trompaient rarement sur les suspects.

Cet événement illustrait aussi combien les Européens quittent rarement les grands boulevards. S'ils prennent parfois des raccourcis, c'est avec une intention précise. Se balader sans but passait aux yeux des autorités pour un délit d'intention. J'étais malgré tout déterminé à occuper mes premières journées en Extrême-Orient à flâner et à m'imprégner d'images vives pendant que mon esprit était encore ouvert et réceptif, car un jour viendra où tout ça ne me surprendra plus, sera devenu familier et banal. L'organisation du voyage pouvait attendre.

Je m'aperçus dès les premiers instants de mes déambulations dans ces rues encombrées et torrides que les peuples d'Extrême-Orient vivent leur vie en public. En ceci, ils sont différents des peuples de toutes les autres parties du monde. La rue est le prolongement de la maison, et il n'existe pas de frontière définitive les séparant. Dès l'aube, et plus particulièrement à Saigon, dès l'instant où le couvre-feu est levé, les gens se glissent hors du lit et se dirigent vers le trottoir où un plus grand espace leur permet d'effectuer partiellement leur toilette. Ensuite, ils mangent, somnolent, jouent aux cartes, se lavent, se font soigner les dents, masser et poser des ventouses par des médecins et consultent leurs diseurs de bonne aventure ; tout ici se déroule dans la rue. On n'y ressent pas ce désir d'échapper aux regards indiscrets qui est si fort en Europe et plus encore dans les pays musulmans. Même les maisons les plus confortables semblent consister en une grande pièce de rez-de-chaussée où la famille vit en communauté alors que les visiteurs vont et viennent par les portes grandes ouvertes.

Les gens prenaient fréquemment de petites collations. Ils s'asseyaient au bord de la route, près de tentes aux paravents de verre peint importés probablement du Japon, car les motifs étaient nippons : des samouraïs menaçants et des tigres ailés. On faisait grand cas, ici, de la présentation décorative de la nourriture. Des bébés poulpes diaphanes étaient suspendus devant des lampes à acétylène. De fines tranches de crête de coq côtoyaient des museaux de porc salé sur des assiettes en porcelaine ravissante. Les poulets et canards rôtis, laqués rouge vif, étaient placés en positions héraldiques, leurs cous gracieusement courbés ou complètement aplatis comme des harengs. Quelques morceaux de porc taillés avec une précision géométrique avaient des surfaces brillantes aussi irréelles par leur lustre que les pièces d'une panoplie de boucher pour enfants. Les appétits étaient ici sollicités par des formes plus frivoles que brutales.

On restait songeur sur l'origine de certaines de ces friandises ; des têtes de canard frites dans de la pâte à crêpe voisinaient avec des pattes palmées d'échassiers ou autres oiseaux aquatiques. Etaient-elles le résultat d'un ardu procédé empirique destiné à séduire des palais au raffinement extraordinaire, puisque dans tous les cas la substance charnelle était pratiquement inexistante ? Ou comme un Vietnamien me le suggérait, étaient-elles plutôt, comme ces plats traditionnels chinois tels que les nids d'hirondelle et les ailerons de requin, les derniers recours de populations frappées par la famine ? Ces peuplades auraient, alors, développé graduellement un certain goût pour cette nourriture que, dans une situation de première nécessité, elles auraient mangée avec la plus grande répugnance ? Si cette hypothèse est exacte, certains des résultats ne manquent pas d'ironie. Les pattes d'ours, autrefois probablement jetées aux mendiants par le chasseur, sont maintenant accessibles aux seuls millionnaires et ne se trouvent que dans les restaurants chinois les plus chics. Les marchands de Saigon doivent payer un prix approximatif de cinquante livres sterling par kilo pour un aileron de requin de première qualité importé d'Afrique occidentale. Les nids d'hirondelle recueillis sur les îles de la côte vietnamienne contribuent notoirement au paiement d'armes achetées par le Viêt-minh. Le territoire de ce dernier étant justement la source de ces richesses.

Un grand nombre de personnes préfèrent jouer leurs achats avec les marchands en faisant leurs courses. C'est pourquoi une coupe de dés est à la disposition des clients dans la plupart des échoppes. Ce jeu se pratique sur la base du quitte ou double, les impairs légèrement en faveur des marchands. Les ménagères ont la réputation de miser constamment leur budget en faisant leurs emplettes, en particulier les jours où l'horoscope leur est favorable. Dans la moitié des cas, elles reviennent les mains vides et l'argent du ménage envolé. Même les enfants jouent pour leurs bonbons et utilisent des dés miniatures dans des coupes décorées de façon charmante. Avant de jeter les dés, l'enfant invoque généralement la chance par une phrase musicale qui, en l'occurrence, reprend les quatre premières notes de la chanson des bateliers de la Volga.

Le jeu est le péché mignon des Vietnamiens. C'est une passion nationale qui prend un caractère quasi rituel à la grande fête de Nouvel An. Une journée lui est consacrée pendant laquelle les Vietnamiens de tous âges et de toutes classes sociales se réunissent pour mettre en jeu leurs possessions sur un coup de dés. La raison sous-jacente de cette coutume semble être de caractère religieux, c'est un acte de soumission face au destin accompagné d'un sacrifice, un apaisement des dieux et une manifestation de foi.

Puisque la croyance aux dieux incontrôlables de la Fortune semble être de la plus grande importance parmi les convictions vietnamiennes, il y a donc une demande générale pour la révélation de l'avenir. Il existe une variété stupéfiante de réponses à cet enthousiasme. En comparaison du tribut hésitant et timide payé par les Européens pour les sciences occultes et associé au thé de cinq heures, le recours à des méthodes publicitaires apparemment innombrables forme ici un spectacle étonnant. Quelques superbes charlatans jouent à fond leur rôle, arborant le visage éclairé des sages et la barbe hirsute et neigeuse des philosophes chinois. Les instruments de leur art sont disposés devant eux sur le trottoir : des cartes, des pierres de formes insolites, un bol de sable, des miroirs, l'oiseau devin. Sur les murs derrière eux sont suspendus des tissus noirs couverts de cartes astrologiques, de diagrammes désignant les parties fatidiques du corps humain, des crânes chauves et des visages naïvement dessinés et employés par les phrénologues du monde entier, de signes du zodiaque et d'années chinoises figuratives symbolisées par des animaux.

Mais à toutes ces démarches légitimes de publicité s'ajoutait souvent un élément qui me semblait déplacé. Il impliquait une confusion sur la fonction de la clairvoyance et une déformation inexcusable de l'essence même de la prédiction : l'insinuation sous forme d'images que le destin pouvait être truqué. Afin de convaincre les clients réticents, des croquis prévenaient des malheurs qui pouvaient leur arriver. La notion de calamité avait été modernisée puisqu'on voyait ces infortunés déchiquetés dans une explosion qui ressemblait singulièrement à un champignon nucléaire. En revanche, les clients plus prévoyants qui s'informaient sur ce que le destin leur réservait semblaient pouvoir le modifier puisqu'on les voyait dans l'image suivante enlacés dans les bras d'un amoureux au clair de lune ou conduire une voiture américaine. Tout ceci semblait assez illogique. Si l'avenir a bien été décidé, il ne reste alors que deux possibilités : soit être anéanti par une bombe atomique, soit réussir dans la vie et se retrouver au volant d'une voiture américaine. On ne peut pas tout avoir. Cependant, un devin qui respecterait cette immutabilité du destin perdrait peut-être son commerce pour le plus grand bénéfice de son concurrent, voisin de quelques mètres dans la même rue. Ce rival promettrait de récrire la destinée de son client en métamorphosant les bombes en voitures, même si l'horoscope en avait décidé autrement.

Les Vietnamiens sont fascinés par la profession de dentiste et j'imagine que c'est l'une des plus en vogue. Les affiches des dentistes étaient proches des cartes de mages, et à première vue faciles à confondre avec elles ; des têtes étaient divisées en quartiers, macabres et très colorées, corroborées de suggestions pour des arrangements ostentatoires de dents en or. Peu de races résistent au désir d'enjoliver leurs mâchoires avec de l'or, et pour les Vietnamiens, un grand nombre de dents en or, ordonnées selon des normes établies, est un signe tangible de prospérité et donne à son propriétaire un sentiment d'assurance. Les dents blanches laissées à leur état naturel ont toujours choqué les susceptibilités vietnamiennes de par leur ressemblance aux crocs du règne animal. Jusque récemment – et encore aujourd'hui dans certaines régions du pays – la dentition était camouflée par de la laque noire. Lorsqu'un des anciens empereurs reçut en audience un ambassadeur européen, il s'était exclamé avec une horreur irrépressible : « Qui est cet homme avec des dents de chien ? » Cette douce phobie procure à d'innombrables citoyens un moyen d'existence artistique. Parfois les dents des deux mâchoires sont complètement serties d'or, et des dessins, souvent empruntés aux symboles de jeux de cartes, sont gravés sur chaque dent, ne laissant apparaître ainsi qu'une surface minimale de l'émail originel.

Dans l'ordre de popularité, les photographes-portraitistes viennent juste après les dentistes. Il est intéressant d'observer que les superbes dames vietnamiennes, que les photographes affichent comme exemples de leur talent, sont moins orientales que caucasiennes. En comparaison avec les femmes que je voyais ici, celles des images avaient des lèvres minces et le léger prognathisme si perceptible en Extrême-Orient était évité. Seuls les yeux rapprochés et à fleur de visage sous des paupières au pli mongolien révélaient leur origine. Je me demandai si ces traits, caractéristiques de l'aspect oriental, et peut-être les moins attrayants pour nous, l'étaient aussi à leurs yeux... ou si c'était un nouvel exemple de l'effet de standardisation du tout-puissant cinéma.

Il n'y avait pas de doute qu'ici, comme partout dans le monde, les films avaient une influence dévastatrice. Dans les rues, les affiches de cinéma étaient placardées sur chaque espace libre. Les thèmes étaient sanglants et horrifiants ; une scène de torture montrait les intestins de la victime enroulés sur un treuil ; des soldats étaient lacérés à mort sur un champ de bataille ou taillés en pièces par des bombes. Toujours du sang. Des fleuves de sang. Une scène plus quotidienne figurait un sujet sexuel. On montrait un homme en tenue de soirée, la femme ou les femmes vêtues de lingerie fine. Telles étaient les productions des studios orientaux. Les œuvres importées, comme je l'appris plus tard, étaient constituées pour la plupart de westerns, et ce qu'ils décrivaient avait tant influencé l'imagination populaire qu'ils étaient presque devenus synonymes de l'appellation « cinéma » elle-même. La mode maintenant n'était pas de dire « je vais aller voir un film » mais « je vais aller voir un western », ou comme en vietnamien ou en chinois, un *pa-wé*. Buffalo Bill et ses successeurs avaient été exhumés, ou peut-être recréés afin de satisfaire à ce goût local. L'œil était constamment agressé par des pseudo-histoires de l'Ouest américain, elles-mêmes interprétées par l'imagination orientale, dans lesquelles des cow-boys féroces, armés de mitraillettes que l'homme blanc a toujours été supposé posséder, faisaient des massacres parmi des Indiens aux yeux bridés s'apparentant aux Vietnamiens.

La diversité de tout ce que je voyais était infinie, et finalement m'éreintait. Je me réfugiai dans un café chinois, et fus reçu par une serveuse qui avançait en portant une serviette humide, tenue à l'aide d'une pince. Je la pris, et suivant l'exemple des habitués, m'essuyai le visage et les mains. Je commandai une bière et on me servit une bouteille avec, sur l'étiquette, un tigre grognant. La bière était très légère et peu parfumée. La jeune femme laissa la monnaie, une pile de billets sales, sur la table. J'appris plus tard que les billets particulièrement souillés étaient donnés au client pour qu'il les laisse comme pourboire. Elle repartit ensuite pour rejoindre le reste du personnel qui écoutait religieusement la radio chanter *When Irish Eyes are Smiling*. Cette chanson était parfois couverte par la voix pénétrante d'une chanteuse de charme chinoise, diffusée du magasin de disques de la rue d'en face. Quelques instants plus tôt, en regardant ses vitrines, j'avais remarqué, parmi les gramophones portatifs et les saxophones, des valises en crocodile soigneusement ajustées qui contenaient des nécessaires en argent pour le fumeur d'opium élégant. Un grand nombre de lézards roses, aux yeux noirs et protubérants, se promenaient parmi l'étalage splendide de cette vitrine.

Alors que j'étais assis au café, un cortège funèbre passa. Il était précédé d'un homme avec une flûte et d'un autre avec un tambour. Le corbillard était gigantesque et passait difficilement dans cette rue étroite. Les enfants de la famille jouaient joyeusement autour du cercueil et les principales personnes qui portaient le deuil en costume blanc étaient traînées autant que soutenues à l'arrière du convoi. Parmi les officiants, un homme présentait une coupe pleine de cigarettes à l'adresse des esprits qui passaient. En dehors du cortège, le trafic se limitait aux poneys et charrettes qui se rendaient au marché, avec des ballots de canards qui pendaient à l'essieu, leurs têtes balayant gentiment la surface de la route.

A un mètre ou deux de la porte du café, un herboriste avait monté un emplacement où il vendait les cadavres séchés et rebutants de petits animaux tels que des lézards, des organes anonymes hideusement marinés dans des bouteilles, des insectes disséqués, un grand choix de dents animales, et des cornes de toutes formes et de toutes tailles. Il proposait aussi des flacons de mixtures, des traitements contre la toux et des élixirs. Les vertus de ces produits étaient illustrées en bande dessinée. Le romantisme au Viêt-nam semble être fondé sur des bases aussi peu scientifiques que celles qui guident les fabricants de dentifrice en Europe. Le patient qui souffrait de toux chronique, par exemple, se voyait abandonné de tous. Et seulement une fois sa toux guérie, il se retrouvait dans les bras de la personne bien-aimée. Il existait également un médicament pour guérir de la médiocrité, puisqu'un traitement transfigurait l'acquéreur, de clochard en orateur.

Tout cela était très divertissant pour un étranger fraîchement arrivé de l'Occident, mais de ces différentes expériences au cours des dernières heures, j'avais appris une chose troublante. J'étais, en tant qu'Européen, invisible. Mes yeux ne rencontrèrent jamais ceux des Vietnamiens. On ne me dévisageait pas avec curiosité, on ne faisait aucun geste, aucun vague sourire. Même les enfants m'ignoraient. Les premiers voyageurs avaient décrit le peuple vietnamien comme des personnes gaies, sociables et affectant une vive curiosité à l'égard des étrangers. Ce peuple s'est maintenant refermé sur lui-même. Les Vietnamiens sont trop bien élevés pour cracher à la vue d'un homme blanc comme le font parfois les Indiens d'Amérique centrale, mais ils sont absolument indifférents. Tout se passe comme s'il y avait eu un accord tacite pour gérer une présence intolérable. Même le propriétaire du cyclo-pousse, à qui l'on donne, pour plus de sûreté, le double de son dû, prend l'argent dans un silence sinistre et regarde immédiatement au loin. Il est très déplaisant de se sentir l'objet d'une haine générale, comme un diable étranger.

La Religion universelle

A Saigon, la première tâche du visiteur en mission littéraire ou journalistique consiste à présenter ses lettres de références au bureau de l'Information et de la Propagande. Cette démarche lui permettra de se déplacer dans cette région dont l'arrière-pays ne comprend aucune infrastructure touristique. De surcroît, il est nécessaire d'obtenir un permis de circulation avant d'entreprendre tout voyage.

Le second jour de mon arrivée, je me présentai donc au bureau en question et fus reçu par le directeur, un certain monsieur de la Fournière. Je m'attendais à rencontrer certaines objections qui devaient me dissuader d'un projet incluant de nombreux déplacements dans un pays en guerre. J'espérai cependant recevoir l'autorisation de visiter, par avion de préférence, quelques villes importantes. Je redoutais, au pire, une franche interdiction de quitter Saigon. A ma grande surprise, l'entrevue se révéla positive. L'idée de l'obstacle participe en grande part à l'attrait du voyage. Or, à l'accoutumée, c'est l'inverse qui se produit. Les complications et les frustrations se révèlent plus tenaces qu'on ne les avait imaginées.

Le directeur était jeune, expansif et enthousiaste. Il prit le relais de la discussion dès que je formulai les grandes lignes de mon programme. Loin de s'étonner d'un tel projet, il le trouva même rationnel et méritoire. Se campant devant la carte murale, il effaça de gestes larges et hardis les distances et les dangers, les commentant dans un anglais rapide et familier. Quelques coups de crayon fermes esquissèrent le tracé de mon voyage.

— D'abord, le Laos ! Je vous le conseille ! dit le directeur. Un paradis terrestre. Inimaginable si vous n'y êtes jamais allé ! Je dis d'abord, parce que vous devez y aller avant que les pluies ne détrempent le pays. Vous y serez certainement juste à temps. Sans quoi vous pourriez vous retrouver en rade !

— Il faut donc prendre l'avion ? suggérai-je.

— Non ! dit le directeur. Les avions ne peuvent pas décoller. Le plus probable, c'est que vous soyez coincé jusqu'à ce qu'ils aient reconstruit les ponts en fin d'année. Sauf, bien sûr, si vous parvenez à joindre le Mékong. Il vaut donc mieux partir maintenant. Inutile de prendre des risques !

De son crayon, le directeur tira sur la carte un trait court et décidé.

— Première étape : Dalat ; cœur du pays de la chasse aux éléphants. Allez-y et rencontrez l'empereur ! Il vous invitera peut-être à une de ses expéditions. Néanmoins, il vaudrait mieux partir en convoi. Vous seriez sûr de trouver ainsi le voyage plus intéressant que par voie aérienne. De toute façon les attaques deviennent rares ces temps-ci. Et puis, qui ne tente rien, n'a rien !

J'acquiesçai, enchanté de trouver chez un fonctionnaire une attitude si nouvelle et si surprenante. Avec assurance, le directeur plongea dans la cartographie des jungles mal explorées couvrant les plateaux du centre :

— Je suppose que vous ne cherchez pas à faire un tour luxueux ? Je veux dire, cela ne vous dérangerait pas, à l'occasion, de vivre à la dure avec les soldats ?

Nous survolions du doigt Kontum.

— Région paludéenne ! dit le directeur. D'un type assez méchant ! Mais il n'y a pas de quoi s'inquiéter, si on ne s'y arrête pas. Quant aux risques ordinaires, n'est-ce pas... comme le Viêt-minh. Naturellement, vous vous informerez sur place. Il n'est pas nécessaire de vous jeter dans la gueule du loup.

Nous tournions maintenant nos regards vers l'ouest de la région. Le directeur pensait qu'il était peu recommandable de monter plus au nord. Certaines tribus n'avaient pas encore signé d'acte de soumission officiel. Et puis des cartes fiables de la région n'avaient pas encore été dressées. Bien sûr, on pouvait toujours amadouer un administrateur local pour qu'il organise une expédition marginale. Il hésita et caressait manifestement cette perspective d'un air songeur avant de l'écarter à contrecœur. Il promena un œil de conquistador sur les quelques centaines de kilomètres de jungle et de marécages qui nous séparaient de la frontière du Siam.

— Il faut à tout prix joindre le Mékong. Tâchez de trouver un soldat ou un chasseur professionnel allant quelque part en jeep. Ce qui s'appelle un *moyen de fortune*...[1] Paksi, ça, c'est une idée.

D'un geste de la main, le directeur triompha des nombreuses bandes de vulgaires pirates, comme les appellent les Français, qui infestaient la région.

— .... ou si ce n'est pas Paksi, Savannakhet ?

S'élançant au-dessus des degrés de latitude qui séparaient ces deux destinations, le directeur nous renvoya d'un geste rapide à notre croisée de routes, en Annam central, et nous fit repartir dans une autre direction. Il réinventa, d'un doigt intrépide, une piste que l'on saura plus tard digérée par la jungle.

— Une fois arrivé au Mékong....

Le directeur haussa les épaules. L'aventure était pratiquement achevée, un millier de kilomètres en pirogue devait être encore couvert avant de rejoindre Saigon.

— ... A moins que vous ne tombiez sur un *moyen de fortune* se dirigeant au nord vers Vientiane. Ensuite, bien sûr, si l'envie vous prenait et que l'opportunité se présentait, vous pourriez traverser le pays jusqu'à Xien-khouang dans le pays méo... et peut-être de là, remonter jusqu'à la frontière de Birmanie ou du Yunnan.

Il était clair que le directeur répugnait à quitter ces projets excitants pour retourner à la monotone sécurité de Saigon où le *moyen de fortune* n'avait pas cours.

Moyen de fortune. L'expression commençait à chatouiller mon imagination. Dès cet instant, elle sonna constamment à

1. En français dans le texte.

mes oreilles. Elle devint par la suite la note dominante de mes voyages.

M. Ferry, un subalterne, avait pour mission d'habiller les envols fantaisistes et créatifs du directeur avec les sobres apparats de l'organisation. Le premier coup d'œil de Ferry sur l'itinéraire suggéré suscita un pincement de lèvres. Quant à la *terra incognita*, vers le nord et l'ouest, il ne pouvait rien en dire. Il n'y avait aucun doute. Le directeur savait de quoi il parlait. C'était son travail de me permettre d'arriver à Dalat, où une Mme Schneider me prendrait en charge et me dirigerait vers un M. Doustin à Ban-mê-thuôt. Après cela, eh bien tout dépendrait de la direction que j'aurais choisie, et naturellement, des conditions locales. M. Doustin, homme très bien informé, s'occuperait de tout. Ferry me montra les trois cartes du pays : physique, ethnographique et géologique. Celles-ci sont données à chaque visiteur officiel et à tout journaliste. Il me remit ensuite un recueil de publications ; des numéros spéciaux de revues françaises consacrées à l'Indochine ainsi que des parutions gouvernementales sur la situation contemporaine en économie et en politique. C'était une méthode fort intelligente et très efficace de présenter le point de vue français, et je fus modérément surpris de constater qu'il était admis qu'un visiteur ait un tel éventail d'intérêts différents.

Il était avant tout rassurant de réaliser que l'aspect « visite guidée » de ce voyage disparaîtrait à une certaine distance de Saigon. Ce déplaisir serait alors remplacé par les dispositions capricieuses et aléatoires de la chance.

Ferry vint avec moi jusqu'au bureau de la compagnie des bus qui assurait la connexion pour Dalat. Il fut déçu, en étudiant le plan des places assises, d'observer que les meilleures avaient déjà été vendues. Les sièges de choix encadraient le couloir intérieur du bus. Si le convoi devait être attaqué, ces positions étaient dans une faible mesure protégées par les corps des personnes situées entre soi et la fenêtre. Je reçus une place qui faisait angle, à l'avant du bus. Elle offrait un excellent champ de vision, mais qui s'alliait, bien sûr, à une vulnérabilité maximale sur deux côtés.

Comme j'avais quelques jours de libres à Saigon, Ferry me fit une suggestion attrayante. Le lendemain, M. Pignon, Haut Commissaire et personnalité française de haut rang en Indochine, allait rendre une visite officielle au pape de la religion caodaïste. Sa résidence à Tay-ninh se trouvait à une cinquantaine de kilomètres. A cette occasion, une imposante escorte militaire serait déployée, et comme c'était l'opportunité d'échapper à la lassitude de la vie en vase clos de Saigon, tous ceux qui le pouvaient tentaient de se faire inviter. Pour un journaliste, il suffisait de s'inscrire.

La description de Ferry exposait un caodaïsme si extraordinaire qu'elle incitait à plus de recherches. Il y avait une cathédrale, disait-il, qui ressemblait à une idée fantasque émanant de l'esprit de Disney. Toutes les croyances de l'Orient avaient été pillées pour créer ce rituel pompeux, greffé sur une organisation elle-même inspirée de l'Eglise catholique romaine. En premier lieu, les caodaïstes avaient actuellement une importante armée privée qui contrôlait une partie de la Cochinchine. Les Français les toléraient pour leur aversion pour le Viêt-minh. Ils les aidaient à leur façon à briser le front nationaliste. Les militants bouddhistes et les minorités catholiques, parmi les Vietnamiens, se querellaient entre eux comme avec le Viêt-minh, mais il leur manquait l'exubérance flamboyante – et la puissance – des caodaïstes. Ferry pensait que l'expérience de cette visite devait être enrichie par quelques lectures sur le sujet. Il m'offrit donc, de la part du bureau, un ouvrage intitulé *Histoire et philosophie du caodaïsme (bouddhisme rénové, spiritisme vietnamien, religion nouvelle en Eurasie)*, écrit par un certain Gabriel Gobron, dont les attributs de représentant européen de la foi semblaient de mon point de vue légèrement commerciaux. En outre, il était dit que Gobron avait « quitté son enveloppe de chair et de souffrance en 1941 ».

Je retournai à l'hôtel vers dix-neuf heures trente, mis en route l'énorme ventilateur du plafond et ouvris la fenêtre. En bas la place était vivement éclairée et le ciel s'illuminait des derniers rayons du coucher du soleil. Comme j'écartais les battants de la fenêtre, je rencontrai momentanément une légère résistance, puis une explosion violente martela mes tympans. De l'autre côté du square une couronne indolente de fumée s'échappait des tables du café, puis se dissipa dans le crépuscule. Deux silhouettes se levèrent de table, se reposant l'une sur l'autre et chancelèrent au loin comme des ivrognes qui auraient décidé de faire la fête. Les autres clients semblaient s'être endormis, leurs têtes sur les tables, sauf un qui se releva et qui fit quelques mouvements lents de gymnastique. Un passant tomba sur les genoux. Après quelques secondes, les promeneurs du soir changèrent de direction, et se dirigèrent de partout, sans affolement, vers le café. Je descendis pour voir s'il y avait quelque chose à faire, mais on s'occupait déjà des blessés aux positions recroquevillées et la routine reprit le dessus. Les serveurs arrachèrent les nappes comme tachées de vin. Un garçon sortit, muni d'un balai et d'un seau, puis frotta le pavé souillé. Un officier assis, une main enveloppée d'une serviette, claqua impérieusement les doigts de son autre main pour appeler le service. Dans les dix minutes qui suivirent, les tables furent à nouveau toutes occupées. Cette grenade à main, une des huit lancées cette nuit-là, fit quinze blessés – le record à Saigon à l'époque. Le feu des mortiers dans les faubourgs ne commença pas avant dix heures.

Avant de m'endormir, je tâchai d'extraire la quintessence du livre de Gobron de sa formidable cosse de jargon métaphysique. J'y appris que le caodaïsme fut officiellement fondé en 1926, tenant son origine de plusieurs groupes spiritualistes cochinchinois. La congrégation en place communiquait, par l'entremise d'un instrument appelé en anglais la planchette, ou en français *la corbeille-à-bec* (sorte de système de plateforme où l'on mettait un crayon et sur laquelle la main se posait) avec Li Tai-pe. On tenait parfois ce dernier pour le Homère chinois qui, dans la dynastie Tang, après « l'autodafé des livres », avait rétabli la littérature chinoise.

Li Tai-pe commença par annoncer qu'il était le porteur d'un très important message pour l'humanité de la part du

Seigneur de l'Univers. Il expliqua que lui, Li Tai-pe, dans sa fonction de ministre de l'Esprit Suprême, à des époques variées et dans différentes parties du globe, avait fondé le confucianisme, le culte des ancêtres, le christianisme, le taoïsme et le bouddhisme. (Dans les messages plus tardifs, l'islam fut ajouté à la liste.) L'établissement de ces religions, disait le Sage – chacune d'elles prenait en considération les coutumes et la psychologie des races auxquelles elles étaient séparément assignées – se fit à un moment où les peuples du monde avaient peu de relations entre eux à cause des moyens de transport déficients. A notre époque les choses étaient bien différentes. Le monde entier avait été exploré et les communications avaient atteint le stade où chaque partie du globe n'était qu'à quelques jours d'une autre. Il était temps que, par son intervention, Li Tai-pe apporte une réorganisation intelligente, un syncrétisme harmonieux et cosmopolite de toutes ces professions de foi en apparence différentes. L'amalgame divinement inspiré devait être appelé caodaï, du nom par lequel le Fondateur de l'Univers avait déclaré qu'il voulait être connu.

En ces temps reculés, les objectifs de la religion, résumés par Li Tai-pe, étaient « de combattre l'hérésie, d'ancrer parmi les gens l'amour du bien et la pratique de la vertu, d'apprendre à aimer la justice et la résignation, de révéler aux hommes les conséquences posthumes des actes par lesquels ils engagent leur âme ». On admit par la suite que le combat contre l'hérésie était une anomalie dans une religion dont le but se proposait de fusionner les doctrines existantes, et il fut donc abandonné.

Le calendrier des saints, en processus de formation, est encore mince. Il inclut Victor Hugo, Allan Kerdec, Jeanne d'Arc, La Rochefoucauld, saint Bernard, saint Jean-Baptiste et l'Empereur de Jade. Ceux-ci communiquent fréquemment, par des moyens spirituels, avec les autorités caodaïstes, donnant leurs directives à propos des aspects aussi importants du rituel que les offrandes de papier votif sur l'autel des ancêtres. Il semblerait que dans le spiritualisme oriental, on attache un étrange prestige aux « guides » d'origine occidentale, parallèlement, bien sûr, aux chefs indiens, aux moines bouddhistes et aux sages chinois, qui jouent un rôle prédominant, en Europe, dans les pratiques équivalentes.

D'un point de vue philosophique, le caodaïsme semble rencontrer quelques difficultés dans son effort de réconciliation. La contradiction réside dans la présence simultanée du pêché originel et de la rédemption d'une part, et de la doctrine de l'évolution de l'âme par la réincarnation d'autre part. Les rites prescrits ont un caractère fortement oriental : des prostrations régulières devant l'autel où sont posés des candélabres rituels, de l'encens, des offrandes de fruits ainsi qu'une peinture représentant un œil (le signe des caodaïstes) entouré de nuages. Les convertis occidentaux sont exemptés par le pape des prosternations rituelles, « temporairement remplacées par de profondes révérences ».

En Cochinchine, tout déplacement organisé démarre avant l'aube. La motivation intelligente de cette pratique, soulignée par tous les voyageurs du passé, est de couvrir une distance maximale du voyage aux heures les plus fraîches. De nos jours, cette pratique comportait un risque. On dut passer prendre certains voyageurs d'un groupe qui ne trouvaient pas de transport les emmenant au lieu convenu d'un rendez-vous. Parfois, d'autres participants n'étaient pas réveillés par le garçon d'hôtel. Celui-ci n'avait-il pas compris l'arrangement ou employait-il ce biais de résistance passive contre l'Européen détesté ? De toutes façons, les précieuses minutes de fraîcheur se dissipaient et c'était déjà l'aube quand on quitta finalement Saigon. Ensuite, les mesures de sécurité provoquèrent d'autres retards : les haltes aux barrages routiers, la route sinueuse que le convoi prenait autour des nombreux obstacles, l'attente des rapports téléphoniques sur d'éventuels dangers transmis par les postes de défense le long de la route. Alors que nous lambinions ainsi, le soleil apparaissait à l'horizon et dessinait avec pittoresque la silhouette d'une grappe de jonques qui mouillaient en un canal invisible. Pour un court instant, l'effet de la chaleur était directionnel, comme si on avait allumé un feu électrique dans une pièce froide. Mais l'air se réchauffait rapidement et dans la demi-heure qui suivit on se crut dans un embouteillage londonien en pleine canicule de juillet.

Le convoi se composait d'une vingtaine de voitures civiles, escortées de trois véhicules armés et de plusieurs camions transportant des Algériens aux turbans blancs. Les visiteurs étrangers avaient été soigneusement séparés. Je roulais dans une Citroën sous la responsabilité d'un fonctionnaire parlant l'anglais, un M. Beauvais. Je déduisis que sa tâche était de me commenter sans cesse le voyage, en jetant occasionnellement, suivant la ligne de conduite officielle du moment, quelques mots en faveur du caodaïsme. Ce faisant, il était quelque peu frustré par son collègue assis à l'avant qui, ne parlant pas l'anglais et supposant que je ne comprenais pas le français, contribuait à cet exposé par une bouffée de dégoût, pimentée d'expressions telles que *merde* et *dégueulasse* chaque fois qu'il surprenait le mot « caodaï ». Cependant, tout ceci n'avait pas de réelle importance, même du point de vue français, puisqu'un changement de l'opinion officielle était à nouveau en cours. Beauvais tarit également son discours officiel. Seule la littérature anglaise l'intéressait réellement, et particulièrement la civilisation britannique telle qu'elle est présentée par John Galsworthy. Elle provoquait un contraste si nostalgique avec la vie barbare d'un employé gouvernemental en Cochinchine !

Une fois que le convoi se fut mis vraiment en route, il prit rapidement de la vitesse. A l'exception des inévitables ralentissements aux barrages, la Citroën roula régulièrement à 80 kilomètres à l'heure. Les rizières désertées que coupait notre route arboraient la couleur du mastic et la clarté trouble du soleil se reflétait dans des eaux boueuses. Quand nous passions, des pléiades d'aigrettes s'élançaient dans les airs en quelques battements d'ailes indolents, puis se posaient maladroitement à la même place. On apercevait au loin des villages érigés sur de petites collines au-dessus de l'eau ainsi que des villas solitaires. Celles-ci, avec leur stuc écaillé, exhibaient un style méditerranéen, à l'exception des lions de faïence dans le jardin qui nous souriaient d'un air absurde, d'un dragon facétieux et d'un dauphin en céramique bleu ciel qui dominait le toit. Quelques maisons avaient été brûlées. Il n'y avait aucun signe de vie. La population avait apparemment reçu l'ordre, comme au passage du Fils du Ciel ou d'un des empereurs divins, de rester chez elle. De temps à autre, à certains endroits considérés comme dangereux, des lignes d'auxiliaires vietnamiens se tenaient dos à la route, les fusils prêts à l'emploi. A intervalles rapprochés, nous passions sous des tours de contrôle; des structures écrasées, faites de petites briques de style romain à l'ombre de toits provençaux. Des palissades concentriques de bambous taillés en pointe les encerclaient. En théorie, toute la longueur de la route pouvait être mitraillée depuis les tours. Les défenseurs avaient aussi pour mission de patrouiller aux alentours. Ces forts pygméens procuraient un contraste assez plaisant et donnaient un parfum légèrement toscan à la plate monotonie du paysage.

Après quelque trente-cinq kilomètres nous parvînmes en territoire caodaïste, où, selon mon guide officiel, on avait restauré une absolue tranquillité. Son ami marmonna quelque chose à propos de bandits et de rats, puis cracha par la fenêtre. Je demandai pour quelle raison les tours étaient si proches les unes des autres et pourquoi les mitrailleurs s'accroupissaient derrière leurs armes pointées vers toutes les routes transversales. M. Beauvais répondit qu'il n'y avait aucun mal à prendre des précautions, soupira et réengagea la conversation sur les agréments de la classe bourgeoise en Angleterre rurale.

Notre première ville caodaïste fut Trang-bang, où une réception avait été organisée. Il semblait y avoir des milliers d'enfants. On avait dû râtisser des kilomètres de campagne pour les réunir. Ils avaient été lavés, habillés de leurs plus beaux atours et alignés le long de la route. Ils tenaient dans une main des bouquets de fleurs éclatant des six couleurs symboliques et faisaient le salut fasciste de l'autre. Les acclamations spontanées furent incroyables et les enfants, qui ressemblaient tous à de joyeuses poupées de porcelaine, s'amusaient, j'en suis sûr, énormément, n'ayant aucune idée de ce qui se passait réellement. M. Beauvais sembla très gêné par le salut fasciste. Son ami, par contre, l'accueillit avec un plaisir sardonique.

Les notables de Trang-bang, habillés de leurs plus belles soieries de cérémonie, étaient présents pour se mêler aux visiteurs. Dans ce pays, qui doit toute sa civilisation à la Chine, ce sont les dernières décennies qui couronnent une vie. La lassitude que l'approche de la vieillesse inscrit si souvent sur les visages occidentaux, la sensation mélancolique de ne plus servir à rien, est remplacée ici par une complaisance spirituelle. Un certain prestige croît spontanément avec les années. Le caodaïsme fut fondé par des fonctionnaires et des hommes de métier à la retraite. Ceux-ci prenaient soin d'écarter du premier barreau de l'échelle tout homme qui n'était pas encore grand-père. Je me dirigeai vers l'un de ces heureux vieillards, et le complimentai sur la bonne mine des enfants qui acclamaient et saluaient encore. Le visage du vieil homme s'éclaira d'un sourire d'une ineffable sagesse. Il m'expliqua que les minois des chérubins résultaient d'une alimentation végétarienne.

— Le végétarisme, me déclara-t-il, est l'un des tenants de la foi caodaïste. Bien sûr, nous n'obligeons pas nos convertis à rompre brusquement avec leurs mauvaises habitudes. Nous commençons par un jour sans viande par semaine et nous les conduisons jusqu'à la totale délivrance.

— Et tous vos adeptes atteignent-ils une complète délivrance ?

— Presque miraculeusement, oui, dit avec ravissement le vieil homme. Ils ont tourné le dos à un passé sordide presque en une nuit. Pensez ! Même des enfants de cinq ans imploraient leurs parents de ne jamais plus leur montrer ni viande ni poisson. Ce fut une expérience merveilleuse.

Nous bavardâmes plaisamment quelque temps. Mon ami m'informa qu'il était un officiel de quatrième rang dans le corps législatif caodaïste, un avocat au rang d'évêque, et qu'il espérait être promu bientôt au rang d'inspecteur général du troisième grade, en acquérant ainsi la dignité d'archevêque principal. Après quoi, la voie était libre jusqu'à la magnificence finale, l'apogée de tous ses efforts d'homme mûr : le rang de cardinal-législateur, éloigné seulement de cinq grades de celui de pape lui-même. Il fallait encore pratiquer beaucoup d'abstinences avant que ce but scintillant ne soit atteint, mais quelle importance ? A son âge, on pouvait se passer de presque tout. C'était le meilleur côté, remarqua le vieillard, en souriant allègrement. Toutes ces abstinences – renoncer aux relations avec sa femme par exemple – n'étaient nécessaires que dans les grades élevés. On serrait la vis doucement, ainsi, lorsque venait le moment de tout donner au royaume de Dieu, on était prêt à tout abandonner. C'était empreint d'une grande humanité.

Sans doute, mais que devenaient les enfants, par cette abnégation volontaire quasiment pratiquée dès la sortie du berceau ? La réponse fut donnée par un médecin caodaïste de neuvième grade et membre du corps de charité, dans lequel il avait atteint le grade inférieur de *fidèle-ardent*.

— Nous souffrons de malnutrition sous toutes ses formes, dit-il. Regardez seulement ces enfants ! Regardez l'état de leur peau ! La majorité sont couverts de plaies de la tête aux pieds.

Je lui dis que ceux que j'avais vus semblaient respirer la santé.

— Mais, évidemment, dit le médecin. Vous ne pensez tout de même pas qu'ils vont mettre les cas de pellagre en première ligne, non ?

Avant notre départ, Beauvais fut une fois de plus gêné. On entendit une forte explosion de mortier. Beauvais affirma que cela se déroulait à des kilomètres et que le vent avait porté le son dans notre direction. Mais il n'y avait pas de vent en Cochinchine, du moins quand j'y étais.

A Tay-ninh, nous fûmes d'abord reçus par l'administrateur. Il était vêtu d'un magnifique manteau antique de mandarin en soie bleue terne, décoré de fleurs jaunes et de médaillons qui se distinguaient à peine, comme les filigranes d'un papier de qualité supérieure. L'administrateur avait un petit visage âgé qu'il contrôlait visiblement, comme le demandait la coutume. Chaque fois qu'il souriait, ce qu'il faisait fréquemment de par sa fonction, il déployait une rangée de cœurs d'ivoire sur fond de dents serties d'or. Il souhaita, d'une vitalité gloutonne, la bienvenue à tous les membres du groupe en visite, tâche qui occupa au moins une demi-heure. Il sortit ensuite comme une flèche, réapparut de nouveau, muni d'une caméra amateur avec laquelle il filma les principaux dignitaires français. On servit alors du champagne et des biscuits. Et comme on semblait nous encourager à prendre un intérêt poli à ce qui nous entourait, j'errai vers les pièces du rez-de-chaussée de la villa typiquement européenne de l'administrateur.

L'administrateur avait trouvé bon d'afficher la modernité de ses idées en meublant sa maison dans un style occidental. Les tables, les chaises, les tapis indiens, l'épais vernis luisant de la poterie rappelaient une salle d'exposition de Tottenham Court Road. Mais les Orientaux progressistes de ce genre ne pouvaient résister à l'introduction d'une touche de couleur locale dans le « bon goût » sans relief et insipide de leur décor européen. Même lorsque cette intrusion est sans autre mérite, je la trouve au moins piquante. Or, l'administrateur avait orné un de ses murs modernes de tableaux des Quatre Vices, sans quoi ils auraient été impeccables. Là où aurait dû se trouver une reproduction des *Tournesols* de Van Gogh, se tenaient ces avertissements sévères que l'on pouvait trouver en vente dans les galeries d'art de Saigon et qui invectivaient le joueur, l'ivrogne, le fumeur d'opium et le voluptueux. L'administrateur s'était probablement fait avoir parce que la production de ces chefs-d'œuvre était typiquement occidentale et son terne monochrome bleuâtre comportait un aspect curieusement photographique. Les motifs doux, presque contemplatifs, et pas du tout édifiants, étaient aussi vietnamiens que les peintures de bétail écossais sont anglaises. Le seul détail dont je puisse me rappeler parmi ces somnolentes transgressions, était la fine moustiquaire dont le lit peint sur le dernier tableau était voilé. Le Viêt-nam aurait besoin d'un Rowlandson ou d'un Hogarth pour décourager ses pécheurs.

Le numéro suivant du programme comportait une visite à la cathédrale, où, selon la description des cérémonies que j'avais lue dans le journal du lendemain, Sa Sainteté, le pape Pham-Cong-Tac, dont le nom signifie « le Soleil brillant depuis le Sud », nous attendait, sous un parasol doré, dans son uniforme de maréchal de l'Empire céleste. Il portait un bâton de maréchal à la vue duquel, selon la littérature caodaïste, s'enfuyaient les esprits maléfiques terrorisés.

Physiquement, le pape semblait à peine pouvoir supporter le poids de sa dignité. Il était l'incarnation d'un homme frêle et insignifiant avec un air de mélancolie irrémédiable. De toute façon, les saisissants détails architecturaux de la cathédrale qu'il avait lui-même conçue portaient ombrage à sa présence.

A une certaine distance, cette structure pouvait s'apparenter à un mariage monstrueux entre une pagode et une église baroque du sud, mais de plus près, la vulgarité de ce bâtiment était si impressionnante qu'une antipathie neutre se muait en un sentiment d'horreur fascinée. Cette cathédrale devait être le monument le plus scandaleusement vulgaire qu'on y ait jamais érigé dans une intention sérieuse. Un palace en sucre d'orge issu d'un fantasme en couleur de Disney ; un exemple d'architecture de foire dans sa forme la plus extrême. Au-dessus de l'encadrement de la porte, une statue grotesque représentait Jésus-Christ sur les épaules de Laozi qui à son tour portait Confucius et le Bouddha. Ils étaient sculptés de telle sorte qu'ils ressemblaient à des acrobates japonais sur le point de commencer leur numéro. A l'intérieur, on s'attendait continuellement à entendre un hurlement de rire relayé par quelque braillement d'attraction foraine. Mais une question se posait. Quelle avait été l'intention de Pham-Cong-Tac en construisant une telle maison pour cette forêt pétrifiée de dragons roses, cette confusion de symbolismes, cette collection de prêteurs sur gage d'objets de culte ? Satisfaisait-il consciemment les goûts crédules et décadents de son troupeau ? Ou se pouvait-il que les manifestations visibles de l'énergie religieuse d'hommes qui ont vécu ignorants de l'art doivent toujours assumer ces formes grotesques ?

A l'appui de cette dernière thèse, il est significatif que tous les fondateurs et directeurs de ce mouvement étaient des hommes qui avaient passé la majeure partie de leur vie dans la routine d'un métier ou dans le fonctionnariat. Pour avoir réussi dans la vie comme ils l'avaient fait, il ne leur était resté que peu de temps pour cultiver le bon goût, s'ils étaient nés sans en avoir. Je fus intrigué, lors du rituel qui suivit, de remarquer que les prostrations énergiques du gouverneur du sud du Viêt-nam devant l'autel n'engendrèrent aucune tentative pour inciter M. Pignon, le Haut Commissaire, à faire de même. Profitant des expériences des empereurs de Chine et d'Annam avec les ambassadeurs étrangers, les caodaïstes avaient admis le manque d'inclination, apparemment congénital, des Européens à célébrer le rite de la prosternation. Ainsi les Occidentaux convertis échappaient à cet exercice de dévotion. M. Pignon, pourtant, consentit à tenir entre ses doigts serrés des bâtons d'encens allumés et à incliner sa tête, avec quelque réserve, devant les symboles amassés de Laozi, Confucius, le Bouddha et Jésus-Christ.

L'installation de la Rome caodaïste à Tay-ninh n'était absolument pas accidentelle. A quelques kilomètres de la ville une montagne isolée et symétrique se dresse soudainement dans la plaine, s'élevant jusqu'à à peu près mille mètres au-dessus du niveau de la mer. Comme il n'y a aucune autre colline dans un rayon d'une cinquantaine de kilomètres qui vienne rompre la monotonie sans relief de la Cochinchine, cette silhouette de « charlotte au chocolat » noircie par ses forêts attire l'attention. Dans cette région du monde où toutes les religions ont leur montagne sacrée, une telle éminence est évidemment irrésistible. Cet endroit a été, en conséquence, un lieu de révélation depuis la nuit des temps. On dit que ses versants sont criblés de grottes naturelles et artificielles ayant abrité, à une période ou une autre, les objets de culte de nombreuses sectes. Je trouvais, quant à moi, qu'il était dommage que la montagne sainte elle-même n'appartînt pas aux caodaïstes, mais au Viêt-minh. Cela empêchait une visite très intéressante. Toutefois, il semble improbable que l'iconoclasme révolutionnaire eût épargné les reliques de ces croyances anciennes.

Mais d'autres survivants de l'éminent passé de Tay-ninh se découvraient dans les rues de la ville; des groupes pitoyables de Cham, habillés en robe de pénitents, appartenaient aux rangs des fidèles du caodaïsme. A la fin du Moyen Age, les Annamites descendant au sud depuis la Chine, avaient vaincu, absorbé et digéré la brillante civilisation cham. Aujourd'hui, seuls quelques éléments subsistaient de cette communauté éclatée. Ils furent pour la plupart dispersés dans quelques villages isolés en Cochinchine et au Cambodge. Ici, ils étaient restés attachés à leur lieu sacré.

Ces Cham étaient d'origine malayo-polynésienne, seul groupe de cette ethnie à avoir accepté, jadis, la civilisation des colonialistes indiens. Ils avaient impressionné favorablement Marco Polo, mais si l'on en juge par le récit du dominicain Gabriel de San Antonio, qui les visita au 16e siècle, il y avait un élément cauchemardesque dans leur civilisation. Elle était brillante mais déséquilibrée et psychopathique comme celle des Aztèques. Les Cham étaient à l'avant-garde des réalisations techniques de leur époque. Ils mirent au point de nouvelles méthodes d'agriculture, entreprirent de vastes projets d'irrigation, encouragèrent les arts et la science. Pourtant, une part de l'esprit de ce peuple restait énigmatique. Les croyances de l'âge de la pierre, comme les visages sombres de l'île de Pâques, hantaient toujours l'arrière-plan de leur civilisation. Certains jours, raconte San Antonio, ils sacrifiaient plus de six mille personnes dont la bile était recueillie et envoyée au roi, qui se baignait dedans pour atteindre à l'immortalité.

Les survivants de ce passé, à la fois sinistre et éblouissant, étaient bramanes ou musulmans ou les deux combinés. L'appétit métaphysique de l'Asie du Sud-Est est insatiable et sa tolérance est absolue. Les Cham modernes n'éprouvent aucune difficulté à adorer la Trinité hindoue, la *linga*, le taureau de Shiva, une pythonisse, Allah – dont on pensait qu'il était un roi cham au 11e siècle – et Mahomet. Un certain nombre de mots incompris furent empruntés aux incantations sacrées musulmanes et pris pour des noms de divinités, chaque mot ayant une fonction spéciale. Les Cham ont tendance à donner à leurs enfants des noms tels que Chien, Chat ou Rat pour chasser les esprits maléfiques. Pour cette raison, certains rois se nommèrent « Excrément ». Il est probable que les Cham eurent peu de difficultés à prolonger leur énorme catalogue de rituels et de croyances de quelques nouveautés caodaïstes.

Le compte rendu de la cérémonie dans le journal m'apprit qu'en quittant la cathédrale nous marchions vers le Vatican « précédés d'une licorne, d'un dragon et d'un groupe de musiciens jouant *une marche précipiteuse*, escortés par une suite nombreuse qui portait le char du Bouddha, les portraits de Sun Yat-sen et de Victor Hugo, et la statue de Jeanne d'Arc ». Les rues, racontait le quotidien, étaicnt remplies d'adeptes habillés de toges rouges, bleues, jaunes et blanches. Dans la bousculade générale, j'ai certainement dû rater quelques événements. J'aurais eu beaucoup de plaisir à voir dans la procession la licorne, que je n'ai jamais vue, ni là ni ailleurs. Je me souviens par contre du dragon ; un beau monstre caracolant. Il cabrait ses pattes arrière et secouait sa tête désespérément au rythme cadencé du tambour et de la flûte. Le rapport avait oublié de mentionner la garde d'honneur de l'armée caodaïste, équipée de fusils de bois soignés. Quand je mentionnai ces armes-jouets, on me dit qu'elles étaient dues au caractère sacré des environs.

Le Vatican était la reproduction exacte de la maison de l'administrateur, hormis le fait que Sa Sainteté avait, à l'évidence, un goût prononcé pour les vieilles pendules. Des plumes de dindes éventaient hôtes et invités qui échangeaient de longues banalités, souvent interrompues de balades dans le jardin, ou d'un passage au bar à champagne, puis reprises sans aucune gêne, comme si on ne les avait jamais suspendues.

Durant le banquet qui suivit, j'étais assis aux côtés d'un colonel caodaïste qui m'expliqua, avec un sourire discret et entendu, qu'il était le chef de la police secrète de cette « Religion universelle à l'âge du transport accompli». Le repas était végétarien et bien qu'il ait été dit aux visiteurs français qu'ils pourraient commander des œufs s'ils le souhaitaient, aucun n'osa le faire. Il y eut sept plats, dont six étaient à base de soja, que je confondis avec une sorte de viande sans goût et trop cuite, qui aurait d'une façon ou d'une autre été servie par erreur. Le colonel et moi nous entendions bien et nous nous servions réciproquement de soja. Bien que les boissons alcoolisées soient toutes interdites aux fidèles du caodaïsme, j'avais remarqué que plusieurs dignitaires présents prenaient quelques libertés. Le colonel lui-même se servit de plusieurs rasades de vin rouge, après quoi il parla, affable, de la technique de sa profession.

A ma gauche, un jeune homme me demanda si j'étais un familier des œuvres de Victor Hugo. J'acquiesçai, sans emphase, d'un mouvement de la tête, me souvenant à peine des quelques premières lignes d'un poème commençant par «Mon père, ce héros au sourire si doux».

— Je suis la réincarnation d'un membre de la famille du poète, dit le jeune homme.

Je le félicitai et lui demandai si lui aussi écrivait. Il répondit modestement qu'il considérerait comme impertinent d'écrire après la fantastique réputation de son parent, qui après tout était généralement reconnu pour être le plus grand poète qui ait jamais vécu. Avais-je réalisé que la plus sublime œuvre du maître avait été écrite après sa mort, ou comme le présentait mon interlocuteur, depuis sa désincarnation? Ce dernier m'expliqua ensuite qu'il était l'éditeur officiel des œuvres posthumes de Victor Hugo, une tâche simplifiée par le fait que seulement certains membres des plus hauts rangs de la hiérarchie pouvaient avoir un contact médiumnique avec les saints tels que Li Tai-pe, Jeanne d'Arc ou le poète. Toutes les communications de Victor Hugo s'effectuaient en vers. Celles-ci, additionnées à l'œuvre de sa vie, formeraient finalement un corpus que devraient mémoriser les candidats aux fonctions élevées. Très intrigué par cette adaptation du vieux système chinois des examens littéraires pour le mandarinat, je demandai un échantillon de cette production très récente du poète. On me fit le récit de la Création comme elle fut décrite lors d'une séance avec le Ho-Phap, ou pape. J'en reproduis, ici, quelques lignes.

HO-PHAP (se référant à l'usage que fait Victor Hugo du mot « eau » dans sa description de la création) :

Est-ce bien la forme de l'eau parlée dans la genèse chrétienne ?

VICTOR HUGO :

Oui, c'est cette sorte de gaz qu'on appelle hydrogène,
Plus ou moins dense qui fait la partie la plus saine,
Dire que l'Esprit de Dieu nage au-dessus des eaux,
C'est à ce sens qu'il faut comprendre le mot,
Avec son astral qui est de lumière,
Il anime par sa chaleur ces inertes matières,
Une couche d'oxygène produit, se met en action,
Le contact des deux gaz donne une détonation.
— Mais vous avez, Ho-Phap, une crampe à la main,
Renvoyons notre causerie pour demain.

A l'heure même où ces festivités avaient lieu à Tay-ninh, les troupes françaises étaient sous le feu des caodaïstes de la province de My-tho, à environ soixante-dix kilomètres au sud. Les Français dirent que ces caodaïstes étaient devenus des bandits et qu'une bataille s'était ensuivie alors qu'ils leur avaient demandé de rendre les armes. Le pape, Pham-Cong-Tac, nia promptement toute responsabilité, soulignant que les insurgés avaient quitté son toit et s'étaient joints à une des onze sectes schismatiques qui refusaient de reconnaître son autorité. La secte schismatique peut se révéler politiquement utile aux caodaïstes, comme peut l'être ailleurs une minorité ethnique.

Les distractions du dimanche

De retour à Saigon, une journée libre précédait le départ. Par une matinée dominicale, je musardai jusqu'au jardin botanique. Sur le chemin, des groupes de beautés toutes vietnamiennes ondoyaient à bicyclette, les traînes aériennes de leurs robes de soie frémissant dans leur sillage. Les robes portées par les dames vietnamiennes évoquaient le temps antique d'une Chine élégante avant l'imposition mandchoue de lois somptuaires. Les jeunes filles vietnamiennes chérissaient la soie blanche, et la grâce de ces cygnes immaculés créait une vision d'élégance céleste. Le parc abondait de ces créatures éthérées, glissant en groupes délicats sur les chemins ombragés. Des galants les accompagnaient parfois et leurs chemises de coton, bermudas et chapeaux mous produisaient un triste contraste. Les jeunes filles ainsi parées appartenaient à la classe sociale des employés de magasin ou à toute autre classe privilégiée. Les domestiques, ou *boyesses*, comme les appelaient si complaisamment les Français, s'habillaient avec le charme plus simple du pyjama. Il était curieux de constater que les membres d'une couche sociale inférieure avaient eu la permission de se protéger des insolations par des chapeaux de paille pointus, alors que la bourgeoisie, bien qu'arborant toutes les coiffures possibles, depuis l'incontrôlable torrent de tresses déferlant sur la taille jusqu'à la permanente, ne se permettait pas de se couvrir la tête. Il faut souligner, au passage, que ce genre de chapeau de paille de coolie, que les jeunes filles portaient par coquetterie, était un magnifique couvre-chef confectionné d'une structure laquée et diaphane, elle-même légèrement cousue sur un jeu de baleines convexes. Pour les promenades dominicales, cette coiffe tenait par un ruban de soie noué à chaque extrémité sous le menton. Le résultat était extrêmement pimpant. La vendeuse et la secrétaire devaient sûrement regretter de ne pouvoir porter une parure si seyante interdite par leur position sociale.

La photographie était le prétexte mondain aux agréables fêtes champêtres de Saigon. On utilisait fréquemment plusieurs décors consacrés aux portraits. L'un de ces décors, le Musée archéologique, se trouvait dans un bâtiment semblable à une pagode où un groupe de jeunes filles romanesques flânaient alentour. Elles caressaient les museaux des dragons décoratifs, attendant d'être photographiées. La berge du lac était un autre site fort prisé. L'eau s'en était évaporée, laissant quelques centimètres de liquide recouvert d'une patine d'écume que transperçaient des fleurs de lotus. Sur un bateau plat, accessoire indispensable du photographe dont la mise à flot se révélait difficile, une dame se balançait, le regard mystérieux et las, patientait tandis que l'artiste, avant de prendre son cliché, camouflait l'amarre avec des feuilles de lotus. La pause achevée, le bateau était hissé sur la rive, et pendant qu'une nouvelle muse s'érigeait en une position photogénique, la précédente dérivait au loin, accompagnée de son escorte.

La nature dans le jardin botanique est plus charmante qu'excitante. Dans un parc public, on ne cherche pas les aspects sinistres de la nature tropicale, mais j'étais surpris par l'absence de tout insecte gênant, tel que la mouche ou la guêpe. Quelques papillons ordinaires, comme ceux que l'on trouve dans la bruyère anglaise, voltigeaient çà et là. Même s'il y avait peu de variétés florales, des rameaux de fleurs pourpres aux pétales d'un épais velours bourgeonnaient sur le tronc et les plus grosses branches d'un arbre. Comme c'était un végétal indigène, son nom est resté un mystère pour moi. Les seuls arbres répertoriés étaient des spécimens exotiques provenant de Madagascar et de Dakar, ainsi devait-on probablement explorer ces pays pour étudier la végétation indochinoise. Les grues bâtissaient leurs nids dans les branches les plus élevées. Elles évoquaient une magnifique aquarelle chinoise. Le soleil brillait à travers le plumage gris-lavande de leurs ailes sur un fond de ramages vert pâle. Un oiseau, toujours invisible, chantait inlassablement une note mélancolique au-dessus de ma tête. Comme un coucou envolé dans une immense jarre creuse, il y répétait incessamment la première note de sa mélopée. Je réalisai plus tard que cette mélodie n'était jamais absente du décor indochinois.

En de tels endroits la tenue des Vietnamiens était irréprochable. Il y régnait une atmosphère de répression douce, comme celle d'une école du dimanche. Les visiteurs admiraient docilement les cages aux daims ; jetaient les dés pour gagner des glaces, pliant le papier qui les enrobait et le rangeant dans leur poche ; ils envisageaient, avec un plaisir silencieux, quel film aller voir parmi les huit originaux de Charlot, diffusés par un projecteur super 8 portable fixé sur une bicyclette ; ils consultaient des diseurs de bonne aventure qui examinaient leur pouls et leurs yeux à la loupe avant de révéler les décrets du destin ; ils achetaient des couronnes de fleurs artificielles dans un kiosque dont la banne pâle et bleue portait les mots purement décoratifs : « Employez le pâté et savon dentifrice de... »[1]. Le nom du fabricant avait été enlevé.

Tout resplendissait d'un charme bienséant et délicieux.

Plus bas, au bord de la rivière, où j'allai dans l'après-midi, j'éprouvai une sensation très différente. La moitié de la population vietnamienne de Saigon vivait sur l'eau. Chaque fois que j'avais une heure ou deux de libres dans la capitale, je m'y rendais pour jouir du spectacle de la vie remuante et active des gens du peuple. Au cours de mes nombreuses promenades sur les berges, je n'ai jamais vu, sauf à proximité du Cercle nautique, d'autre Européen.

Le choix de vivre sur l'eau se justifiait. Il était aussi facile de construire un petit sampan qu'une hutte, le risque

1. En français dans le texte

d'incendie diminuait, et la location du terrain disparaissait. De plus, si on aimait changer de décor à l'occasion, rien n'était plus facile à réaliser. La température sur la rivière descendait considérablement plus bas qu'en ville où la chaleur était étouffante. Enfin, une envie de plonger pouvait toujours être satisfaite. La gent féminine ne rencontrait plus de problème de blanchisserie. Quelques lignes dans l'eau permettaient occasionnellement d'attraper un poisson. Tout bien considéré, il ne semblait y avoir aucune raison valable de vivre ailleurs. De nombreux services flottants se créèrent pour approvisionner l'immense population vivant dans les sampans de l'arroyo chinois et de ses affluents. Des restaurants-sampans proposaient des chaudrons de soupe aux nouilles ; des marchands d'eau transportaient de l'eau potable dans le fond laqué blanc de leurs bateaux ; des boutiques de toutes sortes s'établissaient, et bien sûr, des magiciens nés de la rivière proposaient leur art.

Une marche de cinq minutes dans la rue principale, la rue Catinat, menait au quai. Il était dix-sept heures. On pouvait dès lors risquer de s'aventurer sous le soleil et marcher à découvert, au bord de l'eau, où les dockers chargeaient et déchargeaient les cargos. Un demi-kilomètre plus loin, de l'autre côté de la rivière, s'étendait le *no-man's land*. On osait s'y rendre à la lumière du jour, mais à la nuit, le Viêt-minh surgissait parfois et tirait au mortier sur le centre de la ville. Antérieurement, sur la rive opposée de la rivière, des grappes de huttes avaient été érigées, mais les Français, en les rasant, aggravèrent le problème des réfugiés. A l'heure où je me promenais, les dockers dînaient et les propriétaires des tentes-restaurants dressaient une longue rangée de tables. Sur chacune d'entre elles se dressaient trois bouteilles, une bière « Tigre » flanquée de deux eaux minérales brillamment colorées. Des œufs mi-éclos, dans lesquels on avait pratiqué une petite ouverture qui permettait de choisir le degré d'incubation que l'on désirait, attendaient les clients dans des bols aux dessins séduisants.

Je marchai jusqu'au café situé à la Pointe des Blagueurs et m'assis pour profiter confortablement de la vue. L'animation qui m'entourait semblait, à sa façon, différente et plus intense que celles que j'avais rencontrées auparavant. Je m'étais habitué à la foule, au spectacle de vastes rassemblements dans les rues, dans les endroits de divertissement, les gares ou les restaurants. Mais ces foules participaient toutes à des activités suivant un même registre. Ici, par contre, c'était la diversité des occupations qui frappait. Des centaines de personnes s'affairaient à vivre leur existence, et la majorité d'entre elles en totale indépendance vis-à-vis des faits et gestes de leur voisin immédiat.

Plusieurs jonques mouillaient proche de la rive. Sur leur pont se distinguaient des jardins, des animaux domestiques, quelques coqs et poules, un canari en cage, et des fleurs poussant dans des cartons d'emballage. En permanence, des petits travaux s'y accomplissaient : donner de l'eau aux fleurs ou regarder si une poule avait pondu un œuf. Par une ouverture sur les flancs de la jonque, on pouvait saisir quelque incident survenu dans la routine domestique. Parfois, un enfant nu bondissait en essayant d'atteindre un camarade au-dessous de lui pataugeant dans l'eau. Quelques groupes de personnes s'étendaient sous les bâches de dizaines de sampans, jouant aux cartes et aux dés, bavardant ou dormant. Des gens venaient à terre afin de promener en laisse leurs cochons pour les garder en forme. Une vingtaine de pêcheurs se penchaient sans un mouvement sur leur ligne, le plus particulier d'entre eux tentait sa chance dans une bouche d'égout de la rue. Les pêcheurs professionnels travaillaient depuis les sampans, abaissant dans l'eau de larges filets triangulaires à l'extrémité de leviers. Un tel matériel devait réaliser une pêche miraculeuse ; mais non ! Je n'ai jamais rien vu sortir de l'eau qui ait plus de quelques centimètres. Les pêcheurs de crevettes semblaient plus chanceux. Ils travaillaient enfoncés dans la vase jusqu'aux genoux et tâtonnaient, traînant leurs paniers d'osier dans la boue. C'était un travail dégoûtant, mais au moins ils attrapaient des crevettes. Les femmes, si elles ne cuisinaient pas, se lavaient, ne délaissant aucune partie de leur corps, mais procédant de telle façon qu'aucun centimètre de leur anatomie ne fût dévoilé qui ne devait l'être. Pour aucune raison apparente, d'autres personnes s'agitaient continuellement sur les jonques et les sampans, les déplaçant ici et là, pour ensuite les replacer exactement à leur position initiale. Ce faisant, ils évitaient de justesse des collisions avec les gabares qui transportaient des gens d'un bateau à l'autre dans le port. Des colporteurs passaient sans arrêt, attirant l'attention sur leurs marchandises par des cris mélodieux ou des battements de gong appropriés. D'innombrables flâneurs les ignoraient et traînaient, donnant leurs conseils sur une douzaine de jeux d'argent en cours. A l'arrière-plan, des théâtres flottants clapotaient en passant lentement. Ils avaient trois ponts, de hautes cheminées étroites, des balustrades ornées comme les balcons de La Nouvelle-Orléans, et des caractères chinois rouges qui les recouvraient.

Un convoi pour Dalat

Le convoi pour Dalat partait à cinq heures. Comme je suspectais – et ce fut le cas – que le garçon d'hôtel ne me réveillerait pas, je restai éveillé toute la nuit, la sueur perlant sur mon corps fatigué. J'écoutais l'explosion occasionnelle et distante des obus de mortier et le grondement sourd des camions de l'armée qui patrouillaient dans les rues. Je pensais voyager en chemise et en bermuda. Je prévoyais d'emporter l'indispensable pour un trajet d'une durée indéterminée : une paire de pantalons et une veste pour les réceptions (s'il y en avait), une moustiquaire, des médicaments contre la malaria, une crème anti-insectes et un appareil photo. Une connaissance française m'avait le plus sérieusement du monde suggéré de prendre un pistolet ; moins pour ma propre défense que pour « garder la dernière balle pour moi » si je devais tomber entre les mains du Viêt-minh. Je rejetai cette suggestion. Le bureau de l'Information m'avait obtenu un permis de circulation. Il portait pompeusement l'appellation « Ordre de mission » et j'y étais décrit comme « Lewis Norman, Ecrivain anglais, habilité par Mr. Jonathan Cape, Thirty Bedford Square[1] ». Ce papier dut être fréquemment renouvelé, et en conséquence, la description souffrit à la fois de compressions et d'altérations. A la fin, je devins « Louis Norman Thirsty[2] Bedford ». Ce fut sous cet agréable titre que je couronnai mes périples.

---

1. Thirty : Numéro trente, Bedford Square.
2. Thirsty : assoiffé. (N. d. T.)

A quatre heures et demie, ne me sentant pas particulièrement frais, je me levai, m'habillai rapidement et descendis sur la place pour trouver un cyclo. Comme d'habitude, ils étaient trois ou quatre, à l'extérieur de l'hôtel, somnolant sur leurs guidons. Je m'assis sur le siège, arrangeai maladroitement mon sac sous mes jambes et nous partîmes. Comme les cyclos n'étaient pas supposés comprendre le français, on ne leur donnait pas de directions verbales. Ils pédalaient droit devant eux et on leur indiquait de la main appropriée le moment de tourner.

Nous trouvâmes la partie civile du convoi en train de se rassembler derrière la petite cathédrale de briques rouges. Les silhouettes spectrales de mes compagnons de route se fondaient avec celle du bus. Ils ignoraient le véhicule et attendaient le dernier moment pour monter. J'étais le seul Européen présent et personne ne fit attention à moi. A cette époque, les blancs préféraient voyager par voie aérienne.

Le bus était équipé à l'intérieur pour transporter environ deux fois plus de passagers que ne le laissaient supposer ses dimensions extérieures. Il avait suffi d'ajuster les sièges qui auraient accueilli confortablement des enfants de dix ans et de les arranger de telle façon que les jambes de chacun fussent fermement tenues par le siège placé devant. Je remerciai le ciel, dans ces circonstances, de voyager avec des Vietnamiens silencieux et introvertis et non pas, par exemple, dans un autocar d'Arabes excités. Les voyageurs étaient habillés de leurs vêtements quotidiens de calicot noir, à l'exception du chauffeur qui portait un pyjama de satin noir brodé de caractères chinois porte-bonheur, et un chapeau coûteux en velours brun doré. Il mesurait environ un mètre soixante et devait peser cinquante kilos ; il semblait physiquement peu apte à conduire ce mastodonte surchargé. Comme je le regardais manœuvrer son énorme volant, je remarquai une pancarte, à mon sens judicieuse, épinglée dans son dos, qui enjoignait en deux langues aux passagers de ne pas distraire le conducteur.

J'avais pour voisine une dame d'un certain âge et bien conservée. Ses cheveux étaient coiffés en un chignon compliqué, rehaussé d'épingles de joaillerie en forme de fleurs qui ressemblaient à des pâquerettes. Elle avait négligé sa belle dentition et l'émail blanc se distinguait légèrement sous la couche de laque noire. Parce qu'elle s'était généreusement parfumée de jasmin et, comme la plupart des autres passagères, montrait une certaine prédilection pour les essences entêtantes, l'air dans le car s'était alourdi rapidement d'une douceur écœurante. Ma compagne de voyage tenait une petite boîte, semblable à un poudrier. Elle en sortit, dès notre départ, une noix de bétel qu'elle mastiqua. A de longs intervalles, elle se penchait sur moi et crachait un mince filet de jus par la fenêtre. Lorsque plus tard nous nous arrêtâmes, je trouvai que les éclaboussures orange de bétel projetées par le vent contre le flanc bleu du bus avaient quelque chose d'assez décoratif.

Le convoi serpentait à l'avant et à l'arrière de notre champ de vision. Il semblait composé entièrement de camions de marchands chinois. Les toits de bambou tressé leur donnaient une apparence de chariots motorisés. Les usuels caractères chinois porte-bonheur, tels que paix, longévité et fortune décoraient leurs flancs. Une rumeur alléguait qu'il était malvenu d'être pris en sandwich entre deux camions chinois lors d'une attaque. Ceux-ci avaient la fâcheuse réputation de paniquer au premier coup de feu. Des voitures blindées roulaient à chaque extrémité du convoi, et, aux rares occasions où la route était assez large, ils s'empressaient le long du convoi, avec une anxiété de poules guidant des poussins nerveux. Cependant, la route permettait rarement le passage de deux véhicules de front. Naturellement, les embuscades avaient lieu dans les secteurs étroits où le convoi pouvait s'étirer sur presque huit kilomètres, les voitures blindées coincées dans une position inextricable.

Sur les trente ou quarante premiers kilomètres à la sortie de Saigon, nous étions encore dans le plat pays des rizières. Nous dépassâmes plusieurs villas solitaires sur le bord de la route – « les grandes maisons » de Cochinchine. Des dragons de porcelaine bleu fumé ondulaient comme des serpents de mer en travers des toits et une ménagerie de lions et d'éléphants en céramique déambulait dans les jardins. Les effigies vietnamiennes d'animaux n'avaient jamais un aspect intimidant. Leurs expressions étaient toujours sympathiques, parfois désinvoltes et l'on suspectait qu'une intention tant humoristique que décorative motivait leur présence. Les faîtes des toits semblaient être les endroits favoris pour assembler des figurines de toutes sortes, peut-être parce que leurs silhouettes s'y détachaient bien contre le ciel. Les représentations les plus pittoresques figuraient des philosophes joviaux et barbus jouant du tambourin, une jambe levée frivolement, aguichés par les œillades allumeuses de leurs comparses féminines. Souvenirs de vacances rapportés du bord de mer ? Qui sait ? En tout cas, la plupart des maisons étaient soit désertes, soit réquisitionnées par les militaires ; mais si la famille était restée, une petite plate-forme sur une perche était invariablement placée quelque part près de la porte d'entrée et garnie d'offrandes pour les esprits : un bol de riz, un pot de thé, des bâtons d'encens et parfois un paquet de cigarettes.

C'était le pays du prêtre Borri, là où les premiers missionnaires jésuites avaient commencé leurs travaux. Ils avaient été autant charmés par la civilité de l'accueil indigène que troublés par l'omniprésence des démons. « Ils se promènent dans les villes sous des formes humaines d'une manière si familière qu'ils ne sont absolument pas craints mais admis par la communauté. »

Les villages étaient entourés de palissades fortifiées aux angles. A l'intérieur, étaient érigés des tours et des miradors ; leur structures s'apparentaient à celles des tours de forage avec un poste de mitrailleuse en appendice. Quelquefois, des tours tronquées avaient été construites sur les toits des plus grandes maisons. On disait ne pouvoir entrer en sécurité dans ces villages que de jour, et certains d'entre eux n'étaient accessibles qu'en convoi. Le revêtement de la route avait été ravagé par les sympathisants du Viêt-minh qui avaient creusé des tranchées en travers de la chaussée. Pendant des kilomètres la vitesse du convoi fut réduite à celle du pas, et nous rebondissions sur les cannelures causées par ce sabotage rustique. Le paysage autour de ces villages était assez paisible avec ses tombeaux ancestraux dispersés, qui occupaient une importante surface de terre cultivable. Les tombes les plus imposantes étaient bâties sur les rares positions éminentes qu'on avait pu trouver. Elles furent consciencieusement choisies afin d'offrir la meilleure vue aux défunts. A proximité, certains s'étaient essayés au jardinage paysagiste. Les pierres des tombes étaient joliment patinées, et quelquefois revêtues avec charme de tuiles. On eût dit, parfois, un groupe de villas qui aurait été englouti par quelque convulsion terrestre, ne laissant sortir du sol que des toits aux balustrades ornementales.

Notre premier arrêt fut Bien-hoa, où tous les passagers sortirent et achetèrent de la nourriture. Je n'étais pas encore arrivé au stade où je suivrais l'ordre des choses en m'achetant un bol de soupe chinoise ou du poisson séché et salé, et restai donc sur ma faim. Je devais vite guérir de cette répugnance à m'adapter à un nouvel environnement, car durant tout mon voyage dans ce pays, je ne me rappelle aucune expédition ultérieure où l'heure du départ fut assez tardive pour permettre de prendre un petit déjeuner. De toute façon, à Bien-hoa, il n'aurait pas été facile de manger à l'aise puisque toute une tribu de mendiants sortait du village pour rejoindre le convoi en un pèlerinage lugubre. Ils exhibaient des plaies épouvantables et l'on pouvait distinguer de nombreux cas d'éléphantiasis. A ce propos, la présence de ces mendiants semblait réfuter l'allégation française que les Vietnamiens ne faisaient jamais l'aumône.

Là-bas, je remarquai également la colonisation des fils de téléphone par d'innombrables araignées. Leur ouvrage était effectué de telle façon qu'il formait une toile énorme et allongée. A intervalles réguliers, une araignée d'environ quatre centimètres surveillait le territoire qu'on lui avait assigné dans cette vaste entreprise coopérative, mais comme aucune mouche ne fut attrapée durant la demi-heure que nous attendîmes à Bien-hoa, je ne pus tirer de cette observation de conclusion en faveur de l'effort collectif.

Aussitôt après Bien-hoa, nous plongeâmes dans la forêt. On avait déboisé chaque côté de la route sur une largeur d'une centaine de mètres sur plusieurs kilomètres. Puis, soudainement, la jungle nous entoura à nouveau et les minces bambous arqués balayaient alors le toit du car quand nous roulions dessous. Face à la forêt tropicale, le problème de l'écrivain ou du peintre est le même. La jungle regorge de détails, mais l'ensemble manque d'unité et tend vers une platitude monochrome. Il y a une surabondance baroque de formes qui, malheureusement, ne s'ajoute pas à un retable churrigueresque. De superbes orchidées habitaient certainement les profondeurs de la jungle, ainsi que certaines de ces plantes indigènes dont les fleurs pouvaient atteindre jusqu'à un mètre de diamètre. Mais nous ne percevions qu'une confusion poussiéreuse de feuilles identiques à celles des buissons si denses et souvent encrassés que cultivent les Anglais pour préserver leur intimité.

Il y eut un moment excitant lorsqu'un boa constricteur colossal rampa en travers de la route juste devant nous. C'était le genre de serpent qu'on voit lové et immobile dans le coin d'une cage au zoo. Là, il était extraordinaire de le surprendre dans un mouvement si déterminé. Le conducteur le rata, s'arrêta, fit marche arrière et arriva juste trop tard pour rouler sur sa queue, qui fut retirée dans un remarquable jeu de muscles. Derrière nous, le camion chinois qui suivait, s'emballa et atterrit dans les fougères pour nous éviter. Il n'y eut aucun de ces braillements récriminatoires auxquels on s'attend dans de telles situations. Le camion se dégagea par ses propres moyens, et nous poursuivîmes notre route.

L'arrêt de la mi-journée se fit dans un village nommé, à mon avis avec un certain romantisme, Kilomètre 113. Ce nom donnait au village une connotation de poste frontière qui éveillait l'imagination. Nous étions toujours dans la forêt. Elle s'était quelque peu éclaircie, et notre altitude devait être d'environ trois cents mètres au-dessus du niveau de la mer. D'énormes blocs de pierre lisses et mystérieux jonchaient le sol. Des huttes avaient été construites au-dessus de certaines de ces roches, munies d'échelles permettant d'atteindre le sommet; quelques-unes étaient même pourvues de fortifications. Ce fut là que je vis pour la première fois ce que beaucoup d'Occidentaux imaginent être une image typique de l'Asie du Sud-Est – le buste féminin dénudé. Il y avait quelque part, proche de nous, un village moï et plusieurs filles indigènes languissaient autour des dortoirs de la garnison. Elles étaient minces et paraissaient sous-alimentées, arborant malgré tout l'invulnérable poitrine polynésienne couronnée, ici, de guirlandes de petites fleurs mauves. Plusieurs groupes de Moï des deux sexes allaient et venaient à pas feutrés en bas de la route quand nous y fûmes. Ils avaient l'air sale, dégénéré et misérable: destin inévitable, comme je l'appris plus tard, de ces tribus quand elles entrent en contact avec la civilisation. Certains d'entre eux portaient le haut d'une tenue de campagne militaire anglaise mais exhibaient leur postérieur. Cela produisait un effet grotesque.

Dans le village, une sorte de restaurant servait du porc et des pois – à prendre ou à laisser – et l'on pouvait y acheter de la bière légère. Là encore, l'atmosphère de la frontière était très marquée. Cela semblait convenir aux soldats qui repoussaient les couverts et préféraient se servir d'un couteau de poche ou d'un quignon de pain pour manipuler leur repas. Cependant, les Français ne se transforment pas aisément en soldatesque paillarde; peut-être sont-ils restés un peu trop proches des sources de leur civilisation occidentale pour cela. Le restaurant, avec tous ses défauts, ressemblait davantage au salon d'un prétendant Habsbourg qu'à un bar à Gibraltar lorsqu'un navire de guerre yankee est dans le port.

Comme nous repartions, nous découvrîmes que nous avions une nouvelle escorte – un soldat vietnamien armé d'un fusil. Dans le bus, un papillon blanc le suivait de si près qu'il aurait pu être son « démon » familier. Il s'assit à côté du chauffeur et s'endormit, le papillon battant des ailes sur son visage. Nous entrions maintenant dans la partie la plus dangereuse de l'expédition, là où, un an plus tôt, presque tous les véhicules d'un convoi avaient été brûlés lors d'une attaque qui fit plusieurs centaines de victimes. Deux avions d'observation nous survolaient, déjà prêts, si nécessaire, à donner l'alarme par radio. Après les attaques, des parachutistes étaient généralement envoyés, mais ils prenaient une heure ou deux pour atteindre les lieux, et arrivaient lorsque tout était terminé. Les Viêt-minh, qui attaquaient souvent en force, maîtrisaient le convoi et lorsque les renforts se présentaient, ils avaient disparu.

La route montait lentement et les véhicules contournaient avec peine les collines, de sorte que vu d'un tournant, le convoi ressemblait à une chenille coupée en plusieurs segments. Nous nous délivrions graduellement de cette végétation dense, et émergeâmes finalement vers une savane d'herbe drue. Des groupes épars d'arbres à feuilles caduques ressemblaient à des chênes-lièges ornés de rares et pâles fleurs de citronniers. La chaleur était terrible. Comme le bus était destiné au service d'une contrée au climat nordique, les fenêtres ne pouvaient être forcées que de quelques centimètres. Ainsi, alors que le soleil déclinait dans le ciel, le car était inondé d'une luminosité incandescente à laquelle on ne pouvait échapper. Lentement, nous cheminions vers Dalat. Notre passage hors de la vallée de l'Ombre fut marqué par le réveil de notre garde, qui désarma son fusil et arrêta l'autocar pour descendre. Là, je remarquai que les arbres s'étaient débarrassés de leurs parasites envahissants, l'oppression des plantes grimpantes n'avait plus cours et les lianes cessaient de tomber des branchages. La route s'élargit et peu à peu forma un embryon de corniche. Des pins firent leur apparition. Nous entrions dans Dalat.

Dalat est un lieu privilégié de villégiature en Indochine, mais elle possède cet air de monotonie lugubre si souvent associé à ces endroits. La ville tirait largement profit de son altitude de mille mètres et de ses pinèdes. On avait désespérément tenté de créer une ambiance subalpine, mais il n'en restait aujourd'hui qu'une imitation mal inspirée, qu'un résultat peu grandiose. Lorsqu'on persévère courageusement, les imitations peuvent engendrer parfois une fascination qui leur est propre. Mais la contrefaçon que représentait Dalat était hésitante et prudente. Elle fut développée par une personne ayant passé quelques années comme vice-consul à Shanghai, et ressemblait finalement à une station terne de Haute-Savoie. Au demeurant, il fallait admettre une chose concernant Dalat : la vie là-bas, même en temps de paix, n'était pas tout à fait dénuée d'aventure, puisqu'une chance subsistait, une sur mille peut-être, de tomber sur un tigre en se promenant dans les rues à la nuit venue.

Nous contournâmes un triste petit lac, dont les bords étaient taillés comme une mare de Hampstead Heath et remontâmes la rue principale, passant devant le Salon de Thé, le Crillon Grill, et le chic Shanghai Bar, un *dancing*, pour arriver sur une esplanade. Nous avions parcouru quelque quatre cents kilomètres en treize heures et un problème se posait maintenant. A Saigon, on m'avait recommandé de prendre contact avec une certaine Mme Schneider qui assumait un poste important mal défini et était responsable pour les étrangers. Mme Schneider devait me procurer une chambre en ville, probablement envahie de visiteurs, et s'occuper de tous les arrangements nécessaires pour la prochaine étape du voyage jusqu'à Ban-mê-thuôt. Son adresse ? Eh bien, ce que tous savaient, c'est qu'elle n'en avait aucune. De toute façon, personne n'avait d'adresse à Dalat, et certainement pas les personnages importants tels que Mme Schneider. Le premier individu rencontré dans la rue devait pouvoir m'indiquer son lieu de résidence.

Un télégramme avait été envoyé de Saigon afin de prévenir Mme Schneider de mon arrivée. A ma descente de car, j'osais espérer sa présence ou celle de l'un de ses représentants. Or personne ! Un par un, tous les passagers avaient été reconnus par leurs parents, la foule s'amenuisait et fondait. Il était passé dix-huit heures, les rues étaient désertes et la lumière du jour décroissait. Le service local de taxis se réduisait à de petites charrettes tirées par l'équivalent indochinois du poney de Shetland. Une seule restait et je m'approchai du petit garçon vietnamien qui s'en occupait.

N.L. — *Est-ce que vous connaissez Madame Schneider ?*

Le petit garçon. — *Moi connaisse.*

N.L. — *Où est-ce qu'elle habite ?*

Le petit garçon. — *Là-bas. Moi connaisse* (un geste vague du bras vers les pentes couvertes de pins qui s'assombrissaient).

N.L. — *Mais, elle habite en ville ?*

Le petit garçon (impatiemment). — *Oui, oui. Moi connaisse. Madame Slé-lé.*

Il semblait inutile de continuer le dialogue face à l'assurance bourrue de l'enfant. Je montai dans le taxi, la tête du poney fut tournée vers la brousse et nous partîmes. Nous étions parvenus aux limites de la ville, quand la charrette s'arrêta devant une petite épicerie.

— *Madame Slé-lé*, dit le garçon.

Il était évident que cette dame vietnamienne n'était pas l'objet de mes recherches. Effectivement, après avoir prononcé le nom très lentement, et à mon avis très distinctement, une demi-douzaine de fois, la lumière fut ! Bien sûr ! Ce n'était pas du tout elle, Mme Slé-lé, que je voulais. C'était Mme Sné-dé ! L'importante et vénérée Mme Sné-dé.

— *Oui, bien sûr. Moi connaisse ! Moi connaisse !*

Ayant reçu une explication des plus pittoresques sur l'itinéraire à suivre, nous partîmes à nouveau. Il semblait que ni la rue où Mme Schneider vivait, ni sa propre villa ne possédât de nom. Mais il était impossible de se tromper en restant fidèle aux directives. Malheureusement, la banlieue extérieure était accidentée et notre poney, guère plus grand qu'un saint-bernard imposant, était fatigué. Sur les petites dénivellations, nous descendions et marchions. En haut des collines, nous devions tirer la charrette. Au crépuscule, nous trouvâmes une avenue qui semblait correspondre à la description. Toutes les rues et les villas paraissaient identiques. Des routes poussiéreuses et inachevées croisaient des chemins fous surplombés d'avant-toits protégeant les habitations d'une neige qui ne tomberait jamais. Je marchai le long de l'avenue, allant de villa en villa, mais on ne me répondait pas lorsque je frappais aux portes. Parfois, j'apercevais des domestiques vietnamiens qui se cachaient à l'arrière de la maison, mais dès qu'ils se rendaient compte que je les voyais, ils s'esquivaient silencieusement et disparaissaient. En fin de compte, je trouvai une Française, la première que je vis dans cette ville d'apparence coloniale. Elle se pencha d'une fenêtre à l'étage et m'indiqua, dans une direction plutôt sombre, la villa où Mme Schneider était supposée résider. Je quittai une fois de plus le cabriolet, coupai la route en traversant un jardin jonché d'aiguilles de pin et parvins à approcher un vieux domestique vietnamien qui semblait être cuisinier. Je le surpris récurant quelques pots. Je me plaçai entre lui et la porte de derrière afin d'éviter toute tentative de fuite, puis je commençai l'interrogatoire.

A ce stade, il est nécessaire de parler de l'existence d'un créole français et d'expliquer sa nature, car l'occasion était venue où je compris l'urgence de maîtriser les bases de cet idiome. Le créole français, ou petit-nègre comme il est appelé ici, n'a pas la fantaisie joyeuse de son équivalent anglais, mais compense cette lacune par une structure moins complexe. Son vocabulaire se limite à une centaine de mots. Les verbes sont utilisés à la forme infinitive, sauf lorsque celle-ci est difficile à prononcer, alors une forme spéciale de pidgin est imaginée ; ainsi connaître devient connaisse. Il y a aussi des adaptations dans le domaine de la prononciation. Les Vietnamiens ne s'encombrent pas de consonnes étrangères difficiles. Ils ne peuvent pas prononcer le « r », et dans la langue vietnamienne le « f » comprend une forte composante de « p » dans la prononciation. Ainsi, par exemple, bière de France devient « bi' de Pla » ou « bi' de Pa » ; ou si l'on prend la phrase « je veux du fromage roquefort », elle est traduite, « Moi content po'-mo' lo'-po ». Ce ne fut que lors de ma conversation avec le cuisinier que toutes ces difficultés m'apparurent.

N.L. — *Madame Schneider, est-ce qu'elle habite ici ?*

Le cuisinier. — *Moi pas connaisse.*

N.L. (avec une précision exagérée et une accentuation assez inutile sur le « r » final) — *Schnaydair-r-e, madame Schnaydair-r-e.*

Le cuisinier (esquissant un sourire entendu). — *Sé-dé ?*

N.L. (après un immense effort créatif). — *Oui.*

Le cuisinier. — *Oui.*

N.L. — *Est-ce qu'elle est à la maison ?*

Le cuisinier. — *Moi pas connaisse* (Je ne comprends pas).

N.L. (commençant à apprendre la leçon). — *Madame Sé-dé ici ?*

Le cuisinier. — *Madame partir.*

N.L. (refusant de me rendre à ce ton sans réplique). — *Madame va venir ?*

Le cuisinier. — *Oui.*

N.L. — *Quand ?*

Cuisinier (employant un futur indéfini offert en guise d'apaisement aux étrangers du monde entier qui signifie : dans dix minutes, demain, la semaine prochaine). — *Maintenant.*

N.L. (pas du tout apaisé) — *Mais où est-elle allée ?*

Le cuisinier. — *Moi pas connaisse* (cette fois signifiant soit, je ne comprends pas, soit, je ne sais pas).

N.L. (doutant maintenant qu'il s'agisse de la dame en question). — *Madame, elle est mariée ?*

Le cuisinier. — *Oui.*

N.L. — *Elle a un mari, donc ?*

Le cuisinier. — *Non.*

N.L. — *Alors, elle est veuve ?*

Le cuisinier (dans un effort désespéré pour rendre le tout clair comme du cristal). — *Monsieur pas mari, Monsieur médecin. Madame venir, Madame partir. Monsieur venir attend Madame venir. Monsieur, Madame manger.*

Avec quelques heures de pratique supplémentaires, j'aurais tout de suite compris d'après ce rapport limpide sur les activités de la famille Schneider, que Madame était rentrée chez elle mais qu'elle était sortie à nouveau, probablement pour un cocktail chez un voisin ; que son mari, qui était médecin, arriverait dans peu de temps, et qu'ils dîneraient ensemble à la maison. En l'occurrence, la conversation s'éternisa sottement. Je compris en une rapide succession de phrases que Madame était dans l'administration, qu'elle était médecin, qu'elle était les deux à la fois, qu'elle était en vacances, était retournée en France, courait les boutiques en ville, et ne vivait plus là.

Mon chauffeur, dont les efforts pour me venir en aide n'avaient fait qu'amplifier cette folle confusion, se fatigua soudainement de toute cette affaire, demanda dans un français transparent soixante piastres, l'équivalent d'une livre, et partit avec fracas tel un petit aurige asiatique, dans le crépuscule. Finalement, le cuisinier se retira également, me laissant là, debout et seul, en proie aux moustiques et à ces insectes bruyants et maladroits que sont les lucioles qui frappaient constamment mon visage. Ce fut à cet instant qu'un camion arriva et déposa Mme Schneider et son époux. Ils furent très surpris de me trouver là, les attendant, et me dirent qu'ils avaient envoyé un télégramme à Saigon. Ce dernier m'informait qu'une chambre m'avait été réservée à l'hôtel Baliverne et fixait un rendez-vous pour le lendemain à la mairie. Bien qu'ils ne se soient pas préparés à me recevoir, ils insistèrent pour me garder à dîner. Ils me demandèrent combien de temps je comptais rester à Dalat. Je répondis que je voulais partir le plus rapidement possible. Madame voulut savoir quel jour me convenait pour qu'elle arrangeât une audience avec l'empereur Bao Dai dont la villa se trouvait juste en bas de la route. Il semblait que j'avais dépassé la résidence impériale sans qu'elle eût attiré mon attention. Voilà qui montre bien où en sont arrivés les empereurs d'Annam !

Malgré les allusions qu'on m'avait faites à Saigon sur l'éventualité de participer à une chasse impériale, je n'avais jamais supposé qu'une audience officielle fût considérée comme tellement évidente et j'avouai ne pas avoir prêté grande attention à ce sujet. Les Schneider parurent surpris. Pour la première fois, je constatai que tout écrivain ou journaliste voyageant en Extrême-Orient se montrait anxieux d'interviewer chaque tête couronnée se trouvant à sa portée, et que négliger d'arborer de telles préoccupations dénotait une certaine goujaterie, et même une infraction aux bonnes manières.

Il était incroyable de voir combien ces augustes personnages étaient blessés dans leur orgueil lorsqu'un voyageur insignifiant n'exprimait pas le désir d'être reçu. Mon hôtesse pensa que, de toute façon, la question de l'audience pouvait bien attendre un jour ou deux, puisqu'il y avait peu de chance pour que je sois en mesure de quitter Dalat avant une semaine. Ensuite, on m'expliqua que je devais retourner sur la route de Saigon jusqu'à quelque cent kilomètres au sud où débouchait la route pour Ban-mê-thuôt. Un convoi devait quitter Saigon pour Ban-mê-thuôt le lendemain matin, mais j'étais sûr de manquer la correspondance. Le prochain de ces convois partirait dans une semaine. Dès lors, je trouvai bizarre que les officiels de Saigon aient organisé mon voyage pour Ban-mê-thuôt via Dalat. Quant à Mme Schneider, elle jugea qu'ils avaient sûrement interprété la carte trop littéralement. Deux pistes dans la jungle coupaient à travers le pays en partant d'un village appelé Djiring, une trentaine de kilomètres plus loin. Mais comme l'un de ces chemins était la piste de chasse privée de l'empereur, sa permission devait être obtenue avant de l'utiliser. Pour l'autre, qui n'était fini que depuis deux ans... cela pouvait prendre des mois avant de... mais soudain Mme Schneider eut une idée: n'avait-il pas été question d'un officier de la gendarmerie devant partir pour Ban-mê-thuôt ces prochains jours? Prenant le téléphone, elle obtint la Gendarmerie, et chance inespérée, apprit qu'un lieutenant Suéry partait le lendemain matin. Il avait un siège disponible et se ferait un plaisir de venir me chercher à l'hôtel à l'heure fatale: cinq heures du matin.

Le médecin me ramena à l'hôtel Baliverne. C'était une bâtisse prétentieuse, un genre raté de fonctionnalisme timide, arborant un style de fanfaronnade espagnole. L'accueil qu'on me fit était un bon exemple de résistance passive vietnamienne. Elle commença par l'assertion confiante du docteur stipulant qu'il m'avait réservé une chambre par téléphone. Le Vietnamien à la réception consulta une liste et hocha négativement la tête. Le docteur lui demanda de s'en assurer et le réceptionniste parcourut à nouveau la liste des chambres, une par une, vérifiant apparemment le nom de chaque occupant. Non, décidément, il n'y avait pas de réservation à ce nom. Le docteur très embarrassé se tourna vers moi.

— C'est absolument extraordinaire. J'ai téléphoné moi-même. Pourriez-vous faire une dernière vérification? demanda-t-il. L'employé hocha de nouveau la tête.

— Aucune chambre n'a été réservée.

— Alors permettez-moi de parler au gérant.

— Le gérant n'est pas ici.

Désespéré le docteur demanda :

— Et vous n'avez aucune autre chambre de cette catégorie ?

— Bien sûr que nous avons des chambres.

— Pourquoi ne pas l'avoir dit plus tôt ?

— Vous m'avez demandé s'il y avait une réservation, je vous ai répondu qu'il n'y en avait pas.

Fatigué mais soulagé, je signai le registre. Le réceptionniste sembla se souvenir de quelque chose.

— A quelle heure partirez-vous le matin ?

— A cinq heures.

— Voulez-vous un petit déjeuner avant de partir ?

— Eh bien – si ce n'est pas trop tôt ?

— Oui, ce sera trop tôt.

En attendant qu'on ait monté mes bagages, j'observai autour de moi une élégance vestimentaire des plus surprenantes. Une voiture américaine venait de se garer et un groupe de Chinois fortunés entra. Les jeunes filles portaient des pantalons écossais retroussés et des vestes. Elles étaient accompagnées de ce qui paraissait être un mandarin vietnamien habillé d'une robe de soie fleurie et d'une casquette molle en tweed. Un avant-goût du mystérieux Orient à venir !

Ma chambre était garnie d'un mobilier moderne et bon marché, on y trouvait des toilettes malodorantes et une bouteille d'eau vide. Le garçon d'étage refusa cinq piastres et en demanda dix. D'énormes moustiques léthargiques volaient çà et là dans la chambre. Ils étaient si lents que je les attrapai tous en cinq minutes. J'étais ravi que mon séjour à Dalat ne durât qu'une nuit.

En attendant le sommeil, je considérai l'extraordinaire accessibilité des seigneurs orientaux de notre époque. Comme je possédais le journal de Crawford, *Journal d'une ambassade en Cochinchine*, qui donne un compte-rendu fascinant du pays au temps de sa visite, en 1822, je relus le passage se référant à ses vaines tentatives pour obtenir une audience avec l'empereur d'Annam, ancêtre du souverain actuel. Crawford, qui passa deux mois à faire le salut militaire, ne parvint jamais à ses fins car on lui objecta que la requête émanait du gouverneur-général des Indes et non du roi d'Angleterre lui-même. Ses expériences présentaient des similitudes certaines avec celles des hauts-fonctionnaires qui tentèrent, en vain, d'établir des relations diplomatiques avec l'empereur de Chine.

Crawford découvrit rapidement que, bien que les Cochinchinois fussent hospitaliers, joyeux, méticuleusement polis et dénués de la rapacité siamoise, ils étaient « extrêmement cérémonieux et avaient une prédilection pour le déballage et l'étalage de petites affaires jusqu'à l'ostentation ». Lors d'une conférence préliminaire avec la délégation des mandarins de Saigon, Crawford investit huit heures dans la formulation de la lettre qu'il portait de la part du gouverneur général à l'empereur. Tout en admettant que les intentions étaient probablement louables, les mandarins soulignèrent qu'il était contraire aux lois du pays de la présenter dans sa version originale et barbare.

Par exemple, la phrase, « Son Excellence envoie ces quelques présents en gage de son respect profond et de son estime pour Sa Majesté l'Empereur de Cochinchine ». Cette formulation ne pouvait être acceptée parce que, comme on le lui avait expliqué, « le respect profond et l'estime devaient être considérés comme évidents de la part de n'importe quel humain s'adressant à Sa Majesté de Cochinchine ».

Selon la suggestion des mandarins, le passage fut transformé comme suit : « J'envoie certains présents à Votre Majesté, parce que vous êtes un grand roi. » On exclut également la locution s'adressant à Sa Majesté comme « Souverain du Laos et du Cambodge » en reconnaissance du fait, comme le dit Crawford, « qu'il avait juste conquis une grande part de ces deux pays ».

Les mandarins lui dirent qu'il n'y avait aucun honneur pour le roi de Cochinchine à être appelé un « roi d'esclaves ».

A Huê, la capitale, la traduction amendée du document reçut de nouvelles critiques. Les mandarins étaient horrifiés par la référence indécente du gouverneur-général faite à la mort du dernier empereur, qui « n'aurait pas dû être représenté comme mort, mais juste parti au ciel ». « Ces affaires pénibles (les autres formulations) nous occupèrent de dix heures du matin à cinq heures de l'après-midi. »

Mais tout ce travail fut vain. Les Cochinchinois demeurèrent inéluctablement polis et sympathiques.

— Il est tout à fait naturel, dit le mandarin avec un sourire, que vous deviez employer tous les moyens en votre pouvoir afin de parvenir à être présenté à un si grand roi.

Une allusion fut faite à propos de certaines indélicatesses commises par un prédécesseur, M. Roberts, qui à l'occasion de sa mission de 1805 avait inclus aux cadeaux habituels « une série de gravures représentant la capture de Seringapatam et la mort de Tippoo Sultaun ». Un marchand chinois leur fit savoir dès lors que la Cour, à son avis, « ne désirait plus aucune relation avec eux... Les Cochinchinois considéraient ainsi ces hommes aux cheveux rouges et aux dents blanches – c'est-à-dire les Européens – comme naturellement enclins à faire la guerre et à piller comme des tigres ».

Crawford s'obstina à livrer cette bataille sans espoir, mais il ne put rien obtenir. Il fut reçu, on l'invita à des banquets mais pas à ceux qu'il désirait. Lors de l'un d'entre eux, il remarqua, par exemple, qu'on avait servi aux invités trois bols d'œufs sur lesquels on avait assis des poules durant dix ou douze jours. C'était pour le consoler de ne pas avoir été invité chez l'empereur. Au moment de son renvoi, on lui dit également que, cinq ans auparavant, un ambassadeur du roi de France avait essuyé le même refus et que l'empereur avait décliné les présents qui l'accompagnaient.

La comparaison avec mes propres expériences donne une juste mesure du déclin de prestige des royaumes indochinois.

Région inconnue

Comme on m'avait prévenu de l'inclination du lieutenant pour la ponctualité, je l'attendis dès quatre heures du matin, grelottant doucement dans l'allée grandiose de l'hôtel. Les hauts plateaux d'Indochine présentent cet inconvénient climatique de subir des températures atteignant 35 degrés à l'ombre dès le lever du soleil, alors qu'avant l'aurore, la température est comparable à celle d'un doux mois de décembre anglais. De temps à autre, le brame d'un cerf couvrait les stridulations des cigales. A cinq heures tapantes, j'entendis le bruit lointain d'une voiture et aperçus, à travers les arbres, les reflets saccadés des phares. La Citroën venait, trépidante le long de la route; le lieutenant Suéry en sortit et se présenta. Il avait la quarantaine, c'était un Provençal au visage fin et mélancolique; il était de ces méridionaux qui contredisent l'idée qu'on se fait des Méditerranéens, avec son apparence un peu raide, sa réserve et son air taciturne. Suéry avait le regard anxieux et je le suspectai de souffrir d'ulcères à l'estomac. Seul son discours rapide et chantant, que je trouvai presque incompréhensible, laissait deviner son origine.

La voiture faisait un bruit inquiétant. Aucune voiture ne pouvait résister à ces routes terribles. Le chauffeur était un caporal vietnamien prénommé Nha – prononcez « nya ». Il fut le premier représentant sympathique de son ethnie que je rencontrai. Il souriait sans cesse. Suéry était assis à côté de lui, à l'avant, et critiquait sa façon de conduire. J'étais moi-même à l'arrière, cerné par les bagages. Il faisait encore nuit. Après un bref instant, un court-circuit se déclara qui éteignit et ralluma par intermittence la lumière des phares. Suéry harcelait le chauffeur. Que se passait-il ? Peu après, Nha lui répondit joyeusement qu'il ne pouvait pas trouver la cause de la panne en pleine nuit et que, de toute façon, il n'était pas électricien. Je comprenais chaque mot que disait Nha, mais j'éprouvais de grandes difficultés à saisir les réponses bourdonnantes et aiguës de Suéry. Ce dernier me demanda si j'avais un pistolet dans mes bagages. Je répondis.

— Non, pourquoi ?

Suéry dit que ce serait une chose extraordinaire si nous ne voyions pas au moins un tigre, ou un léopard, sur la piste.

— Des patrouilles viêt-minh ?

— Non, non, pas de risque.

Nous étions à trente kilomètres de la frontière de leur territoire, et le lieu vers lequel nous roulions appartenait au no-man's land, « no-man's land » parce que, selon l'avis général, aucune population n'y vivait. Deux cents kilomètres de jungle inexplorée sans un seul village, croyait-on. On n'imaginait pas les Viêt-minh hanter ce genre d'endroit. Ils ne pouvaient, pas plus que quiconque, se nourrir uniquement d'air pur et d'eau fraîche. De toute manière, le caporal avait un fusil et si notre route croisait un tigre, nous pourrions lui tirer dessus à l'aveuglette, au jugé. Bien sûr, il ne pouvait pas chasser en mission, mais on appellerait cela de la légitime défense.

Une aube fraîche nous accueillit à Djiring. Une rangée de huttes sur chaque côté de la route définissait la ville. J'avais espéré trouver là un peu de café, mais notre arrivée fut trop matinale. Quelques Moï déambulaient dans les rues et tiraient sur leur pipe d'argent. Ils étaient enveloppés de couvertures portées avec une dignité grecque, un pli jeté sur l'épaule gauche. Les ourlets des couvertures étaient tissés d'un dessin fin et complexe.

Nous roulions sur une piste en pleine jungle lorsque le soleil se leva. Il éclairait un chemin juste assez large en plusieurs endroits pour permettre à deux voitures de se croiser. La terre se colorait d'orange et de rouge brique. Nous traversions un pays inexploré, une suite de chaînes de montagnes dont les sommets atteignaient au plus 500 mètres. Une végétation touffue drapait l'environnement et sur les monts plus éloignés, la mousse ressemblait à un textile dense. Dans la lumière douce du soleil levant, le décor avait un aspect gai et printanier. Comme nous plongions dans des vallées, le paysage se resserrait sur nous, jusqu'aux niveaux les plus bas où nous percions pratiquement un tunnel à travers les bambous qui semblaient avoir étouffé toute autre forme de vie végétale. Aux endroits légèrement plus élevés, nous roulions sous des rangées d'arbres régulièrement espacés. Leurs troncs absolument lisses se dressaient sans aucune ramification jusqu'au toit de la forêt où ils formaient un parasol de branches. De la base jusqu'à une hauteur de quelques mètres, les troncs étaient hérissés de branches minces telles les lances brandies par une armée. Les représentants de centaines de parasites ne pouvaient en aucune façon les attaquer. Chaque arbre, semblait-il, revendiquait une surface propre à sa croissance; j'en vis même un dont le tronc cernait presque entièrement un intrus d'une espèce différente.

D'autres arbres ne s'étaient pas adaptés à l'environnement de la jungle et se trouvaient alors envahis de fougères-parasites qui s'établissaient dans les crevasses de l'écorce brute, tandis que des lianes, des orchidées et des plantes rampantes tombaient en cascade de leurs branches. On pouvait observer une régularité curieuse dans la forme de certaines plantes parasites. Un chapelet de feuilles charnues s'attachait à des branches verticales, dont elles se déversaient comme d'un panier trop rempli. En ce début février, les orchidées ne fleurissaient pas, mais parfois dans le creux des vallées, à demi éteinte par les bambous, on entrevoyait la braise incandescente des flamboyants. Une autre fleur poussait aussi généreusement sur le côté de la route, elle ressemblait à de l'épilobe, mais sa robe était de couleur lavande. Elle recevait la visite de papillons d'une sombre magnificence, typique, je suppose, des sous-bois faiblement éclairés. Ces insectes étaient habituellement noirs, ornés d'éclaboussures irisées de vert ou de bleu. Ils ne se posaient pas, mais restaient en suspens, comme des oiseaux butineurs, fouillant avec leur trompe les fleurs épanouies. Ils voltigeaient par milliers au-dessus des nombreux ruisseaux. Une fois, comme nous traversions la savane, nous rencontrâmes ce qui s'avéra être, après une enquête approfondie, une montagne d'excrément d'éléphants. Au premier abord, on n'avait rien pu en distinguer, que le scintillement des ailes sombres des papillons qui le recouvraient.

J'étais intrigué par ce processus par lequel la jungle reprendrait un jour possession de la piste – une action digestive qui avait déjà commencé. Etant donné que la plupart des arbres ne possédaient pas de branches basses, la pression latérale s'exerçait faiblement ; pas de murailles impitoyables sur les bas-côtés. Par contre, des plantes s'étaient enracinées sur la piste elle-même et avaient déjà atteint une taille appropriée à leur transplantation pour la décoration d'une pension anglaise. Elles appartenaient à la classe des aspidistras et à celle des lauriers, propulsant leurs feuilles nouvelles et souvent curieusement nervurées, velues, tachetées ou laquées. Quelques-unes portaient des petites fleurs semblables à celles de l'oranger, et des araignées leur apportaient une touche nuptiale, comme les drapant de voiles de mousseline virginale. Je vis quelques oiseaux familiers tels que des guêpiers, des martins-pêcheurs ou des pies-grièches, et nous rencontrâmes un faucon pèlerin perché très inconfortablement sur un bambou mince et oscillant. Le lieutenant semblait mortifié par le fait qu'aucun tigre n'était apparu ; et il affirma que le soleil était désormais trop haut et qu'il était improbable que nous en voyions un. Malgré tout, une troupe de gibbons tomba des arbres sur le chemin, attendant notre venue dans un étonnement pétrifié. A la dernière minute, alors que le chauffeur freinait déjà sèchement, ils disparurent en un panache acrobatique. Les poules de jungle se montraient fréquemment. Elles étaient aussi petites que les poules naines de Bantam et presque aussi agiles dans leur vol que des merles. Il semblait que les habitudes polygames des basses-cours prédominaient dans la jungle – quoique à une plus petite échelle – puisqu'un coq n'était jamais sans deux ou trois poules. Nha, le chauffeur, gémissait de voir toutes ces occasions de chasse perdues, mais le lieutenant ne fléchit pas sur la discipline, même quand nous vîmes un ours énorme sur la piste, juste dans le bon angle de tir, léthargique et indifférent, la tête baissée et son museau touchant pratiquement le sol. Il demeura une cible parfaite, immanquable, jusqu'à ce que nous nous en fûmes approchés à quelques mètres, et soudain, sans regarder, ne faisant aucun geste préliminaire, il disparut, semblant se dématérialiser.

Durant l'après-midi, nous avions quitté la jungle et entrions dans une région de forêt-clairière – des lopins de terre boisés alternant avec l'herbe drue de la savane. Ce phénomène pouvait provenir de variations extrêmes de fertilité du sol ou des modes de cultures destructeurs pratiqués par les tribus primitives de la région. On observait quelques kilomètres d'herbage, suivis, lorsque le sol s'améliorait, d'une zone de bouquets de fougères, de buissons soigneusement taillés et décorés de fleurs ressemblant à des roses sauvages ; puis c'était de nouveau la jungle, une explosion de verdure envahissante. Le lieutenant dit que ces endroits regorgeaient de gibier, particulièrement d'éléphants, de tigres et de gaurs – une espèce de gros buffle, d'une férocité légendaire en Indochine, qui fournit à tous les chasseurs locaux des histoires d'escapade à faire se dresser les cheveux sur la tête. Nous n'en vîmes aucun.

Pendant plusieurs heures le lieutenant montra des signes d'irritation qui avaient la forme d'une critique constante sur la façon de conduire du chauffeur. C'était certainement un exploit que de conduire une voiture sur cette piste au terrain peu solide, avec ses virages serrés, ses dénivellations, et la végétation fraîchement poussée à travers laquelle nous étions obligés de forcer implacablement un chemin. Je trouvais que Nha s'en sortait très bien. Nous n'avions pas eu, jusqu'à présent, de vilaines surprises. J'étais heureux de pouvoir me reposer et admirer le paysage. Ce fut l'inverse pour le lieutenant. Il commença peu à peu, en mauvais copilote, à conseiller le chauffeur. Cela donnait quelque chose du genre :

— Bon, maintenant doucement dans le virage. Maintenant accélère fort ! – tout ce que tu as ! Non, ne change pas de vitesse ! Pourquoi changer de vitesse quand tu devras le refaire tout de suite après ? Garde ton pied sur la pédale ! Maintenant change de vitesse ! – la première – voilà ! tu l'as fait trop tard : tu vas faire caler le moteur comme ça ! Ne change jamais de vitesse après un tournant comme ça, change avant ! Maintenant l'accélérateur à fond ! Hé ralentis ! Mais au nom du ciel ! Qu'est-ce que tu fais ? Bon Dieu, tu vas nous faire faire un tonneau avant de savoir où nous sommes. Et voilà – je t'avais dit que tu calerais le moteur !

Il était évident que Nha allait perdre son sang-froid. Après qu'il eût suivi de son mieux les instructions de Suéry, et fait cependant caler deux fois le moteur en montée, Suéry lui demanda s'il était fatigué et s'il désirait un peu de repos. Nha descendit sans un mot, contourna la voiture et vint de l'autre côté. Suéry prit le volant. La conduite de Suéry était dynamique. Nous passions les collines dans un bruit de tonnerre, à toute vitesse, serpentant doucement sur les surfaces planes. On prenait les virages dans le style d'un Grand Prix. C'était très excitant.

Après une dizaine de minutes à tombeau ouvert, nous arrivâmes sur une pente douce. Il y avait un ravin d'environ une centaine de mètres à gauche et un talus sur la droite. La route s'élargissait et Suéry pensa qu'il pouvait prendre le virage à quarante à l'heure. J'entrevis un vol de petits perroquets quittant la cime d'un arbre émergeant du ravin, mais je fus incapable de suivre leur vol à cause du renversement du paysage. Un instant je regardai les oiseaux s'envolant, mais ensuite le paysage changea de place et je vis la route – se dérobant aussi – et un talus escarpé nous arriver dessus. J'entendis Suéry dire « Mon Dieu » très vite, trois fois, et je coinçai mes pieds contre le siège avant en le poussant très fort. Il y eut un fracas, quelque chose me frappa la tête et nous semblâmes rebondir dans l'air puis reculer. Nous fîmes quinze mètres en arrière, dos à la pente, descendant la route, suivant la bonne direction, les portières ouvertes. Je tombai le premier et vis

Nha et Suéry chuter de chaque côté. Nha s'assit sur la route, la tête dans les mains, et Suéry se leva puis recula de quelques pas. Du sang baignait son visage et coulait déjà le long de sa chemise. Quant à moi, mes oreilles bourdonnaient, mais je savais que je n'étais pas grièvement blessé. Nha se leva, s'assit sur le marchepied et dit, « Oh malheureux », et quelque chose en vietnamien. Il fit ensuite une grimace et nous allâmes tous deux nous occuper de Suéry. Ce dernier souffrait d'une blessure profonde à l'arcade sourcilière et de nombreuses petites coupures sur le visage et les bras. Il avait cassé le volant avec son torse. J'essuyai une grande partie du sang avec un mouchoir propre et pris du sparadrap dans mon sac pour l'appliquer sur ses blessures.

Au bout d'une demi-heure tout le monde se sentit suffisamment rétabli pour examiner l'auto. C'était une véritable épave, et l'un des pneus avait été à moitié replié sous le châssis. Au mieux, nous étions à une trentaine de kilomètres du prochain poste militaire, mais la nuit allait tomber dans deux heures. Suéry semblait penser que ce ne serait pas une bonne chose que de passer la nuit dans la voiture et Nha expliqua pourquoi plus tard. Nous eûmes une deuxième chance lorsque Nha se rappela l'existence d'une hutte utilisée par la garde moï ; il pensait qu'elle ne pouvait être à plus d'un kilomètre ou deux. Prenant ce que nous pouvions facilement porter, nous partîmes et arrivâmes en une demi-heure à une petite clairière dans la jungle, avec une hutte de bambous tressés montée sur pilotis. Deux jeunes Moï en tuniques de l'armée et en pagne guignèrent dans notre direction par l'entrebâillement de la porte. Ils semblaient aussi contents de nous voir que si nous avions été des parents de mauvaise réputation. Après un rapide examen minutieux et dubitatif, ils se tournèrent tous deux, espérant qu'en ignorant notre existence, ils pourraient nous persuader de les laisser en paix. Nha les appela et l'un d'eux vint, se tenant en haut de l'échelle. Nha lui fit signe d'approcher et celui-ci se retourna comme pour appeler l'autre. Finalement la paire descendit de l'échelle lentement, avec une répugnance ostentatoire. Suéry donna des détails méticuleux sur ce que Nha devait leur dire, mais Nha, ne sachant que quelques mots de leur langue, commença du mieux qu'il put son travail d'interprète, tandis que les Moï restaient plantés là, nerveux et déconcertés. C'étaient des jeunes gens doux et efféminés, âgés d'environ vingt ans. Suivant la coutume locale, ils avaient les dents de devant cassées et coiffaient leurs cheveux en chignon. Quelques bracelets étroits en cuivre ornaient leurs poignets, et une pipe de marguillier en argent dépassait de la poche de leur tunique. Nha expliqua d'abord que Suéry était un officier et qu'ils devaient se considérer sous ses ordres. Avaient-ils compris cela ? Il y eut un assentiment incertain.

— Très bien, dit Suéry, demande-leur quelles armes ils ont.

Les Moï répondirent qu'ils avaient deux fusils.

— Dis-leur d'aller les chercher, dit Suéry, paraissant soulagé.

Les Moï partirent en trottinant et réapparurent avec les fusils, portés avec élégance, le canon en bas. Suéry les prit, fit jouer le mécanisme, l'inspecta et examina les canons. Il semblait satisfait.

— Demande-leur combien de charges de munition ils ont pour les deux.

Nha traduisit ceci et les Moï hochèrent la tête. Ils n'en avaient aucune.

— Bon Dieu, dit Suéry, alors, qu'est-ce qu'ils ont pour se défendre ?

Les Moï dirent qu'ils avaient chacun un arc.

— Quelques flèches ? voulut savoir Suéry avec sarcasme.

Les Moï répondirent que oui, qu'ils avaient des flèches et aussi des coupe-coupe.

— Très bien, dit Suéry. Dis-leur d'apporter les coupe-coupe.

Les Moï revinrent en trottant avec les coupe-coupe sur leurs épaules. Ils avaient des lames courbes et lourdes, aussi aiguisées que des rasoirs, de quelque trente-six centimètres de long et pouvaient être utilisés comme des haches ou des couteaux.

— Bon, dit Suéry. Maintenant dis-leur qu'ils doivent partir pour Dak-song immédiatement, arriver là-bas le plus rapidement possible et amener de l'aide. Je leur donnerai un mot pour le chef de poste.

Alors que Nha essayait de traduire l'ordre dans leur langue on pouvait voir les visages des Moï se rembrunir. Ils dirent juste qu'ils ne comprenaient pas. Ce fut la ligne qu'ils adoptèrent et ils s'y tinrent fermement. Leurs visages simples de bronze lisse, jusque-là bon enfant et assez étonnés, se vidèrent soudainement de toute expression. La lumière de la compréhension s'éteignit, ou plutôt fut éteinte.

Suéry accepta la défaite. Il savait que rien au monde ne persuaderait ces Moï de marcher sur une piste de jungle dans le noir. Il demanda si Nha partirait avec un de ces Moï, et Nha qui avait l'air un peu dégoûté dit oui. Mais lorsque la proposition fut soumise aux Moï, ils avaient préparé une deuxième ligne de retraite en disant que leur sergent leur avait donné l'ordre de rester ici jusqu'à ce qu'il revienne. Et où était le sergent ? Il avait été blessé et était parti. Où ? Ils ne le savaient pas. Il y avait des jours, peut-être des semaines que c'était arrivé, mais il leur avait dit de rester où ils étaient, et ils le feraient. N'avaient-ils pas réalisé, dit Nha en s'indignant, qu'un lieutenant était plus important qu'un sergent et que ses ordres dépassaient tous ceux qu'ils avaient pu recevoir ? Une fois de plus, les Moï ne comprirent pas.

Le lieutenant se leva et dit qu'il dormirait dans la hutte.

L'idée de passer la nuit dans une hutte moï remplit Nha de répulsion, comme il s'empressa de me le dire dès que le lieutenant fut hors de portée de sa voix. Une hutte qui avait été occupée par des sauvages – imaginez l'odeur ! Eh bien – je me rendrais vite compte par moi-même. Un autre aspect devait être considéré. A supposer que des bandits – ou des « pirates » comme ils étaient invariablement appelés – trouvent la voiture en ruine ! Ils viendraient nous chercher ici en premier lieu. Je réalisai que le lieutenant avait pensé aux pirates quand il avait refusé de dormir dans la voiture. A quelques heures d'ici seulement, il y avait plusieurs villages et un croisement de routes traversant le pays. En fait, justement le genre d'endroit où l'on pouvait s'attendre à rencontrer des pirates faisant le pied de grue. Il pensait moins au Viêt-minh qu'aux *pirates vulgaires* mêlés aux déserteurs japonais. C'est pour cette raison que les gardes moï étaient là. Naturellement les pirates ne s'embarrasseraient pas de personnes aussi insignifiantes ; mais s'ils savaient que nous étions ici – « oh malheureux ! » Les exclamations douloureuses de Nha s'accompagnaient toujours d'un grand sourire. J'étais persuadé qu'il n'était pas particulièrement impressionné par les hasards auxquels nous étions exposés, mais qu'il s'amusait, comme on le fait si souvent, à en profiter. Le péril suivant qu'il inventa fut le tigre, remarquant avec une gaie conviction que « les tigres allaient causer avec nous ce soir ». Je soulignai que les Moï étaient encore en vie. Il avança que, bien que les Moï fussent des sauvages dégoûtants, ils savaient comment se débrouiller avec les tigres, contrairement à nous. Nha ressentait le dégoût évident du Vietnamien conservateur des plaines pour tout ce qui concernait les forêts, les montagnes et leurs habitants. Les Vietnamiens, comme les Chinois, préfèrent le confort d'un paysage familier plutôt que le mystère de lieux inconnus. Nha aspirait à retrouver les fossés et les rizières de Cochinchine.

Les préjugés de Nha étaient, bien sûr, injustifiés. La hutte des Moï était immaculée et ne dégageait aucune odeur. Elle se composait de segments de bambous, attachés par des lianes sur une charpente. Mais l'intérieur n'était pas rassurant. A chaque pas, on avait l'impression de risquer de passer à travers le plancher. Toute la structure craquait et se balançait. Sur le sol, un plateau large et circulaire, en terre cuite, servait de foyer et Suéry voulut allumer un feu pour éloigner les moustiques. Nha lui demanda s'il pensait que nous devions afficher notre présence. Ce à quoi Suéry répondit que nous n'avions pas le choix si nous ne voulions pas être mangés par les moustiques, car la région était infectée par la malaria. Une espèce rare de moustiques vivait ici, qui se reproduisait dans l'eau vive, l'*Anopheles minimus*. Il n'y en avait pas de plus mortels.

Quand nous allumâmes le feu, nous étouffâmes presque avec la fumée, mais les Moï redisposèrent les bûches et la fumée disparrut, laissant une légère odeur d'encens dans la pièce. Je sortis et me tins près de la porte. Un énorme hibou battait des ailes à travers la clairière. A proximité, dans les sous-bois, un oiseau chantait une mélodie puissante, semblable à celle du rossignol. Je tirai la porte pour la fermer, l'attachai avec une liane et allai me coucher.

Suéry avait dit à Nha de s'arranger pour que les Moï montent la garde à tour de rôle; mais une fois de plus il ne put se faire comprendre. Dès que nous étendîmes nos jambes près du feu, ils passèrent furtivement près de nous et s'installèrent dans une autre partie de la hutte. Nous ne les vîmes plus. J'étais sûr que notre présence les indisposait. Elle offensait très probablement l'esprit tutélaire de la hutte et ils ne pouvaient pas l'apaiser d'un sacrifice.

Je me couchai le plus près possible du feu et me retrouvai avec un côté chaud et l'autre gelé. L'air frais de la nuit montait depuis le plancher de bambous. Dans n'importe quelle position, je sentais les inégalités du sol. Finalement, je somnolais vaguement mais j'étais constamment dérangé, soit par quelqu'un qui se levait, ce qui faisait balancer la hutte, soit par je ne sais quoi d'autre. A tous moments, j'entendais des bruits d'animaux, ni forts, ni menaçants, mais plutôt incongrus, tenaces, lugubres même; un toussotement, un soupir, ou une plainte douce et anxieuse.

Vers l'aube, je m'éveillai douloureusement et réalisai que j'avais perçu dans mon rêve quelque chose comme le bruit d'un chantier naval en pleine activité. C'était un fracas régulier, quasi industriel, produit, je le supposai, par une sorte de bélier ou une machine à riveter. Lorsque je fus totalement réveillé et que je réalisai où j'étais, il me sembla déraisonnable que cette clameur ne s'arrêta point. Nha était déjà debout. C'était un oiseau, disait-il. Je pensai que c'était un calao avec les habitudes d'un pivert. Mais non, disait Nha, ceci est le cri d'un oiseau et non le choc d'un bec gigantesque contre un arbre creux. Je ne pus jamais percer ce mystère, car, quelle qu'en fut la nature, je n'entendis plus jamais ce bruit. Depuis cette époque, un autre signe de l'aube me devint peu à peu familier : un énorme mugissement, sifflant et démoniaque, qui partait d'un coin de la jungle, puis de tous les autres, jusqu'à ce que l'air résonnât du cri montant et descendant de sirènes. C'étaient des singes hurleurs. Chaque matin, ils chantaient en chœur comme des fous pendant une demi-heure.

Nous nous lavâmes dans une eau verdâtre provenant d'un ruisseau proche. Il n'y avait rien à manger ni à boire ; et en fait, aucun signe que les Moï se préoccupent de repas réguliers. Nha souleva le sujet et l'un des Moï offrit de partir chasser un singe avec son arc. Nous le remerciâmes et nous nous préparâmes à partir. Suéry demanda à Nha de rester avec la voiture pendant que nous marcherions lui et moi jusqu'à Dak-song. A cause du rictus permanent de Nha, je ne pus voir si la perspective de rester en arrière le réjouissait, mais Suéry le connaissait suffisamment bien pour le deviner. Il demanda à Nha s'il était effrayé de rester seul et Nha répondit que non, s'il ne devait pas y passer la nuit. Alors là – « Oh malheureux ! » Suéry promit qu'il s'arrangerait pour qu'il fut délivré avant le crépuscule, quoi qu'il arrive. Nha demanda ensuite à Suéry s'il voulait prendre le fusil – « au cas où vous verriez un ours ». Suéry refusa cette offre très généreuse, puis après avoir proposé aux Moï quelques cigarettes à couper pour bourrer leur pipe, nous partîmes.

L'occasion de marcher jusqu'à Dak-song me réjouissait, car j'avais ressenti le besoin d'un contact plus proche avec cette forêt inexplorée et pure, chose impossible en voiture. C'était une superbe matinée comme il s'en trouve au mois de mai en Angleterre, d'abord un peu fraîche, à l'ombre des arbres, mais je savais qu'une fois le soleil au zénith, il inonderait la route et que tout serait bien différent.

La forêt s'habillait de vert tendre comme un bois anglais au début du printemps. Elle était tempérée dans ses formes, presque placide, avec des exubérances occasionnelles que seule une personne insatiable pouvait apprécier. L'air résonnait du chant matinal des oiseaux, il ne ressemblait guère à tout ce que j'avais entendu auparavant. Les jardins de Saigon étaient hantés par un gazouillis monotone. Ici, les oiseaux produisaient des sons plus compliqués que les fauvettes de l'Occident. Comparés à nos merles ou à nos rossignols, ils étaient moins impressionnants par la qualité de leur gamme, que par la variété et l'étendue de leur mélodie. Dans certains cas, celle-ci aurait pu tout à fait faire partie d'une composition musicale formelle. C'était comme si une ribambelle d'oiseaux-moqueurs avait appris la musique européenne, s'inspirant d'un artiste vietnamien muni d'une flûte de bambou. A côté de ces musiciens, d'autres animaux faisaient plus simplement du bruit : un coup de bâton sur une barre de fer, un jet de vapeur s'échappant d'une chaudière, un crissement de freins, la résonnance étouffée d'un gong. Je n'ai jamais plus entendu ce genre de sons. Il faut dire qu'en d'autres régions d'Indochine, le brûlis aveuglément pratiqué par les tribus a causé d'énormes ravages, détruisant la faune et la flore. En plus, les oiseaux sont chassés pour leur chair. Il est donc possible que dans cette région, supposée dépeuplée et répertoriée sur les cartes françaises comme « région inconnue », vive une faune n'existant plus nulle part ailleurs.

Malheureusement on ne voyait pas grand-chose. Quelques petits oiseaux butineurs voletaient autour d'une herbe svelte couleur lavande, et nous en apercevions fréquemment quelques-uns de couleur noire, plus petits que les alouettes, et dont la queue semblait faite d'une seule plume au bout d'une tige mesurant une quarantaine de centimètres. Il était difficile de saisir ce phénomène. Comme nous le regardions se faufiler à l'intérieur et à l'extérieur de l'épais feuillage de la forêt, nous nous demandions comment son appendice si encombrant en apparence lui permettait ces évolutions. Nous rencontrâmes une fois un calao splendide, vêtu de noir et de jaune. Il s'élança de la cime d'un arbre pour s'éloigner, plongeant dans la clairière en un vol impétueux et libre. Son bec, immense, n'avait alors plus rien d'incongru.

Nous étions à quelque huit kilomètres de Dak-song, quand nous passâmes un très mauvais moment. Durant des heures, sous les rayons du soleil quasiment au zénith, la jungle semblait apprivoisée et silencieuse. Nous marchions péniblement dans la poussière rouge, sans ombre pour nous protéger. Nous étions sales et couverts de sueur. La chemise de Suéry était éclaboussée de taches de sang. J'avais une grande soif, mais elle ne suffisait pas pour que je me risque à l'étancher dans un ruisseau. Plus loin, la piste tournait brusquement sur la gauche pour éviter un petit monticule dense et boisé. Soudainement, comme nous approchions, un son retentit, formidable, fracassant et sinistre. Par cet après-midi caniculaire, il sembla saugrenu, inadapté dans cette atmosphère tranquille qui rappelait les bois anglais laissés à l'abandon. Je pensai que ce bruit était émis par deux tigres se querellant, peut-être pour une proie. Le grognement de l'aspiration qui succédait aux quintes des rugissements furieux ne laissait aucun doute. Suéry feignit de n'avoir rien entendu. Mais c'était esquiver le problème ; il y avait quelque chose de ridicule et d'alarmant dans cette situation. Chacun d'entre nous aurait pu fuir, courant le plus vite possible sur la route, mais ensemble, nous nous sentions obligés de continuer. Il n'était pas plus convenable de trahir notre peur, en cette circonstance, que dans nos pays respectifs, lorsqu'apparaît un taureau furieux dans un champ. Comme nous marchions à grandes enjambées, je commençais à calculer le nombre de pas (trente) qu'il nous faudrait pour atteindre le point de danger maximal et le nombre nécessaire (deux cents) pour enfin respirer en toute liberté.

Cependant, une complication bouleversante nous attendait encore. Nous atteignîmes le virage et tournâmes à gauche, mais au lieu de continuer dans la même direction la piste tournait une nouvelle fois à droite. Ces bruits qui nous donnaient la chair de poule retentirent à nouveau, toujours plus proches. Il semblait évident que mes deux cents pas, au lieu de nous conduire en lieu sûr, ne serviraient qu'à contourner la base entière de la colline. Et pendant ce temps, nous serions toujours à égale distance des tigres. Mais voici ce qu'il advint. Nous prîmes le virage en épingle à cheveux, craignant à tout moment de voir les fauves bondir sur la route, devant nous. Toutes les quatre ou cinq secondes, de nouveaux rugissements explosaient. Seul notre silence inquiet témoignait du caractère inhabituel des événements. Jetant des regards de chaque côté pour repérer une possibilité de fuite éventuelle, je confirmais ce que je savais déjà : on ne pouvait escalader des arbres ressemblant aux colonnes d'une cathédrale gothique. Suéry brisa le silence quelque deux kilomètres plus tard.

— Ils n'attaquent jamais la journée, dit-il.

Il semblait que cette affirmation au sujet de la vie en brousse indochinoise était l'une des erreurs les plus répandues. Le garde républicain de Dak-song prétendit la même chose quand nous arrivâmes :

— Quand je conduis sur la piste, je ne manque jamais d'en voir un. J'ai tué quelques beaux spécimens. Ils n'attaquent jamais la journée. Ils n'attaquent que rarement les êtres humains.

Seule la dernière assertion était probablement correcte, mais je ne conservai mes illusions que deux jours, surtout en ce qui concerne le « Ils n'attaquent jamais la journée ». A Ban-mê-thuôt, un des premiers officiels français que je rencontrai avait été lacéré par un tigre alors qu'il sortait de son jardin, en pleine ville, à la mi-journée. Le tigre était probablement vieux et décrépi puisqu'il ne déchira que la cuisse de l'homme, de façon presque désinvolte, avant de s'éloigner sur la route principale, en direction des bureaux municipaux et de l'église.

Dak-song était une clairière roussie par le soleil, avec quelques huttes polynésiennes, et une longue maison dressée sur pilotis qui servait de caserne aux conscrits moï. Dans un tel endroit, tout visage étranger constituait un événement extraordinaire. Des enfants moï couraient avertir leurs parents de notre arrivée. Les gardes républicains qui étaient responsables du poste vivaient tristement dans des huttes. Il n'y avait aucun aménagement, pas de boutique, de cantine ou de bar. Chaque semaine à peu près, le convoi pour Ban-mê-thuôt passait par là. L'inspection des véhicules et la vérification des permis les occupaient environ une heure et constituaient leur seule activité de routine : aussi avaient-ils tout le temps de se livrer à des réflexions moroses, véritable maladie du travail des soldats coloniaux. Vous ne pouvez pas imaginer la platitude de cette vie, disait le chef de poste. La seule chose qu'on peut faire est de sortir chasser un tigre ou un gaur, ou n'importe quoi d'autre. Cependant, on ne peut même pas appeler ça du sport. Ils sont trop dociles. Ils viennent se livrer eux-mêmes. Ils se suicident. L'autre jour, il avait vu une horde de gaurs dans une clairière proche. Il avait simplement conduit sa jeep près d'eux, avait choisi le plus grand et l'avait abattu. Juste comme ça. Le chef soupira, pensant peut-être aux week-ends de chasse aux perdrix en France.

Notre hôte s'excusa de nous offrir un déjeuner pourtant splendide de volaille sauvage, dont la chair était très blanche et douce. Suéry dit qu'il essayerait de lui procurer des boîtes de ragoût la prochaine fois qu'il viendrait. Les boissons étaient, bien sûr, tièdes. Ceci m'a toujours surpris. Pourquoi les Français manquant de glace sous les tropiques n'essayent-ils jamais de rafraîchir le liquide en le gardant, comme le font les Espagnols, dans des récipients poreux ?

Au poste, il y avait une scierie et le gérant vint nous rejoindre pour le café. Il avait le cynisme doux et humoristique d'un homme qui, étant parti plein d'idéaux, les avait trouvés presque suffisants pour combler les possibilités d'une vie entière. Comme à la table du garde les ennuis étaient à l'ordre du jour, le directeur contribua au récit des frustrations par la description de certaines de ses difficultés. La forêt regorgeait de *sao*, un bois assez remarquable, rebelle, disait-il, aux agents destructeurs, et recherché autrefois par les Chinois pour la fabrication de leurs jonques de guerre. Le bois était là, en quantité suffisante pour faire dix fois la fortune d'un homme et pourtant il n'y avait aucun moyen de le faire parvenir à Saigon. Une centaine de bûches, disait le directeur, et je pourrais vous laisser, mes amis, pourrir où vous êtes et m'en aller en France. L'un des gardes dit qu'il s'agissait d'attendre encore un peu, maintenant, « jusqu'à ce que les routes soient à nouveau ouvertes ». Ensuite, il pourrait envoyer tout le bois de Dak-song par bateau. Mais le directeur se mit à rire. Ce serait une erreur d'ouvrir les routes. Cela ferait chuter les prix et ça gâcherait tout. Ce qu'il voulait trouver, c'était un moyen de faire partir le bois malgré la fermeture des routes – comme cela avait été fait avec le riz vers Saigon. Il devait trouver un Chinois malin qui servirait d'intermédiaire entre lui et le Viêt-minh.

Après le déjeuner, alors que le chef de poste nous faisait visiter les alentours, un groupe de Moï inhabituellement élégants arriva. Au lieu d'être vêtus, comme les Moï de Dak-song, de chemises européennes en loques, ceux-ci resplendissaient dans leur pagne orné de glands, arborant des boucles d'oreilles, des colliers de perles et de dents. Une jolie fille de seize ans les accompagnait, elle avait des petits seins pointus et la lèvre charnue comme celle d'un enfant. L'un des gardes fit une enquête discrète sur elle, mais en apprenant qu'elle était mariée, il cessa de s'y intéresser. Ils étaient membres d'une tribu locale appelée M'nong, un peuple mystérieux, disait le chef, qui n'avait signé sa soumission qu'en 1939. Depuis lors, ils avaient assassiné huit administrateurs qui avaient pourtant vécu parmi eux. Pourquoi ? Le chef haussa les épaules. Personne ne semblait savoir. Les M'nong étaient un peuple tranquille et bien élevé mais il était facile de les vexer, d'une façon ou d'une autre, sans s'en rendre compte. On faisait ce qu'il ne fallait pas et on disparaissait. Pour un administrateur cela devait être un peu comme de vivre dans un Etat policier, sauf qu'il n'y avait aucun indice pour savoir ce qu'on attendait de vous. On pouvait avoir une relation fantastique et devenir frère de sang de la tribu ; on pouvait même, comme certains l'avaient fait, épouser deux ou trois femmes du pays. Mais soudain on disparaissait, et personne ne vous revoyait jamais plus.

— Au fait, ajouta le chef, ils ont une coutume, susceptible d'intéresser un Occidental. Les hommes appartenant aux femmes, une mère achète donc un mari pour sa fille, chez une autre mère qui a un fils à vendre. Le prix actuellement est de 800 piastres. Alors, imaginez le cas d'une femme ayant une douzaine de fils ! Elle en reçoit du fric, n'est-ce pas ?

Si les Vietnamiens étaient indifférents, les M'nong, eux, n'avaient simplement pas conscience de notre présence. Ils vaquaient à leurs affaires qui semblaient consister à payer, en riz, une taxe, par l'entremise des Moï domestiqués de Dak-song. Nous circulions autour d'eux, admirant leurs ornements, mais aucun ne lança un regard vers nous. Nous aurions pu être transparents. Ce fut par pure coïncidence que, dix minutes seulement après cette première rencontre avec l'Indochinois noble et sauvage tel qu'il apparaît quand il n'a quasiment pas subi l'influence occidentale, j'eus l'occasion de découvrir l'envers de la médaille. Les gardes indigènes amenaient un pauvre être, vêtu de lambeaux, l'œil hagard, qui s'était échappé d'une des plantations. Après avoir été durement battu par l'un des surveillants, il s'était enfui et avait fait un voyage de trois jours et trois nuits à travers la jungle pour arriver ici. Les Français traitèrent l'homme avec gentillesse et dirent aux Moï de lui donner un abri et de le nourrir. Je compris que leur travail était de le renvoyer, mais ils dirent qu'ils n'avaient aucune intention de le faire. C'était une attitude commune à tous les officiels français subalternes que je rencontrai. Ils n'avaient que faire des propriétaires de plantations et n'appuyaient pas de leur autorité les abus commis, sauf s'ils y étaient contraints.

En début de soirée, un camion de dépannage arriva de Ban-mê-thuôt en réponse au S.O.S. envoyé par radio. Suéry partit avec lui et, comme il était convenu que je continuerais mon voyage avec le convoi qui arriverait plus tard dans la soirée, nous prîmes congé l'un de l'autre. J'étais triste de me priver de la compagnie de Suéry. Il était le seul Français que j'aie rencontré qui traitât les Vietnamiens avec respect et amitié. Il devait y avoir quelque chose d'exceptionnel chez lui. Suéry pensait plus à la sécurité de Nha qu'à la sienne propre. Il me dit que ce qui l'affectait le plus à propos de la démolition de la voiture, c'est qu'ils pourraient être retenus tous les deux à Ban-mê-thuôt. Nha pourrait être ainsi empêché de retourner à Saigon pour fêter le Nouvel An avec les siens – une malchance terrible pour un Vietnamien. Il était très anxieux de retrouver son ami avant la tombée de la nuit et de l'inviter à un bon repas.

Le chef de poste était sur des charbons ardents depuis la soirée précédente car le convoi n'arrivait pas. Il avait maintenant vingt heures de retard et, comme les lignes téléphoniques étaient coupées, il n'avait aucune nouvelle. Sitôt après le départ de Suéry, un message arriva nous informant que la caravane avait été attaquée. Les premiers camions qui arrivaient savaient qu'il y avait eu une attaque mais ne pouvaient rien raconter de ce qui s'était passé. Les chauffeurs s'asseyaient avec raideur sur leur siège, ivres de fatigue et couverts de poussière jaune. Le chef dit qu'il me fournirait le premier siège disponible, mais de toute façon les passagers étaient si entassés, si serrés dans la cabine du conducteur qu'on voyait difficilement comment ce dernier pouvait manier le volant ou changer de vitesse. L'arrière des camions était rempli de marchandises.

Après que cinq ou six d'entre eux eurent ainsi passé le point de contrôle, le chef décida qu'il avait trouvé un camion avec un espace dans sa cargaison assez grand pour qu'un être humain puisse s'y glisser. Il fit descendre l'un des passagers de la cabine et l'exhorta à s'y insérer, m'enjoignant de prendre sa place à l'avant. Je n'aimais pas cette idée, mais le chef balaya toutes mes objections disant que je ferais mieux de saisir ma chance tant que je le pouvais. Si le convoi avait été gravement touché, là-bas, nul autre camion ne se présenterait. J'avalai donc mes scrupules, mis mon sac à l'arrière et grimpai à la place assignée, me sentant très mal à l'aise. Le camion démarra, secoué et gémissant sur la plus épouvantable route que j'aie jamais parcourue. Il était extrêmement difficile de rester en place sur son siège. Devant, les véhicules nous précédant soulevaient un voile de poussière jaune que les phares étaient incapables de pénétrer dans l'obscurité. Fermer les fenêtres réduisait à peine la densité du nuage qui s'engouffrait dans la cabine, mais c'était assez efficace pour retenir la terrible chaleur générée par le moteur qui grondait à basse vitesse. Je sentais que ma présence déplaisait profondément. Tant et si bien que j'offris au chauffeur d'échanger ma place avec le passager envoyé à l'arrière, mais je ne reçus aucune réponse. En fait, il avait l'air si sinistre que je me sentis nerveux. Je saisis plusieurs coups d'œil venimeux de mes compagnons de voyage. Après un moment, le chauffeur se mit à bougonner quelque chose à son voisin, écrasé entre lui et la portière. Une suggestion sembla être faite, puis l'homme acquiesça de la tête. Il ouvrit la porte et se pencha dehors, donnant un coup d'œil vers l'arrière, pour voir évidemment si un autre camion était en vue. Puis, regardant, du moins je le pensai, intensément dans ma direction, il fit un signe au conducteur qui se mit au point mort et se rangea sur le côté de la route. Je crus alors qu'il y aurait au moins une chance sur quatre pour qu'ils me jettent dehors. Pourtant l'ami du chauffeur sauta en bas, se dirigea vers l'arrière du camion, après quoi il revint, monta, et nous continuâmes comme avant.

Vers vingt-trois heures nous atteignîmes Ban-mê-thuôt. Le chauffeur me demanda soudainement en bon français où je voulais aller. Je lui répondis à la Mairie. Il dit :

— Nous l'avons dépassée. J'y retourne.

Je lui dis de ne pas se déranger, que je pouvais très bien marcher, mais il tourna le camion en sens inverse et descendit la rue jusqu'à ce que nous arrivions devant la Mairie. Je lui demandai, en sortant un billet de 100 piastres, combien je lui devais.

— Rien !

Et il repoussa l'argent. Je le remerciai, lui tendant la main, et je me sentis très soulagé qu'il l'accepte en souriant et disant : « Au revoir ! »

Je restai là un moment, contemplant le camion qui repartait et faisait des embardées en remontant la côte. Il y avait deux ou trois lampadaires et comme il passait au-dessous, la bâche ronde et peinte de caractères chinois me remémora les anciennes lanternes chinoises.

Ban-mê-thuôt

Représentant en chef de l'autorité française civile dans la province, et en l'absence temporaire du Résident, M. Doustin accepta l'heure et les circonstances de mon arrivée avec l'impassibilité d'un vrai diplomate. D'après son comportement, rien ne semblait plus normal que mon apparition devant sa porte, sale et échevelé, avec une trentaine d'heures de retard sur mon horaire. Un court instant plus tard, je me retrouvai assis devant un dîner sophistiqué. On discuta de mes plans et je mentionnai mes espoirs de traverser le pays jusqu'à Paksé. On ne leva pas les yeux au ciel d'un air exaspéré. En présence de projets aussi fous, M. Doustin se permit juste un bref sourire sardonique.

— Le problème avec les gens de Saigon, bien sûr, c'est qu'ils ne savent tout simplement pas ce qu'il se passe ; cela semble, dit sévèrement Doustin, un peu surprenant si l'on considére qu'ils sont la source d'informations officielles.

« De Ban-mê-thuôt à Paksé ! » Le sourire sardonique s'amplifia quelque peu. Personne n'avait fait ce voyage depuis un an ou deux. On ne savait même pas si la piste était praticable, ou si elle avait maintenant disparu dans la jungle. De toute façon, il n'y avait aucune information sur le niveau de sécurité dans la région. A Saigon, ces gens qui restaient collés dans leur bureau se laissaient emporter par leur imagination. Dans n'importe quelle direction, le trafic partant de Ban-mê-thuôt n'était guère intense et, à moins d'avoir une mission réelle, il valait mieux être philosophe et prendre le premier moyen de fortune qui se présentât, quelle que soit sa direction. Même si cela impliquait de se tourner les pouces quelques jours. Et pourquoi pas ? Si l'on devait en arriver là, il y avait d'autres endroits tout aussi intéressants en Indochine, ou en Extrême-Orient. « Un paradis pour anthropologistes en train de disparaître sous nos yeux », disait Doustin. En fait, j'étais arrivé juste à temps.

Le chef de cabinet dit qu'il y avait un autre point important à ne pas oublier. Dans la province de Darlac, il pouvait garantir personnellement ma sécurité ; mais dès que je passerais les frontières de sa juridiction, ah ! c'était un autre problème. Des pirates partout ! Des gens qui se définissaient comme des nationalistes, ou des guerriers de la liberté, mais qui réellement s'adonnaient à la piraterie, tout comme l'avaient fait leurs ancêtres, parce que c'était la manière la plus facile de gagner sa vie ! Ce fait rappela l'attaque du convoi et Doustin dit qu'il avait entendu parler de huit véhicules détruits sur la trentaine que comptait le convoi. La conversation tourna sur la tranquillité de la vie dans nos pays respectifs. Doustin avait des souvenirs de séjours en Angleterre passés avec les Forces françaises libres, vécus dans ce que j'avais toujours supposé être des villes mornes et provinciales, mais où, selon lui, on avait résolu tous les problèmes de l'existence. J'étais continuellement invité par les officiels français à partager leur nostalgie pour des endroits justement peu enclins à susciter mon enthousiasme, tels que Birkenhead ou Douvres – le choix de Doustin portait sur Peterborough –, perçus maintenant, à travers ces années d'exil redoutable et ensoleillé, comme un ensemble de pubs surannés, encombrés de jeunes filles tendrement accueillantes et enveloppés de couchers de soleil à la Turner. Il est extraordinaire de voir combien les gens sont capables de se remémorer avec émotion et tendresse leurs expériences passées. Doustin en était même arrivé à croire qu'il avait aimé le thé des cantines de l'armée.

On m'avait préparé une chambre dans la Résidence. Ce n'était pas un grand bâtiment, mais on avait voulu lui donner un caractère ostentatoire, avec un hall d'entrée digne d'une ambassade et un escalier valant ceux d'une douane italienne. A notre arrivée, les sentinelles nichées dans les bougainvilliers se réveillèrent et présentèrent les armes avec vigueur. Dès que nous entrâmes dans la villa, des domestiques moï vêtus de blanc, aux visages soumis et vides, s'empressèrent sur nos talons.

— Demain matin, annonça Doustin avec une voix décidée, vous serez fatigué. Très bien ! Petit déjeuner à huit heures ! Un petit déjeuner anglais, bien sûr, avec une omelette ! Vous ne prenez pas de bière avant onze heures, n'est-ce-pas ? ah, la légère bière anglaise !

Et alors vint le temps de la détente efficace – efficace, parce que Doustin ne pouvait agir autrement.

— Si vous désirez quoi que ce soit, ne faites pas de cérémonie ! Tenez-vous près de la fenêtre et criez fort ! *Poussez un grand coup de gueule !*

Une légère tape sur le dos, façon western, et je fus congédié pour la nuit. Des pas rapides et confiants s'éloignèrent dans le corridor en marbre. Le cri du commandant de garde. L'accélération vive d'une voiture conduite avec habilité qui s'éloignait à toute allure. J'allumai la lumière et ouvris les fenêtres. Mes joues, mes oreilles et mon menton étaient frôlés par un contact doux mais dégoûtant. Des centaines de papillons de nuit entraient.

Comme je ne devais pas voir Doustin avant dix heures du matin, je passai, avant la rencontre, une heure ou deux à flâner dans la ville. Il n'y avait pas grand chose d'intéressant. Avant 1946, c'était une ville indigène, mais elle fut incendiée lors de troubles avec le Viêt-minh. Maintenant il restait quelques villas françaises de chaque côté d'une route poussiéreuse, un hôtel à l'aspect malpropre fait de bois peinturluré de vert, ainsi qu'un marché vietnamien formé de quelques ruelles bordées de cabanes.

Les boutiques vietnamiennes vendaient une collection infinie de vieilleries incongrues ; des poupées en celluloïd, des boîtes à savon, des ceintures en plastique, des calendriers avec des photos de filles chinoises jouant au hockey, de fausses cornes de rhinocéros utilisées comme aphrodisiaque et des dents de tigre artificielles en guise de médicament. Il y avait des poissons plats séchés et salés, pas plus grands qu'une pièce de cinq *shillings*. Ils étaient étalés, par milliers sur les comptoirs, mélangés à de la mercerie ou à des bouteilles de limonade de couleur sanguine. Il y avait d'innombrables jarres, dignes du trésor d'Ali-Baba, hideuses, brunes et vertes, couvertes d'un vernis à l'aspect caramel. Elles sont faites par les Vietnamiens et vendues aux Moï pour leurs cérémonies et leurs beuveries. L'ornement vestimentaire le plus à la mode et donc le plus vendu était une broche de laque noire représentant une « Forteresse volante », autrement dit, un bombardier. Pour la maison, on pouvait acheter un portrait de Sun Yat-sen dans un cadre incrusté de nacre, un paysage décoré de fleurs et d'herbe artificielles, ou un miroir peint représentant des planètes encerclées d'avions. L'ustensile le plus populaire, et sans doute le plus utile en Orient, était le bidon à essence. La réparation des bicyclettes était l'industrie la plus florissante représentée sur le marché. Après celle-ci, venait la photographie de portraits ; particulièrement dans certaines tentes qui offraient un grand choix de poses différentes – style photomaton – à un prix fixe. Les Vietnamiens y entraient et en sortaient continuellement. On croisait quelques Moï. Je vis notamment une femme moï ultra-civilisée, probablement une convertie, qui ne portait rien au-dessus de la taille sauf un soutien-gorge ridiculement inadéquat et un sac à main en plastique bleu.

Des frangipaniers poussaient sur la place du marché. Ils n'avaient pas de feuilles, et leurs branches polies et gonflées arboraient des ramilles de fleurs aux pétales blancs et épais. Ils servaient de perchoirs à des centaines de moineaux.

A dix heures tapantes, je pénétrai dans le bureau de M. Doustin. Il m'attendait avec prestance devant une carte murale, prêt à organiser mes déplacements pour la période à venir. Il me harangua brièvement sur la situation militaire, qui fut présentée, autant que je pouvais m'en rendre compte, avec une complète franchise. Doustin était trop subtil pour se laisser aller à une propagande grossière. Il aurait considéré celle-ci comme inefficace, et préférait exposer tant les faiblesses que les forces caractérisant son camp. Le Viêt-minh était le diable incarné et les Français, et bien, perdaient parfois patience – et allaient un peu trop loin. Que pouvait-on attendre de ces hommes qui se battaient dans de terribles conditions ?

— Deux années en brousse et voir toujours la même demi-douzaine de visages ! Vous aimeriez ça, vous ?

Doustin pensait d'autre part qu'il y avait beaucoup trop de discours anti coloniaux dissolus et incohérents sur le sujet. Dans cette région du globe, la France n'avait pas à avoir honte. Ils faisaient du bon travail et il voulait que j'en voie une partie moi-même. Donc, comme il n'y avait pas beaucoup de chance de quitter Ban-mê-thuôt avant une semaine ou deux, il allait m'organiser un tour à travers la contrée la plus intéressante du pays moï. Tout était arrangé. J'allais partir le lendemain, et un jeune administrateur et un inspecteur d'écoles m'accompagneraient.

Bien qu'il y eût un aspect contraignant dans le caractère organisé de ce tour, il se passa, en fait, tout autrement que prévu. Je ne sais si au fond de lui-même Doustin croyait vraiment qu'il se battait du côté des forces de la Lumière, comme il en donnait l'air. Je pense plutôt que, quels que fussent ses doutes, il les rejetait en tant que faiblesses. Il fut quasiment le dernier Français de son genre que je rencontrai. L'attitude la plus répandue consistait plutôt à considérer les deux aspects de toute question, et cela menait à une infirmité à la Hamlet face à n'importe quel projet et parfois au pessimisme le plus sombre.

Doustin fit une dernière suggestion. Avant de visiter le pays moï, je devrais rencontrer un certain docteur Jouin, qui avait vécu parmi les tribus durant plusieurs années et qui était considéré comme l'autorité vivante pour les questions de coutumes. Le docteur Jouin était le chef des services médicaux de cette enclave nébuleuse du Viêt-nam où se concentrait l'autorité française. Il était l'auteur de *Populations montagnardes du*

Sud indochinois, et de plusieurs ouvrages anthropologiques volumineux, publiés sous les dignes auspices du musée de l'Homme.

Je le trouvai à une table jonchée de diagrammes et de figures mathématiques qui, de nos jours, semblent démodées et constituer une science des moins exactes. Il avait les cheveux blancs et l'air doux et le visage perpétuellement illuminé par une paix bouddhique. Cette paix lui venait de l'extrême concentration requise par la tâche urgente et essentielle qui était la sienne. Le docteur m'informa qu'après avoir pris connaissance des sources internes d'informations, reçues grâce à sa position officielle, il avait redouté dix ans plus tôt que cette ethnie intéressante ne fusse condamnée à disparaître, avant peu, de la surface du globe. Il s'était donc mis au travail afin d'apprendre ce qu'il pourrait de cette civilisation attirante et si primitive, avant qu'il ne fût trop tard. Au début, la tâche sembla assez simple, et de toute façon, il n'avait pas eu l'intention de sonder trop en profondeur. Mais aujourd'hui, il avait fait des découvertes excitantes et avait été entraîné dans un pays inconnu où les horizons reculaient constamment. Chaque tentative de déblayer un quelconque aspect de son sujet avait révélé d'autres sujets d'investigation. Et maintenant il se retrouvait piégé. Il s'était voué à un travail qui ne pouvait être achevé. Le temps et les conditions du pays étaient contre lui. La recherche aurait eu besoin d'une douzaine de travailleurs comme lui pour s'occuper de ce volume de matériel encore énorme et disponible, qui pourtant fondait et allait se perdre à jamais.

Nous commençâmes à parler des Moï en début d'après-midi et il faisait déjà nuit lorsque je quittai la villa du docteur, emportant avec moi différentes monographies et le manuscrit de l'ouvrage en cours. L'information qui suit fut extraite en grande partie de ces écrits et de notre conversation.

Les Moï

À l'aube du dix-neuvième siècle, on semblait considérer les Moï plus comme des animaux que comme des êtres humains. Les marchands européens firent de leur mieux, mais sans succès, pour acquérir des spécimens pour des collections zoologiques européennes. En 1819, le capitaine Rey de Bordeaux, qui transportait un chargement d'armes à feu pour l'empereur d'Annam, fut assuré par un dignitaire, qui n'était rien moins que le mandarin des étrangers, de l'existence des Moï ou des « hommes sauvages ». Le mandarin en avait vu un grand nombre conduire un troupeau d'éléphants vers l'intérieur du pays. Ils avaient des queues, disait-il, et il avait pu en capturer un et le ramener à la capitale en guise de cadeau pour l'empereur. Rey fut très intéressé par ce récit. Il en reparla lors de sa visite à la cour aux mandarins français qui confirmèrent la rumeur sans équivoque. « Mes vénérables amis ... n'avaient jamais vu ces créatures ; mais ils avaient entendu parler si souvent de leur existence fondée sur les témoignages d'hommes dignes de foi, qu'ils ne savaient pas comment discréditer ce compte rendu. On disait que leur appendice dorsal mesurait environ 20 centimètres. Bien qu'ils fussent doués d'une silhouette et d'un langage humains, les mandarins semblaient, à mon avis, les considérer comme des animaux irrationnels ». Exception faite des Moï, disait Rey, en concluant son rapport sur la faune de Cochinchine, la variété abondante d'animaux dans ce pays se rencontrait dans les pays voisins.

Avant la fin du siècle dernier, ces opinions durent être modifiées. L'explorateur Mouhot – qui découvrit Angkor Vat – publia un récit de sa visite à la tribu des Stieng. On concéda alors officiellement aux Moï le droit d'avoir une âme et quelques théoriciens proposèrent même la thèse des tribus perdues d'Israël. Malgré tout, jusqu'à l'ère coloniale caractérisée par les recensements et les impôts personnels, ces êtres nouvellement promus à la race humaine restaient inaccessibles et mystérieux dans leurs forêts.

Il semblait que les Moï se rendaient compte des carences technologiques de leur civilisation. Ils cherchaient généralement une excuse à cet état de fait en narrant une de leurs légendes favorites qui les discréditait. Cette légende décrivait les inconvénients stratégiques subis au moment de la création. Comme les Moï furent les derniers à ramper à l'extérieur des trous de la terre, ils constatèrent que les autres ethnies s'étaient déjà tout approprié. Ils donnaient en exemple l'analphabétisme. Que pouvait-on espérer ? Lorsque le Grand Esprit avait dit à toutes les nations d'apporter de quoi écrire afin de recevoir l'alphabet, les Moï, avec leur imprévoyance caractéristique, s'étaient présentés avec une peau de daim au lieu de fournir des tablettes en bois ou en pierre. Une fois l'alphabet inscrit, elle fut dévorée par des chiens.

On suppose qu'il y a un million de Moï répartis dans les régions montagneuses de l'Indochine. Leur nombre exact est inconnu, puisque quelques vallées reculées n'ont pas signé leur acte de soumission. Quoi qu'il en soit, ce nombre s'amenuise rapidement car, dans les territoires les plus touchés par la pénétration occidentale, plusieurs villages ont perdu la moitié de leur population en une seule génération. C'est un peuple qui a belle allure, à la peau couleur de bronze et qui descend de groupes malayo-polynésiens. Il est apparenté aux Dayak de Bornéo, aux Igoroth et aux Aeta des Philippines, ainsi qu'aux différentes tribus qui habitent des régions de l'intérieur de pays aussi éloignés l'un de l'autre que Madagascar et de l'île de Hainan, au large de la Chine. Il chasse avec des arcs et est particulièrement réputé pour son habileté dans la capture et le dressage des éléphants qu'il vend jusqu'en Birmanie. L'utilisation de la sève de l'arbre *ipoh* pour empoisonner la pointe de ses flèches est un indice qui montre la vaste diffusion de sa culture. L'emploi de ce poison, bien que l'arbre *ipoh* pousse dans plusieurs autres régions, se limite à la Malaisie, à l'Indochine et à une bande orientale de la Thaïlande et de la Birmanie, Bornéo et Timor. L'effet du poison est renforcé, si nécessaire selon la taille du gibier, par l'adjonction d'une décoction contenant de la strychnine extraite de racines et du venin de serpents et de scorpions. Une égratignure par une arme trempée dans cette mixture effrayante – dont l'usage est codifié par des interdictions semi-religieuses – provoque la mort instantanée chez les êtres humains.

Les Moï cultivent le riz suivant la méthode dite « sèche ». Ils brûlent les sous-bois de la forêt juste avant que la saison des pluies ne commence, sèment les graines de riz et laissent la pluie faire le reste. Le nom « moï » signifie « sauvage » en Vietnamien. Les Moï ont été les esclaves de toutes les ethnies techniquement supérieures qu'ils ont rencontrées, telles que les Siamois, les Laotiens et les Cambodgiens. Ils n'ont conservé aucun bénéfice de cette association dans laquelle ils ont été dominés. Plus l'influence extérieure était importante, plus la condition des Moï qui la subissaient était déplorable.

Les survivants, libres, semblent couler une existence joyeuse et sociable, surtout aux yeux d'un observateur désinvolte. Ils paraissent occupés à des fêtes gloutonnes et à la consommation de l'esprit du riz. Leur convivialité semble augmenter proportionnellement avec l'isolement géographique de la tribu. A moins qu'ils n'y soient forcés, les Moï ne travaillent pas pour un salaire et leurs voisins civilisés sont choqués par ce qu'ils considèrent être une paresse incurable. Pourtant, les travaux de village, comme la construction de maisons ou le déboisement des forêts sont entrepris en communauté et avec beaucoup de zèle. Les Moï sont des collectionneurs d'objets d'art. La richesse s'estime en gongs, tambours et pots, dont certains sont d'origine ancienne chinoise ou cham, de grande valeur, même en Occident. Parfois les

Européens soutirent de ces villages de véritables pièces de musée, mais comme ils ignorent tout de ces trésors qu'ils rencontrent par hasard, ils repartent avec l'impression qu'ils n'ont rien acquis de plus qu'un échantillon intéressant de l'artisanat local.

Les pots, qui servent à stocker de l'alcool de riz, sont accumulés dans l'espoir que les esprits viendront y élire résidence. Lorsqu'un esprit « s'installe » dans un pot, le fait se révèle au propriétaire par un rêve, mais le cas n'est reconnu officiellement qu'après l'examen de certains signes extérieurs par des experts. Bien que les esprits fassent souvent preuve d'une discrimination artistique, le pot ainsi honoré n'est pas nécessairement une antiquité. En tout cas, le pot devient une pièce de valeur pour le propriétaire et peut être vendu, avec l'esprit, pour un nombre important de buffles. Comme l'esprit ou la vertu talismanique se perçoit, d'une certaine façon, comme une entité divisible, on en casse fréquemment une poignée quand le pot est vendu et on la vénère avec la même ferveur que lorsque le pot était entier. Un commerce considérable des ces pots existe entre tribus. Des experts priseurs gèrent les transactions. Ils ont la réputation d'exiger des profits importants.

Selon les scientifiques, comme le docteur Jouin, la chose la plus extraordinaire chez les Moï est leur mémoire ethnique. Il a même été avancé qu'une étude approfondie de leurs sagas (qui sont sur le point de disparaître) aurait pu apporter une lumière sans précédent sur l'existence de l'homme aux temps préhistoriques. Les Rhadès, une des tribus les moins dégénérées, possèdent, selon le docteur, un vocable et une description pour le mammouth, le mégathérium et l'hippopotame – espèces qui ont disparu d'Extrême-Orient à l'époque historique.

Il semblerait que la valeur unique des sagas moï réside dans le fait qu'elles soient rituelles et sacro-saintes. Elles ne peuvent être récitées que dans des circonstances spécifiques et sans la moindre modification. Même si les mots et les phrases ont perdu leur signification, sont mutilés ou incomplets, aucune tentative ne doit être effectuée en vue d'une restauration, sous peine de sanctions religieuses sévères. Les sagas, par là-même, bien que présentant de grandes difficultés d'interprétation, demeurent un trésor d'informations relatant un passé reculé. Les événements des derniers milliers d'années semblent avoir peu marqué l'imagination moï. Les brillantes civilisations indiennes des Khmers et des Cham sont rarement évoquées. Angkor Thom, par exemple, est l'œuvre « d'étrangers arrivés récemment dans le pays ». Les sagas décrivent l'établissement des Moï en Indochine après qu'ils eurent quitté leurs îles à une époque inconnue. Cette migration remonte probablement au cinquième siècle avant Jésus-Christ, puisque en ce temps-là les annales du royaume de Funan mentionnent leur existence.

Le visiteur non-scientifique est très impressionné par les rituels innombrables dont les Moï entourent leur existence. Les plus onéreux concernent la mort. Ceux qui sont associés à une bonne santé sont moins importants. Ils tendent à être superficiels car mourir de maladie est un signe de faveur des esprits et assure un au-delà confortable au sein de la terre. Le docteur Jouin rencontra la plus grande difficulté à persuader les Moï d'accepter un quelconque traitement médical. Ils lui démontrèrent qu'il voulait les priver de la chance d'une « bonne » mort, les exposant ainsi, une fois guéris, à l'éventualité d'une « mauvaise » mort dans un accident ou dans la violence. Une telle mort condamne l'âme à une errance éternelle.

Les lépreux sont réputés être nés sous une bonne étoile, car ils ne travaillent pas, sont nourris par la tribu et sont certains d'avoir une fin exemplaire.

Les rites mortuaires, au contraire, s'étalent sur deux ans et coûtent si cher qu'une seule mort peut représenter la dépense de l'équivalent du revenu mensuel d'un village entier. Quant aux épidémies, obligeant le sacrifice de toutes les réserves, elles engendrent la famine.

En organisant leurs cérémonies, les Moï s'attachent tout particulièrement à la façon dont la mort est survenue. Il existe des rites spécialement compliqués et coûteux pour ceux qui meurent sous certaines formes de violence, pour les morts en terre étrangère, les disparus ou les présumés défunts, pour les jeunes enfants, les aliénés mentaux et bien sûr, pour les femmes mortes en couches dont on croit qu'elles se métamorphosent en démons assoiffés de vengeance. Le village est entouré de tombes ouvertes et leurs occupants sont « nourris » quotidiennement et informés des affaires de leur famille.

De cette multitude formidable des rites, et du fait que chacun d'eux implique la consommation d'alcool, découle un résultat étrange : la respectabilité et l'ivresse vont de pair. A l'évidence, l'honnête homme manifeste sa fidélité aux rites en étant ivre aussi souvent que possible. Il est respecté par tous pour sa piété. C'est un exemple donné à la jeunesse. Les mots *nam lu* prononcés gravement en guise de bienvenue à l'étranger qui arrive au village et signifiant « allons boire ensemble », ont la valeur d'une exhortation à la prière. Les villages moï ont la réputation d'être les seuls endroits au monde où les animaux domestiques, les chiens, les cochons ou les poules, s'étant nourris de la bouillie fermentée des pots sacrés, se trouvent dans un état d'intoxication irréversible.

La politesse s'exprime par cette règle d'or de la convivialité. On supplie les gens de passage de participer aux orgies moï en mangeant et en buvant. Il est de très mauvais goût – c'est offensant pour les esprits – de ne manger ou de ne boire moins que ce qui a été fourni par la prodigalité redoutable de ces hôtes. Afin d'éviter tout risque de voir le visiteur commettre inconsciemment un tel impair, ou rester dans un état de sobriété peu honorable, un surveillant accroupi à ses côtés subvient avec attention à son approvisionnement et s'assure ainsi qu'il ait bu au moins le minimum requis équivalant à trois cornes de vache.

La notion de justice, autre aspect des traditions moï, semble avoir fortement impressionné ceux qui l'ont étudiée. Bien que les crimes soient rares en comparaison avec l'Occident, la conception du bien et du mal leur semble incompréhensible. En substitution, et tenant lieu de règle de conduite extrêmement rigide, existe la notion de ce qui est convenable ou de ce qui ne l'est pas. Le Moï est plus concerné par la politique que par la justice. La piété et la ferveur n'ont pas de place dans ses observations rituelles. La contrition n'a pas de sens. Dans le code moï, il n'existe pas de condamnation morale pour ceux qui ont commis des actes anti sociaux.

Ce point de vue, ainsi que les cérémonies très élaborées qui s'accompagnent d'une ivresse rituelle, s'expliquent par la conception moï d'un univers dominé par certains esprits puissants qui, ensemble, avec les mânes de leurs propres ancêtres, contrôlent les destinées. La relation est de type contractuel ; les esprits et les mânes se dévoilent sous les traits de créditeurs stricts et exigeants. D'une façon générale, il n'y a rien de particulièrement bénévole ni d'hostile dans l'attitude de ces esprits autocrates vis-à-vis de leurs vassaux humains. Tout ce qu'ils réclament est leur juste dû – les cérémonies. Rien de plus et rien de moins. Tant qu'elles sont scrupuleusement exécutées, tout va bien pour l'individu, la famille et la tribu. La sécheresse ou le déluge, « la mauvaise mort », les épidémies – en fait, les malheurs de toutes sortes indiquent simplement que les rites ont été violés. Il n'y a, dès lors, qu'un seul remède : retrouver l'offenseur et le contraindre à effacer la transgression en lui assignant un moyen de réparation prescrit par la loi.

La façon de juger la conduite humaine et ses effets s'oppose radicalement aux enseignements religieux de l'Occident. Ces derniers acceptent la prospérité de l'homme vil, et les dettes morales de ceux qui enfreignent les Commandements, sauf pour ce qui concerne le onzième, peuvent se régler dans une autre existence. Chez les Moï, le châtiment est rapide et terrestre. Le méchant – c'est-à-dire l'homme qui a négligé le rituel – est rapidement perdu. S'il persévère dans ses manquements, il est assuré d'une mort certaine – signe invariable que les créditeurs spirituels, s'impatientant, réclament son âme pour cause de non-observance rituelle.

Dans la pratique, ce système marche beaucoup mieux que ce qu'on pourrait imaginer. A cause des mânes ancestraux d'un plaignant, les crimes commis contre l'individu, tel le vol ou la violence, sont jugés comme une infraction aux rituels dus aux ancêtres. Cependant, l'agresseur n'est autre que l'instrument d'un esprit qui aurait décidé, par cette voie, de punir la victime d'une infidélité rituelle. Ainsi, le juge, déclamant le passage tiré de la loi commune, s'abstient de donner une leçon de morale trop sévère. Les deux parties sont en tort, et assez illogiquement, semble-t-il, l'agresseur est condamné à un dédommagement matériel, ainsi qu'à fournir les animaux et l'alcool nécessaires – éléments de la plus haute importance – pour la réparation rituelle qu'il faut payer aux esprits offensés. Cette réparation, bien sûr, est prioritaire. En cas d'incapacité de payement, on peut faire plusieurs « versements ». L'offenseur est contraint par la loi de participer à la fête qui a pour autre fonction de réconcilier les deux parties en présence.

Les Moï ne font aucune distinction entre la loi civile et la loi pénale. De plus, aucune différence n'est établie entre un tort prémédité ou non intentionnel. Que, dans un excès de colère, un homme en frappe un autre, ou qu'il lui tire dessus accidentellement pendant une chasse, tout est provoqué par les esprits, et la réparation à effectuer a déjà été fixée. Il n'y a pas de controverse possible. Ce n'est guère plus qu'un nouveau malheur humain qu'il faut conjurer par une soûlerie durant laquelle tout le village se grise. Les Moï n'appliquent pas la peine de mort, puisque la communauté s'exposerait alors à la vengeance de l'esprit de l'homme exécuté. Les deux plus grands crimes sont le vol de l'eau et du riz, qui sont protégés par des esprits très puissants. A cause de la nature particulièrement sacrilège de cette offense, qui expose toute la communauté au mécontentement de l'esprit impliqué, l'offenseur se voit, dans ce dernier cas, banni à vie.

Le colon blanc, dans son approche de la civilisation moï, s'est montré à la fois sentimental et prédateur. Les administrateurs subalternes, désintéressés – ils n'ont rien à perdre, que les Moï travaillent ou non – ont tendance à les considérer comme des enfants charmants. Le fameux Sabatier, qui refusait d'accepter les missionnaires sur son territoire, fut un bel exemple de cette attitude. Il fit démolir les ponts quand il apprit qu'un haut fonctionnaire était en route pour examiner les problèmes de main-d'œuvre. La rumeur dit qu'il épousa trois femmes moï.

Après avoir constaté les effets de la colonisation blanche en territoire moï, il alla plus loin, préconisant un repli total et permettant ainsi aux Moï de vivre à leur façon. Mais le gouvernement trouva qu'il lui était impossible de réduire son intervention, de renoncer à réprimer les guerres tribales, de cesser de juger, de lever des impôts et surtout – fatalement même – de renoncer à une main-d'œuvre vitale aux exigences européennes. Ce fut l'action des propriétaires de plantations, déterminés à obtenir de la main-d'œuvre pour leurs travaux, qui mit en échec Sabatier.

Les planteurs forment un très petit groupe ; quelques familles possèdent les plus grosses fortunes d'Indochine. Leur attitude face aux Moï est probablement la même que celle de toute vieille aristocratie propriétaire d'esclaves à l'égard de ceux qui produisent les richesses. Elle les tenait en un mépris absolu ; sans eux, l'exploitation sur le terrain serait probablement impossible. Par le passé, les planteurs employaient des recruteurs de main-d'œuvre, payant d'importantes primes pour chaque homme amené à signer un contrat de trois ou quatre années – période à laquelle il survivait rarement. Les ouvriers travaillaient sous garde armée et les coups étaient administrés très libéralement. Parfois ils étaient revendus et transportés dans des îles du Pacifique. Les tentatives récentes pour améliorer leur condition ont rencontré une opposition farouche. Les planteurs posèrent alors la question – évidente à leurs yeux – de la finalité d'une colonie.

Ainsi le conflit entre l'administrateur et les planteurs continue encore aujourd'hui. Quel que soit l'adoucissement éventuel du sort des Moï, le principe de contrainte persiste. Pour le privilège de voir arriver de nouveaux Blancs dans son pays, chaque adulte mâle paie un impôt en riz et doit abandonner annuellement son village un certain nombre de jours pour le labeur dans les plantations ou sur les routes. C'est la violation de la liberté moï qui est la vexation fondamentale. Durant cinquante jours, il est privé du droit d'effectuer ses rites, ce qui le compromet lourdement avec les esprits qui demandent compensation. De plus, dans une économie si justement équilibrée, la perte de ce temps représente, pour le villageois et sa famille, toute la différence entre l'aisance et la ruine. La société moï ne peut que rappeler celle de l'islam ou de la civilisation précolombienne de l'Amérique. Toute action individuelle, depuis la naissance jusqu'à la mort, est contrôlée avec rigidité. Ce système fermement unifié s'est révélé assez heureux dans la gestion de la vie interne de la tribu, mais fragile et peu résistant lors d'une confrontation avec l'extérieur. La loi coutumière des Moï et leurs rites parent à toute éventualité, tiennent compte de toutes les situations, sauf d'une : le Moï n'a pas reçu la permission de faire face à une attaque inattendue. Si quelqu'un offense l'esprit tutélaire du village, la chose peut s'arranger sans trop de problème. Mais si une compagnie de déboisement, munie d'une concession, s'installe et abat tous les banians qui abritent l'esprit, et l'emmène, que reste-t-il à faire ? C'est la fin de tout.

Darlac

On percevait le district entier de Dak-lac comme à travers des lunettes de soleil. La région n'était pas très colorée. Cela faisait penser à des études de bleu fumé, de différents verts et de blanc. La lumière avait une qualité nordique et froide. Le lac lui-même évoquait un *vatyn* islandais où le reflet trouble de la montagne se dessinait dans la surface pâle de l'eau gelée. Les îles semblaient liserées de glace, mais cette bordure était constituée d'une frange peuplée d'aigrettes et lorsqu'un aigle fondait sur elles, la glace disparaissait à leur envol, pour se reformer à leur retour. La vision du lac se dessinait à travers le branchage peu fourni du frangipanier ou du lilas du Japon – comme quelques coups de pinceaux sur une soie ornée de bourgeons blancs épars.

Le matin, les montagnes flottaient au-dessus d'un chaudron de brume duquel émergeaient lentement les îles. Le long du rivage le plus proche, au-dessous du bungalow de l'administrateur, les couches de vapeur donnaient aux branches les plus élevées des arbres une élégance rare. Au fil des minutes, la scène se concrétisait et l'on découvrait peu à peu le lac encerclé de montagnes couvertes jusqu'à leur sommet d'une toile tissée par la jungle. Les bords de l'eau étaient empennés de bambous. Le soir, lorsque le soleil tombait, sa lumière ne se reflétait plus depuis le fourreau de mousse de la végétation des hauts plateaux lointains. Elle ne brillait plus d'une lumière jaune, comme dans les climats nordiques, mais se métamorphosait en un bleu fumé de plus en plus sombre. Les aiglespêcheurs tournoyaient dans ce décor et faisaient apparaître leur plumage blanc. La fin de leur plongeon créait comme une fontaine qui jaillissait de la surface de l'eau. A cette heure apparaissaient des papillons voltigeant sur le lac. Ils étaient noirs, bigarrés de jaune citron, aussi grands que des chauves-souris. Des aigrettes passaient en groupes sur le chemin de leurs perchoirs. Le dernier mouvement fut une courbe dessinée par des grues aux silhouettes noires et héraldiques sur le fond obscurci du ciel. Durant le jour et la nuit, le son calme des gongs nous parvenait, par le lac, depuis des villages moï invisibles.

Le bungalow de l'administrateur était construit sur un monticule vers la berge du lac. De la terrasse, on pouvait voir en contrebas des groupes de hérons blancs minauder dans une eau peu profonde, et soudainement pris de panique, battre de leurs ailes afin de se libérer d'algues qui affleuraient et dans lesquelles ils s'étaient empêtrés. Le bungalow était cerné d'une palissade de protection. Une ceinture de bâtons acérés, d'une hauteur d'une trentaine de centimètres, se dressait à l'intérieur, les pointes dissimulées dans l'herbe.

Au niveau du col, sur la route de Ban-mê-thuôt, quelques conscrits moï gardaient un poste militaire. De l'autre côté de la vallée – à l'extrémité est – se trouvait la ville côtière de Nha-trang. Mais bien avant Nha-trang, pas très loin du poste de Dak-lac, on trouvait les premiers postes avancés du Viêt-minh. Jusqu'à présent, le Viêt-minh ne s'était pas préoccupé d'investir les montagnes. Mais mes amis supposèrent qu'ils le feraient un jour, et dès lors ils occuperaient certainement le sommet de cette vallée où nous entendions chaque matin des bandes de singes hurler dès l'aube.

Mises à part les huttes où vivaient les gardes moï et leur famille, il n'y avait qu'une seule autre habitation digne de ce nom. C'était le pavillon de chasse de l'empereur, toujours en construction et qui dominait le bungalow de l'administrateur. Son style, peu impérial, figurait une structure cubique d'inspiration vaguement germanique. Il rappelait plus une guérite qu'un lieu de détente; un reflet, inconscient peut-être, de ces temps difficiles. Un rouleau compresseur, apparition très surprenante dans ce décor, aplanissait une route couverte d'asphalte qui menait au sommet. Cet endroit avait été choisi, disait-on, afin que Sa Majesté, lorsqu'elle ne chassait pas, puisse admirer à loisir les hordes d'éléphants sauvages depuis sa fenêtre. Lorsque j'eus l'occasion d'apprécier le point de vue impérial, il va sans dire qu'aucun éléphant ne se présenta.

Mes amis au poste étaient Ribo et Cacot, l'un administrateur et l'autre inspecteur des écoles ; le deuxième passait de courtes vacances avec le premier. Ribo avait sous sa juridiction 118 villages moï représentant quelque 20000 personnes. Ces deux jeunes gens avaient bien moins de trente ans. Ils étaient sympathiques, optimistes de tempérament mais pessimistes par conviction. Ce poste ne constituait pas seulement un poste avancé des forces coloniales françaises mais surtout un camp retranché de l'existentialisme. Durant ma première soirée, après un digne repas français durant lequel on avait servi deux vins et une liqueur, mes amis attendirent une intervention intelligente de ma part, ceci dans le cadre d'une dissertation sur *Le Confort intellectuel* de Marcel Aymé, ouvrage qui venait juste d'arriver du Club français du Livre.

Avant le dîner, nous étions sortis chasser sur le lac, sur une pirogue moï, longue et étroite. Afin d'éviter de la faire basculer, il fallait s'asseoir ou s'accroupir, parfaitement immobile dans la position qu'on avait choisie. Cacot, dont le pessimisme intellectuel ne touchait jamais à des sujets tels que la chasse, proposa de revenir avec la pirogue pleine de canards, mais à ce moment, je commençai à réaliser qu'il ne fallait pas espérer une telle chance lorsque je participais à une partie de chasse.

La pirogue glissait sur l'eau. Son fond arrondi heurtait doucement les algues entremêlées sous la surface. Les montagnes avaient maintenant revêtu leur manteau sans relief d'un bleu brumeux et des nuages blancs étincelants formaient des ballonnements derrière elles. Des hirondelles nous tinrent compagnie, zigzaguant autour de nous. Des aigles tournoyaient dans le ciel. De gros poissons sautaient occasionnellement, attirant des aigles pêcheurs qui fondaient sur eux. Quelque part dans un village on jouait du gong – deux battements lents et quatre courts répétés inlassablement.

Le Moï repéra un grand nombre de canards, alignés comme en un long trait de crayon à l'horizon du lac. Cacot s'enthousiasma et suggéra qu'on parte à la chasse aux crocodiles après le dîner. Il pensait que nous pourrions aussi attraper quelques daims sur notre lancée. Le Moï manœuvrait la pirogue vers les canards, tirant avantage du couvert fourni par les îles et les roseaux. Nous nous frayions une route à travers des lits de lotus qui s'étendaient depuis les îles, ce qui nous ralentissait. Cacot ne pouvait voir la nécessité de cette stratégie. Il disait que comme personne ne venait jamais tirer sur le lac, les oiseaux seraient dociles. Nous étions à une centaine de mètres d'eux lorsqu'ils s'envolèrent dans un jacassement, telle une volée de pinsons effrayés. C'étaient des canards ferrugineux, que je ne connaissais que sur illustrations. Il y en avait quelque deux cents et leur curiosité fut leur perte puisque toute la volée se tourna soudainement vers nous et vola au-dessus de nos têtes. Ribo et Cacot embrasèrent le ciel dans leur direction. Plusieurs d'entre eux tombèrent comme des pierres dans le lac, mais les plantes étaient si denses, que nous ne ramassâmes que celui échoué près de la pirogue. C'était un bel oiseau au plumage brun-rougeâtre, légèrement plus petit qu'un colvert avec un bec et des pattes bleu-ardoise. On fouilla autour du lac encore une heure mais les canards ne se laissèrent pas approcher une seconde fois. Cacot déclara que l'empereur avait dû tirer dans cette région.

Déterminé à rentrer avec un certain tableau de chasse, il se concentra dès lors sur les seuls autres oiseaux du lac qu'il considérait comme comestibles. C'étaient des échassiers aux ailes noires, à l'allure fragile et élégante qui, apparemment, n'avaient jamais expérimenté le feu. Ils nous laissèrent approcher à quelques mètres. Cacot en tua plusieurs. Mais ils s'accrochaient avec ténacité à la vie car, bien que blessés à une courte distance, ils plongeaient encore sous l'eau et restaient immergés si longtemps, qu'ils semblaient préférer se noyer plutôt qu'être capturés. Le Moï les trouva difficilement en tâtonnant parmi les algues. Leur goût fut très inférieur à celui du canard.

Après le dîner, nous partîmes chasser dans la jeep de Ribo. Heureusement Cacot avait été persuadé d'abandonner l'idée de chasse au crocodile, avec l'argument que nous risquions d'attraper la malaria dans les marais. Cacot avait une lampe puissante comme une torche de mineur, attachée sur son front, dont il portait les piles dans un sac à dos. Nous conduisions le long d'une piste de chasse privée de l'empereur et Cacot tournait la tête de part et d'autre pour surprendre le reflet des yeux du gibier. Finalement, cinq paires de têtes d'épingle lumineuses brillèrent des profondeurs d'une clairière. « Ce sont des daims », chuchota d'une voix rauque Cacot. Sautant au bas de la jeep, il plongea dans les hautes herbes, le faisceau de lumière s'agitant et se balançant devant lui. On distingua finalement un daim, attendant la venue du chasseur, tête et encolure dépassant de l'herbe, immobile comme un pantin de tir forain. La lumière se stabilisa, il y eut un éclair rouge et une détonation. On ne put discerner ce qu'il advint du daim. La clairière fut soudainement vide. Cacot revint et monta dans la jeep, se déclarant fatigué. Sur le chemin du retour, il abattit d'un tir long et difficile un petit animal ressemblant à un putois. Il portait une fourrure rêche et hérissée que Cacot estima être d'une certaine valeur. L'animal resta un jour dans le garage, sous le bungalow. Lorsqu'il commença à sentir mauvais, le chauffeur reçut l'ordre de l'enterrer.

Cette nuit là, dans la chambre, je fus réveillé par un long bruit de glissement suivi d'un cliquetis. C'était un son plutôt ténu mais il suggérait le danger. Cela impressionna assurément mon subconscient. Il n'y avait pas de lumière électrique et il me sembla que me lever pour aller chercher des allumettes n'était pas une bonne idée. Bien que je ne pusse donner aucune explication au cliquetis, le bruit du glissement correspondait, dans mon imagination, au bruit qu'aurait fait un énorme serpent se mouvant sur le plancher. Je résolus donc de rester tranquillement couché sous la moustiquaire. J'espérai qu'elle aurait un pouvoir dissuasif sur ce reptile explorateur. Le son se répéta plusieurs fois et s'arrêta. Je me rendormis.

Presque immédiatement, me sembla-t-il, je fus réveillé par un cri horrible. Je le situai sans plus d'hésitation dans la chambre et guère éloigné de l'endroit où j'étais couché. Ce fut un éclat glougloutant, sorte d'hilarité épouvantable, avec, à la fin du cri, un *jeck-o* répété plusieurs fois. Dans le silence de la nuit, j'attribuai cet écho à un monstre prédateur. Le lendemain matin j'appris que ce n'était que le lézard gecko, tutélaire de la maison, un grand monstre repoussant qui aimait à paresser durant le jour dans un angle de la bibliothèque, et qui, en colère, balayait de sa queue les volumes de Jean-Paul Sartre. Le gecko n'était dangereux que dans la mesure où il se défendait vigoureusement en cas d'attaque. Il avait une valeur prophétique pour les Vietnamiens qui interprétaient les présages au nombre de fois qu'il répétait la fin bisyllabique de son cri.

Je ne fus jamais en mesure de donner une explication au cliquetis ni au bruit de glissement.

Nous partîmes le lendemain matin sous un soleil déjà haut. Selon l'habitude du pays, on avait parlé d'un départ à l'aube, mais de nombreux délais bienvenus avaient fait tourner l'horloge. C'était une belle matinée. Nous descendîmes la route en zigzag en passant vers la rive du lac qui épluchait ses couches de brume. Quelques Moï pêchaient en pirogues. Celles-ci semblaient flotter comme en suspension. D'autres Moï s'affairaient dans les ruisseaux filtrant vers le lac, ils y plaçaient des filets à poissons ou lavaient leurs pots de cuisine – un travail accompli méticuleusement.

Notre chemin passait à travers un pays assez découvert. Des rizières se succédaient de chaque côté, mais le riz avait été récolté un mois ou deux auparavant. Elles étaient désertes, seuls quelques buffles cherchaient des trous dans la bourbe et des cigognes chassaient. Les Moï, plutôt désœuvrés en cette saison, erraient aux alentours et tentaient de trouver une façon quelconque de passer le temps, entre deux soûleries. Des familles se baladaient sur le chemin. Elles semblaient être à la recherche d'un endroit convenable pour un pique-nique. La mère portait un gros bambou qui contenait la nourriture, alors que le père avait un pot d'alcool de riz en équilibre sur son épaule. Les enfants couraient et détendaient sans succès leurs arcs sur le moindre petit oiseau qu'il leur arrivait de rencontrer.

Nous aperçûmes des parties de pêche organisées *pour le sport,* sans intention sérieuse, car le moindre effort s'y trouvait décuplé dans un vrai chahut. Pour certains, la méthode favorite était d'agiter l'eau d'un ruisseau ou d'une mare jusqu'à ce qu'elle devînt complètement boueuse, probablement afin que les poissons se perdent dans cette obscurité trouble. Ils lançaient au hasard dans l'eau brunâtre une sorte de harpon en forme de grande bouteille, fait d'osier, avec un bord circulaire acéré fixé à la partie inférieure incisée. Tout le monde y participait et la pêche fournissait le prétexte à des farces sans fin; faire boire des tasses par exemple. Ces gens étaient des M'nong. Ils appartenaient au même groupe tribal que ceux que j'avais vu à Dak-song, et constituaient l'une des branches principales des Moï. Ils occupaient une vaste région mal délimitée au sud de Ban-mê-thuôt et avaient la réputation d'être légèrement moins évolués que les Rhadès dont le territoire commençait quelques kilomètres plus au nord. Ces derniers représentaient les plus puissantes et les plus nombreuses des tribus moï. On pouvait reconnaître les M'nong aux grands cylindres en ivoire qu'ils portaient aux lobes des oreilles. La rumeur prétendait que ceux qui vivaient encore de la chasse, et occasionnellement du pillage, emportaient du poison pour leurs flèches dans l'un de ces cylindres creux et de l'antidote dans l'autre.

Nous nous arrêtâmes au village de Buon-dieo où nous devions inspecter une nouvelle école, l'une des cinq de ce territoire. Vu d'une certaine distance, Buon-dieo faisait penser à la maquette d'un anthropologue pour une exposition. C'était l'exemple parfait des villages peuplant les contrées vierges et reculées des mers du Sud. Tout était si bien arrangé qu'on s'attendait à trouver des corbeilles pour les détritus, des affiches proclamant « chaque chose à sa place et une place pour chaque chose ». On ne trouvait pas le moindre petit déchet ni la moindre mauvaise odeur dans le village. Si les maisons longues avaient mesuré un dixième de leur taille, on aurait pu les prendre pour des modèles artisanaux avec leur structure de murs en bambou tressé dans le style d'un institut technique. On distinguait des représentations iconographiques neuves et propres, placées au sommet des échelles qui donnaient accès aux maisons, des dessins géométriques sur les poteaux de sacrifice bien nettoyés et des bandelettes de papier découpé en forme de figurines. Tout rappelait trop bien une exposition – un peu trop propre et sans vie –, le village m'nong idéal pour le plus grand bonheur de quelques étudiants en visite. Par bonheur, la grandeur des choses rendait une dimension réelle et sauvait l'ensemble. Le village, et derrière lui les sommets de 2000 mètres de la chaîne Annamite, formaient le décor. Quelques-unes des plus belles cases atteignaient une longueur d'au moins 60 mètres. Comme les gens demeuraient cachés jusqu'à ce que le chef arrivât, le village semblait sans vie. Enfin, le chef se hâta d'enfiler une chemise de sport, à l'européenne, qu'il portait en signe d'autorité.

Le chef de Buon-dieo présentait le visage triste, vieux et ratatiné du boutiquier levantin ayant réussi, mais souffrant d'ulcères à l'estomac. Avec sa chemise de sport, il portait un turban bleu foncé, un pagne magnifiquement tissé présentant un dessin raffiné de fleurs stylisées, et un ornement en forme de pince à épiler suspendu à une chaîne autour du cou. Ribo avait rendu visite au chef quelques jours auparavant, il espérait donc que les protocoles à venir seraient moins contraignants qu'à l'accoutumée. Nous visitâmes d'abord l'école que le village réuni avait construite en dix jours. Ribo disait qu'il suffisait de galvaniser l'imagination des Moï pour qu'ils s'enthousiasment pour un projet. Il fallait les convaincre que les esprits approuvaient ce dernier pour qu'ils fussent remplis d'une ferveur stakhanoviste. L'un des villageois, qui avait fréquenté l'armée et qui était donc apprécié comme homme de culture, donnait des cours trois jours par semaine. L'école venait d'être inaugurée par le sacrifice d'un buffle et quelques os rongés jonchaient encore le sol. Ribo proféra quelques critiques sévères à l'encontre de ces restes. Elles me parurent injustes envers ce village modèle, digne d'une exposition coloniale. Pour embellir les classes, sinon nues, on avait accroché quelques affiches représentant Monte-Carlo.

La salle commune de la maison du chef était meublée avec une simplicité impressionnante. Des bancs, sculptés dans une sorte de bois d'ébène, ceinturaient les murs et des nattes propres de jonc habillaient le sol. L'absence de bibelots et d'ustensiles ménagers était si étonnante qu'on imaginait l'épouse affairée à des rangements frénétiques après chaque visite. On comptait, parmi les objets principaux, une batterie de gongs de tailles différentes et quelques tambours, dont le plus grand, massif et décoré de clochettes valait, disait le chef, au moins dix buffles. Bien sûr, il ne songeait pas à le vendre, par respect pour ses attaches sentimentales. Il avait appartenu à la famille de sa femme durant plusieurs générations, et n'était utilisé que lors d'occasions solennelles ; l'apparition d'une comète par exemple. Les poutres principales de la maison étaient partiellement décorées avec ce qui se révéla être des publicités et des dessins animés découpés dans des journaux français et américains.

Sept pots pendaient à la charpente au centre de la pièce. Dès que les beaux-fils du chef furent arrivés et eurent suspendu leurs arcs et leurs flèches à la poutre, couvrant ainsi les aventures de Dick Tracy, on les envoya chercher de l'eau avec des récipients en bambou vers la rigole la plus proche. Pendant ce temps, les bouchons de boue séchée furent enlevés des jarres. On enfonça de la paille de riz et des feuilles sur la bouillie de riz fermenté pour éviter que des grumeaux solides ne remontent à la surface lorsqu'on rajoute de l'eau. L'affaire commençait à devenir sérieuse et Ribo demanda au chef, par l'intermédiaire de son interprète, d'écourter la cérémonie car nous avions encore, ce jour-là, d'autres villages à visiter. Le chef répondit qu'il l'avait déjà compris. Le nombre réduit de sept jarres en était la preuve et la cérémonie serait si pauvre que de faire sonner les gongs pour inviter l'esprit de la maison lui répugnait presque. Il espérait, en compensation, recevoir rapidement l'annonce de notre prochaine visite lui permettant d'organiser une réception plus convenable. Il nous garantit que nous serions encore couchés vingt-quatre heures après la fin de la cérémonie.

Cette cérémonie fut la première en pays moï de ce qui, d'après ce qu'on m'avait dit, devait être une série sans fin. Aussi, observai-je avec attention le déroulement de la cérémonie. Les usages rituels variaient dans le détail de village en village, mais l'essentiel restait identique. L'orchestre des gongs se met à jouer sur un rythme effréné. On s'asseoit sur un tabouret devant la jarre principale, située au centre, on prend la tige de bambou dans la bouche et on fait de son mieux pour aspirer la mesure correcte « d'esprit », correspondant à trois cornes de vache pleines. L'assistant, accroupi en face, de l'autre côté du pot, n'a aucune difficulté à vérifier la quantité bue, puisqu'il n'est jamais permis que le niveau descende au-dessous de l'ouverture de la jarre. De l'eau est constamment rajoutée par un trou sur le côté de la corne, trou sur lequel l'assistant garde son pouce appuyé jusqu'à ce qu'on commence à boire. Après avoir bu dans la jarre principale, on se déplace vers la droite et on recommence. Il n'y a pas de consommation minimum obligatoire pour les jarres suivantes. A intervalles réguliers, on aspire l'esprit jusqu'à la bouche du tube puis, le pouce tenu sur l'extrémité, on le présente à l'un des dignitaires présents, qui, en remerciements épanouis, prend une courte aspiration et vous le rend. Durant ces courtoisies, on est prié de donner la priorité à ceux dont les pagnes sont les plus somptueux, mais si, dans ce cas, l'habit fait souvent le moine, l'âge est cependant un meilleur critère pour les femmes.

Les M'nong ont un système matriarcal et c'est aux belles-mères relativement âgées et puissantes qu'appartiennent tous les avoirs. Bien que l'initiative des cérémonies soit réservée aux hommes et que les femmes demeurent en retrait au début, l'alcool de riz, les jarres, les gongs, les tambours et la maison elle-même appartiennent aux femmes. C'est donc non seulement une marque de courtoisie exquise mais aussi la reconnaissance tacite des réalités économiques que de tendre le plus vite possible le tube en direction d'une des dames les plus âgées se tenant sur le seuil de la salle commune. Avec un empressement surprenant, le tabouret voisin se voit libéré de son occupant, lui-même notable, pour permettre à l'autorité réelle de la maison de s'installer en arborant un sourire impeccablement édenté. Cette absence de denture n'a, bien sûr, aucune relation avec le grand âge de la dame. Elle provient du fait que, pour les Moï, les incisives ressemblent de façon insoutenable aux canines. Elles sont, en conséquence, arrachées des mâchoires à l'âge de la puberté.

L'épouse du chef de Buon-dieo possédait, malgré ses années, une silhouette splendide et musclée. Elle portait un sarong de couleur gaie, probablement acheté à un marchand cambodgien. Entre les moments où elle ne buvait pas, elle fumait une pipe d'argent. Obéissant à son rang, son attitude cérémoniale était lente et assurée. L'épouse d'un autre dignitaire ne put être invitée en toute convenance à se joindre au groupe qu'après quelque temps. Un petit essaim de femmes attendait son tour et derrière lui se profilait une rangée de beautés solennelles, dignes des toiles de Gauguin. C'étaient les filles du chef ; les maris, s'ils existaient, n'avaient aucune importance dans la hiérarchie sociale de la tribu. Ils furent certainement renvoyés à leurs occupations alors que des affaires si importantes s'accomplissaient. Nous n'étions séparés de ces Vénus de bronze que par sept ou huit notables de l'entourage de Buon-dieo, mais chacun d'eux se réjouissait de ces longues civilités.

Après un effort manifeste, les deux ou trois douairières furent écartées, et nous atteignîmes les nourrices qui, enlevant les bébés de leur sein et les remettant aux spectateurs, trottinèrent légèrement vers nous. Bien que l'alcool de riz, avec son goût bizarre de céréale brûlée, fut plus léger que d'habitude, mes amis dirent qu'ils commençaient à en sentir les effets. Les Moï avaient sombré dans une jovialité insouciante et les mères nourricières échangeaient des tapes sympathiques et de douces familiarités. Leur capacité à supporter l'alcool dépassait celle des dames plus âgées, et elles n'allaient pas être trompées par notre ivresse feinte. Demandant des gobelets, elles aspiraient l'alcool, crachaient des libations, siphonnaient la liqueur jusqu'à ce que les gobelets fussent remplis, et nous les présentaient à nouveau. Faisant le point sur la situation, nous nous rendîmes compte que nous nous étions frayé un chemin, buvant avec deux mères nourricières, jusqu'aux jeunes et parfaites représentantes de la race polynésienne, les filles du chef qui d'ailleurs nous lançaient des regards émoustillants. Mais nous étions tous étourdis par l'alcool et abrutis par les gongs qui résonnaient. La matinée passa. Il eût été difficile d'imaginer notre état au moment où nous aurions bu suffisamment pour atteindre, aux yeux des Moï, un niveau social intéressant. Ils nous encourageaient par des sourires et des gestes, mais nous n'en pouvions plus.

Deux années plus tôt, un village voisin de Buon-dieo vécut un événement extraordinaire. Une famille de huit personnes fut soupçonnée de faire de la magie au détriment du village. Selon la coutume, un représentant fut nommé pour être l'accusateur et l'on organisa un procès basé sur une épreuve singulière. Le champion du village et le chef de la famille accusée devaient plonger leur tête sous l'eau. Le premier à relever la tête serait le perdant. L'accusé céda. Selon les règles coutumières gouvernant ce cas plutôt inhabituel, les personnes accusées furent reconnues coupables d'être possédées par un démon subalterne, localisé dans un organe corporel. Ainsi, l'attitude générale fut compatissante. Les prisonniers furent considérés comme gravement malades et guérissables uniquement par l'ablation de l'organe atteint. Après l'opération, ils furent à nouveau reconnus comme membres à part entière de la société et purent la réintégrer. Cependant, la mort qui survient généralement rapidement après l'opération semblait totalement accidentelle et sincèrement regrettée par toutes les personnes concernées. Ainsi ces huit individus moururent accidentellement d'une mort « mauvaise ». Il était certain qu'ils allaient se transformer en esprits assoiffés de vengeance s'ils n'étaient pas apaisés au plus tôt par des sacrifices fort coûteux qui devraient s'étaler sur deux années. Pour remplir cette obligation, chaque animal du village fut sacrifié et les réserves de riz converties en alcool. Ensuite, les villageois empruntèrent aux communautés voisines jusqu'à épuisement de leurs crédits. Après quoi, ils se préparèrent à mourir de faim.

C'est ainsi que l'affaire parvint aux oreilles de l'administrateur. En conséquence, huit personnes parmi celles impliquées dans l'affaire furent jugées par une cour française et écopèrent chacune de trente années de réclusion. Aucun Moï, bien sûr, ne put comprendre cette sentence, et il fut impossible de leur enlever l'idée que le destin tragique de ces prisonniers, tous des hommes de haute valeur à leurs yeux, n'était autre que la vengeance des esprits des huit premiers morts. Les sacrifices avaient été insuffisants. Si seulement leurs ressources n'avaient pas été épuisées, tout aurait tourné autrement. Il y a du vrai dans cette dernière hypothèse, car si les provisions ne s'étaient taries, l'administrateur n'aurait jamais rien su de toute l'affaire.

Au-delà des villages modèles de M'nong R'lam s'étendait le pays des M'nong Gar, moins évolués. Les villages des M'nong Gar furent construits sur les rives du Krong Kno, dans les flots duquel les villageois semblaient passer une grande part de leur journée à se baigner ou à inspecter et à installer les filets de pêche. Le Krong Kno avait un courant rapide et jaunâtre, divisé par des bancs de sable sur lesquels s'asseyaient en groupes des Circé m'nong arrangeant leurs tresses.

Buon-rocai, village où Ribo avait affaire, fut pour un temps le quartier général d'un anthropologue français renommé qui s'était déterminé à vivre comme un M'nong, renonçant à toute aide d'inspiration occidentale. Quelque temps avant notre visite, il avait été affaibli par diverses maladies, dont le béribéri, au point de ne plus pouvoir marcher. Les M'nong, craignant devoir organiser des cérémonies funéraires coûteuses pour un étranger mort au village, envoyèrent un message à

Ban-mê-thuôt demandant qu'il fût rapatrié. L'anthropologue semblait ne pas s'en être fâché. La hutte qu'il avait occupée plusieurs mois fut déclarée taboue et tout ce qu'il y avait laissé fut gardé en l'état. La table était encore jonchée des papiers avec lesquels il avait travaillé, sa plume couchée parmi eux. Il y avait une bouteille entamée de gin français, une caméra miniature et quelques films. Ribo raconta que l'anthropologue avait l'habitude d'échanger ses légendes contre celles des M'nong, et que leur préférée était celle d'Ulysse et des sirènes. Cette dernière histoire ressemblait beaucoup à l'une des leurs, remontant aux jours où leurs ancêtres, peut-être contemporains des Grecs homériques, étaient des navigateurs. Dans ce village, plusieurs personnes souffraient de *tukalau*, un mal fongueux de la peau spécifique à la Polynésie et à certaines tribus d'Amérique du Sud. Les maisons longues des M'nong Gar n'étaient pas érigées en fortin comme celles que nous avions vues jusque-là.

A Buon-rocai, nous fûmes rejoints par le chef d'un canton formé de villages de M'nong Gar. Il était habillé, avec prestance, d'un manteau noir épais, d'une veste et de chaussons de feutre, portés par-dessus plusieurs paires de chaussettes en laine. Une serviette en éponge était enroulée autour de son cou et pour compléter cet accoutrement – qui ne comportait pas de pantalons – il portait un superbe chapeau de cow-boy muni d'une attache sous le menton. Le visage du chef était marqué par l'avidité expressive de l'Oriental ayant trop frayé avec l'Européen. Il souriait fréquemment, montrant des gencives terriblement endommagées par l'extraction trop consciencieuse de toute trace de dents. Le chef, apparemment, n'était pas homme à s'effrayer de fantômes car, selon Ribo, il avait commis deux meurtres. Mais il était trop utile à l'administration pour être mis hors circuit – une concession inhabituelle à l'efficacité de la part d'un homme aussi moraliste et sévère que Ribo.

Il fut décidé que nous ferions une halte à Buon-lê-bang, où la fiancée de l'anthropologue vivait. Ainsi Cacot, qui passerait bientôt par Saigon pour retourner en France, appellerait l'hôpital pour lui donner de ses nouvelles. Quand nous arrivâmes, le village était en pleine cérémonie. Un buffle avait été sacrifié le matin même et des lambeaux sanglants de chair pendaient maintenant à travers le village, entiers, avec le cuir. Des Brillat-Savarins s'affairaient avec zèle à hacher la viande et à l'agrémenter d'herbes, suivant des recettes secrètes. Des structures avaient été déployées à l'extérieur des maisons sur lesquelles des bandes rouges et brillantes, attachées à intervalles réguliers, séchaient au soleil comme des piments rouges. Des mouches scintillantes et avec des éclats métalliques voltigeaient autour d'elles.

Les villageois étaient tous hilares. Ils buvaient de l'alcool depuis quatre ou cinq heures et une clameur assourdissante de gongs provenait de la maison principale. La raideur cérémoniale avait disparu depuis longtemps et nous fûmes assaillis de tous côtés par des offrandes de viande crue et d'alcool servis dans des coupes de bakélite. Nous nous dirigeâmes vers la maison commune, dans laquelle vivaient tous les villageois jusqu'au moment où ils seraient en surnombre. Il n'existait aucune division stricte comme chez les M'nong R'lam : pas d'appartements réservés à la famille qu'il était incorrect de visiter, pas de pièce commune aux objets de cérémonie savamment disposés, où les visiteurs étaient reçus. A la place, il n'y avait qu'une pièce basse d'environ cinquante mètres, éclairée principalement par les entrées à chaque bout. La lumière filtrait à travers les murs de bambou tissé. L'espace occupé par chaque famille était marqué par l'arrangement formel de ses biens. La règle s'appliquait jusqu'aux pots de cuisine, suspendus au mur, chacun à sa place, tous identiques, à hauteur exacte du pot de cuisine voisin. Les jarres aussi formaient des rangs ininterrompus d'une extrémité à l'autre de la maison. C'était un étalage étonnant, la passion de l'ordre, qui découlait probablement de l'obligation de partager un espace disponible limité. On imaginait volontiers un personnage de haut rang, dans le rôle d'officier de service, promenant son œil sur la rangée de pots lors de son inspection quotidienne, ou marquant un froncement de sourcils critique à la vue d'une couverture mal pliée.

Cacot demanda à voir la fiancée de l'anthropologue. On nous la présenta à l'instant, escortée d'un couple de jeunes parents. C'était une créature splendide avec de grands yeux noirs et un teint jaune profond, loin d'être déplaisant. L'extraction de ses dents avait été maladroite et avait provoqué un léger déplacement de la lèvre supérieure. Ses gencives étaient enflées. Elle réussissait, quoique un peu grise, à garder une contenance plaisamment réservée. De nombreuses coupes de bakélite passèrent de main en main avant qu'on pût persuader la jeune fille de lever les yeux. Deux silhouettes à la Gauguin, plus jeunes, étaient assises, se tordant les mains de gêne. Elles détournaient la tête. Les visages, apparemment masqués par la peur, se dégrisèrent sous l'effet de notre présence terrifiante. Toutes les femmes âgées et puissantes de la tribu semblaient suffisamment ivres à présent pour ne pas avoir à être amadouées. Cacot demanda alors sans formalisme si aucune des filles n'était disponible pour le mariage. Les pères surgirent immédiatement, l'air ravi. Les deux jeunes filles seraient toujours prêtes, et les mères paieraient le prix fort en jarres et en gongs pour les beaux-fils agréés. Malheureusement, l'aînée des jeunes filles était déjà promise. Dans le cas d'une jolie fille comme elle, la compétition s'annonçait difficile. Il ne faisait aucun doute qu'un Européen craquât pour elle. Sa position de femme divorcée, soulignait le père, lui octroyait une situation particulièrement aisée car, selon la loi, elle avait gardé tous les biens de son mari lorsqu'il l'avait quittée. Cacot se décida pour la plus jeune des deux jeunes femmes disponibles et annonça qu'il l'épouserait avec un holocauste de buffles, dès son retour de France. Il donna à la fille quelques tapes prometteuses sur la poitrine, et elle fit de son mieux pour paraître contente. Que ceci fût pris au sérieux ou non, je ne le sais pas. Probablement pas. Les Moï aiment plaisanter, comme tout le monde.

Après avoir quitté Buon-lê-bang, nous nous trouvâmes sur la toute nouvelle piste de chasse de l'empereur. Les Moï l'avaient taillée dans la forêt vierge avec des outils qui ressemblaient à des sarcloirs de jardin. Ils étaient payés six piastres par jour, une piastre valant officiellement quatre pence, ou environ trois pence et demi au marché noir. Ils avaient la chance de pouvoir s'acquitter de leurs cinquante jours de travail obligatoire de cette façon et non dans une plantation. Quand cette route serait terminée, l'empereur pourrait piloter sa jeep spécialement équipée. Elle présentait, à l'arrière, une plateforme en bois ressemblant à un trône. Il la conduirait au cœur même de la contrée la plus riche du monde en termes de chasse.

C'était un paysage mystérieux de montagnes semblables à des nuages d'orage menaçant depuis l'horizon. Des massifs de bambous jaillissaient de la végétation basse et bouillonnante. Pour la première fois, je vis le miracle d'un paon en vol. Cacot le tira sans espoir. L'oiseau s'élevait dans les airs jusqu'à la cime d'un arbre enveloppé de fougères, sa queue traînant dans son sillage. Les tigres hantaient cette contrée et étaient les héros de toutes les histoires m'nong. Les sorciers locaux s'étaient spécialisés dans leur dressage et obtenaient un pouvoir certain sur les villageois en chevauchant ces fauves muselés. Ribo semblait convaincu du bien-fondé de cette rumeur ; même les Européens les moins imaginatifs s'imprégnaient des croyances locales. Il y avait un millier de façons d'attirer un tigre, même sans le vouloir. Ce dernier était apparemment toujours prêt à surgir, comme un génie déplaisant à la friction d'une lampe ou d'un anneau. La plupart des solécismes ainsi que la mauvaise tenue à table avaient la réputation de provoquer cet effet malheureux. Il était particulièrement désastreux de racler du riz d'un pot avec un couteau. Ribo disait que le prestige du tigre et de ses prétendus complices humains était si grand que les M'nong, effrayés, commençaient à hésiter à les chasser. Après une récente chasse lors de laquelle un tigre avait été tué, tous les chiens qui y avaient participé avaient été trouvés morts le lendemain ; empoisonnés par un sorcier, pensait-il. Ce fut à deux de ces hommes-tigres que le chef de canton eut affaire. Il y avait quelque chose d'étrangement symbolique dans la victoire de cette créature chétive, habillée dans un style occidental marginal, sur ces hommes vêtus de peaux de tigres.

Buon-choah fut le dernier village que l'on atteignit ce jour-là. Il appartenait à une petite tribu, exceptionnellement intéressante, appelée les Bih. Lorsque le docteur Jouin avait visité la vallée, deux années auparavant, les coutumes funéraires ancestrales de ce peuple étaient, disait-il, identiques à celles des Hova de Madagascar. Durant deux ans les morts étaient exposés dans des cercueils ouverts placés dans des arbres. Après quoi, les os étaient descendus et nettoyés méticuleusement, et avant l'enterrement final, le crâne était porté autour des champs par une vieille femme de la famille, et des offrandes lui étaient consacrées. La photographie du cercueil surélevé, dont le docteur Jouin avait besoin pour un livre sur les coutumes funéraires des Moï, avait été détruite lors de l'occupation japonaise et je lui promis d'en rapporter une autre. Mais j'arrivai trop tard. Dans les deux années qui suivirent la venue de Jouin, les missionnaires évangéliques américains avaient atteint le village. Ils persuadèrent les Bih d'abandonner ces coutumes, et pour leur donner quelque chose en échange, ils apprirent à l'un des garçons du village à jouer de l'harmonium.

Nous avions repéré les limites de Buon-choah. Un spectacle extraordinaire se déroulait lorsque nous arrivâmes. Les femmes descendaient en file indienne les échelles des grandes maisons, comme des cadets de la marine le gréement d'un bateau-école. Elles formèrent ensuite deux rangs – un de chaque côté du chemin – se tenant au garde-à-vous. Elles portaient des turbans blancs, des blouses et des calicots bleu-marine. Le chef s'empressa de venir à notre rencontre. Il portait sous son bras un volume en anglais de l'évangile de saint Marc et un diplôme très en vogue, donné pour service méritoire rendu aux Japonais.

Ribo et Cacot semblaient vaguement mécontents et dirent quelque chose au chef en inclinant la tête vers les femmes. Le chef donna un ordre et les blouses commencèrent à disparaître. Quand les femmes n'étaient pas assez rapides, celui-ci et les chefs de familles les réprimandaient sévèrement. En quelques secondes, la parade de l'accueil fut prête et nous nous dirigeâmes vers la maison du chef entre quelques dizaines de torses balinais exhibés. Je pense que Ribo et Cacot considéraient que les blouses, aussi, relevaient du travail du pasteur, et sentaient que le moment était venu de contrecarrer cette influence.

A Cêo-rêo, non loin de Buon-choah, se trouvaient les villages de personnages énigmatiques comme les *sadet* du Feu et de l'Eau, dont la réputation effrayante s'était répandue à travers toute l'Indochine. Il était étonnant de constater que, depuis l'antiquité la plus reculée, les rois du Champa, du Laos et du Cambodge – c'est-à-dire, les puissances temporelles entre lesquelles l'Indochine est tiraillée – payaient un lourd tribu à cette redoutable autorité spirituelle incarnée par deux pauvres hommes de la tribu jaraï.

Le *sadet* du Feu est le gardien d'une épée fabuleuse; il s'agirait d'une lame primitive taillée grossièrement et qui serait gardée dans des chiffons de coton. Le seul geste de sortir l'arme à moitié – arme que tous les royaumes susmentionnés revendiquent – serait suffisant pour plonger toute la Création vivante dans un sommeil profond. Sortir complètement la lame provoquerait l'anéantissement du monde entier par les flammes. Jusqu'au règne du grand-père du roi actuel du Cambodge, une caravane d'éléphants portant des cadeaux fabuleux était envoyée annuellement au *sadet* de l'Eau.

Les deux *sadet* semblent être considérés comme les incarnations d'êtres surnaturels, possédant des pouvoirs incontrôlables et plus maléfiques que bienveillants. Le *sadet* de l'Eau est associé, d'une manière obscure, aux épidémies. Il représente une sorte de lépreux spirituel entouré des tabous les plus horribles. Quand il voyage à travers le pays, des abris sont spécialement érigés pour lui à l'extérieur des villages, et l'on y place des offrandes. Aucun des *sadet* n'a la permission de mourir de mort naturelle. Dès que l'un d'entre eux est considéré comme mortellement malade, il est renvoyé à coups de lances et un successeur est choisi par divination parmi les membres de sa famille. La personne ainsi désignée endosse avec beaucoup de répugnance la mante de ce pouvoir imposé.

Les Rhadès

Le lendemain matin, nous atteignîmes le pays des Rhadès. Ce peuple semble être le plus évolué des tribus moï. Les Rhadès, comme leurs semblables, sont bavards, buveurs et privilégient un humour autodérisoire célèbre (« nos femmes sont les plus laides du monde »). Les aborigènes de cette tribu ne montrent pas encore les signes d'apathie qu'entraîne la menace d'une extinction proche, ce pessimisme qui accable la majorité des ethnies en proie au déclin. De plus, on a observé que les Rhadès acceptaient facilement de légères modifications dans leur manière de vivre si ces innovations leur étaient présentées comme étant agréées par les esprits.

Ribo avait envoyé un message conviant toutes les personnalités du village à une palabre à Buon-plum. Leur village avait été sélectionné pour servir de cobaye dans une expérience sociale chère à Ribo. L'idée consistait à introduire des innovations dans l'agriculture et des mesures contre la malaria. Buon-plum devait devenir un village modèle ; un exemple pour tous ses voisins, qui, l'espérait-on, seraient désireux de le suivre. Voilà comment tout devait se passer en théorie. Mais il était évident que Ribo n'était pas vraiment convaincu que la mise en pratique serait un succès. Il fallait prendre en compte beaucoup de facteurs ; en tant qu'officiel français, je pensais qu'il ne pourrait pas mentionner certains d'entre eux. Malgré tout, Ribo avait réussi à persuader les gens de Buon-plum de s'investir dans un réel travail. L'objectif consistait à défricher une surface de forêt et y planter un verger et un potager communautaires. Ils planteraient du maïs et du manioc, qu'ils ne sauraient pas convertir en alcool. En conséquence, Ribo escomptait (mais doutait) qu'ils mangeraient plus et boiraient moins. Cette fois, il allait leur parler de mesures contre la malaria.

Le grand chef accompagné des chefs de famille vint à notre rencontre à l'extérieur du village. Ils portaient tous des feuilles de tabac et un petit bol contenant du riz cuit et un œuf. Il était de bon ton de prendre une feuille de tabac à chacun, puis de toucher l'œuf et symboliser ainsi l'acte de recevoir de la nourriture. Le chef avait le visage fin et pensif, le nez busqué et les lèvres ourlées ressemblant au plus pur type arabe yéménite. (Les anthropologues mesurent-ils encore la boîte crânienne et, si oui, que déduiraient-ils de la diversité des Moï ?)

Le chef et ses notables avaient tous revêtu leurs plus beaux turbans, leurs vestes et pagnes. Chaque homme se tenait prêt pour l'inspection, présentant un diplôme japonais ou un certificat de service rendu à la milice française. Ribo, alerté par cette ambiance formelle, demanda au chef de réduire les cérémonies préliminaires au strict minimum. Le chef s'inclina gravement en guise d'accord mais lui fit remarquer que comme un nouveau venu – moi-même – était présent, on ne pouvait éviter un bref rituel pour solliciter la protection de différents esprits. Ribo haussa les épaules en signe de résignation et nous pénétrâmes dans la pièce commune de la maison longue du chef. Le pessimisme de mon ami s'aggrava à la vue des jarres d'alcool alignées. L'organisation de la pièce était presque identique à celle des M'nong R'lam ; les bancs ceinturaient les murs, la batterie de gongs et les immenses tambours en peau de buffle trônaient. Sur les poutres, des arcs et un service de cornes à alcool de riz pendaient à côté de boucliers en cuir. Des trésors artistiques comblaient mes espérances. Je pus admirer un audacieux calendrier vietnamien dont la variété des illustrations allait de la baignade d'une nymphe au schéma pour le graissage d'un châssis de voiture en passant par une bande dessinée de Tarzan.

A un signe du chef, je pris position sur un tabouret, le dos à la jarre principale. Les gongs résonnèrent, mais je ne vis rien de ce qui se passait derrière moi. J'étais seul au milieu de la pièce fixant un mur nu. J'attendais d'être formellement présenté aux esprits afin d'être admis à la cérémonie. Quelqu'un vint, se plaça derrière moi et déclama une incantation qui s'ajouta, à peine audible, à la clameur des gongs. On me dit plus tard que le sorcier était entré avec un coq blanc, qu'il avait trempé ses pattes dans l'eau et l'avait balancé au-dessus de ma tête. Dès que l'incantation fut achevée, le sorcier tourna le tabouret et me tendit un tube de bambou depuis la grande jarre. Au même moment, l'épouse du chef, la seule femme dans la pièce, choisit un bracelet fin en cuivre sur l'une des poignées de la jarre et le ferma sur mon poignet gauche. Ce don du bracelet en cuivre devait être une coutume extrêmement ancienne. Elle était pratiquée dans toute l'Indochine par les tribus moï qui avaient vécu séparément depuis la nuit des temps. Le bracelet porte en lui la protection temporaire de la tribu et alloue un certain nombre de petits privilèges dont les détails changent de village en village ; par exemple le droit de toucher certains tambours sacrés. Il existe un degré d'initiation plus élevé pour les Européens qui désirent prendre part aux cérémonies plus secrètes comme celle qui accompagne le retrait de l'incisive à la puberté. Dans ce cas, l'initié doit payer le prix du sacrifice d'un porc, et un peu de sang de son propre pied est mélangé à de l'alcool avec le sang du porc. Cette concoction est bue par tout le monde présent. En de telles occasions, un bracelet plus épais est offert, sur lequel est gravée une marque secrète. Les sacrifices suivants sont indiqués par des coches additionnelles. Le bracelet atteste, aux yeux de tous, de l'ensemble des services rendus à la communauté par celui qui le porte. Il est l'équivalent, au niveau spirituel, du diplôme japonais ou du certificat français pour le service militaire. On voit beaucoup d'Européens porter près d'une demi-douzaine de ces bracelets plus fins. C'est par ces signes, comme encore d'attacher une roue de secours à sa voiture avec une liane, que se signale avec ostentation le vieil habitué de l'Indochine.

Comme j'avais pris part à plusieurs cérémonies moï, je commençais à apprécier quelques-uns des détails subtils que j'avais négligés au début. Ainsi avais-je remarqué que lorsqu'il commençait à boire d'une jarre nouvelle, un ritualiste raffiné comme Ribo crachait une libation à travers le plancher souple en bambou tissé, d'une manière délibérée et grave. Je remarquai, en observant cette pratique pour la première fois, que si l'essence spirituelle de la libation était acceptée par les esprits tutélaires, sa présence physique, elle, était reçue avec enthousiasme par des canards qui la gobaient avec avidité. Ceux-ci avaient été attiré par le son des gongs et s'étaient rassemblés sous le plancher, juste sous les jarres. Les notables assis en face hochaient la tête avec une humeur bon enfant devant ce spectacle gracieux. L'assistance s'anima, croyant probablement qu'une cérémonie véritable allait débuter malgré tout. Les assistants déambulaient en coulisse, les yeux remplis d'espoir et portant des amuse-gueule de viande crue sur des brochettes en bambou. Certaines personnes qui avaient été subrepticement envoyées vers la rivière arrivaient maintenant avec des tubes remplis d'eau et attendaient l'ordre d'ajouter le liquide dans les jarres nouvelles. Les garçons assis auprès des gongs les battaient sur un rythme effréné. Mais Ribo regardait sa montre, et dès que le minimum de trois cornes de vache fut consommé, il demanda au chef que la palabre commençât.

Les Moï, comme la plupart des peuples prétendus primitifs, font des efforts magistraux pour être polis avec les étrangers. L'interruption d'un début de fête prometteur suscita une déception unanime. Malgré tout, les Moï prouvèrent leur sollicitude en convoquant tous les hommes du village. Ils s'alignèrent prestement, comme un groupe posant pour un photographe, le long du mur de la pièce commune ; ils arboraient l'air grave qu'affichent les étudiants en théologie devant un cardinal. Pas un œil ne s'égara du côté des jarres, ni vers les tubes à boisson délaissés qui se courbaient, languissants. Un silence de mort régnait. Lorsque Ribo commença à parler, tous, hommes et garçons, tendirent l'oreille sans comprendre un mot de français. Il était curieux qu'aucune matriarche ne fût présente.

Ribo débuta par une adresse familière.

— Tuon, dit-il à l'interprète, dis-leur que les esprits sont fâchés avec le peuple moï. Dis-leur que les gens de Buon-plum ont été comptés vingt ans plus tôt. Ils étaient alors quatre-vingt-six mâles adultes. Maintenant ils sont quarante.

Tuon traduisit ceci en rhadès. Ribo m'expliqua que sans parler leur langue, il la comprenait assez pour savoir que la nudité des faits devait se vêtir, ici, d'éloquence poétique. Les Rhadès vénéraient la parole et aspiraient à une certaine rhétorique de la part de leur administrateur.

— Les Rhadès vont disparaître de la terre, dit Ribo pour lancer le sujet. Les Annamites vont venir à Ban-mê-thuôt comme ils sont venus à Dalat. Ils vont cultiver les rizières des Rhadès et leurs chiens rongeront les os des ancêtres des Rhadès.

D'une voix lugubre, Tuon arrangeait cette admonestation au goût local. Le chef aux traits arabes parut déprimé. Ribo assena son audience de menaces d'horreurs post-mortuaires s'ils ne s'aidaient pas eux-mêmes avant qu'il ne soit trop tard.

— Voulez-vous empêcher les Annamites d'entrer ? demanda-t-il. Voulez-vous garder ce pays pour que vos enfants et petits-enfants puissent accomplir les rites qu'exigent les esprits ?

Il y eut une brève clameur d'approbation. Ribo expliqua que la seule issue était d'accroître leur nombre en combattant la malaria qui les tuait tous. Pour cela, il faudrait acheter des médicaments et des moustiquaires avec l'argent gagné en vendant les surplus de fruits et de légumes. Etions-nous d'accord ? Le chef vérifierait-il que la richesse ne fût pas convertie en jarres et en gongs comme c'est l'habitude ? Le chef donna sa parole.

La palabre touchait à sa fin et nous étions sur le point de partir lorsque l'interprète nous prévint qu'un repas avait été préparé pour nous. Chez les Moï, il est terriblement impoli, et outrageant pour les esprits puissants, de refuser une offre de nourriture. Seuls un sacrifice et une cérémonie d'alcool répareraient une telle offense. Il faudrait aussi fournir un grand effort pour manger tout ce qui allait être offert. Ribo était à nouveau inquiet. Les Moï sont la peuplade la plus omnivore du monde. Il nous prévint que la situation pouvait devenir délicate si, par exemple, nous nous retrouvions devant un plat d'asticots. Certaines tribus cultivent ces bestioles pour le plus grand plaisir de la table.

Pourtant, nous sous-estimâmes l'habileté du chef cuisinier de Buon-plum. Une table bancale et trois chaises furent transportées dans la pièce commune. Le premier bol arriva et nous constatâmes avec soulagement qu'il contenait du riz blanc. Suivit un plat de volaille rôtie et – surprise culinaire valant celle d'une sauce française raffinée sur du poisson frit dans un café anglais – une saucière de *nuôc-mam*. Ce nectar est un extrait de poisson fermenté dont l'odeur terrifiante est étrangement différente de son goût. Nous fûmes nantis de baguettes d'ivoire et de bols chinois élégants. Tout le village, rassemblé en un groupe toujours aussi photogénique, regardait le repas dans un silence extasié. Comme nous saisissions nos baguettes, le chef fit signe à l'un des spectateurs de s'approcher de nous. Il se mit à jouer de la flûte.

L'interprète Tuon était un *évolué*. Cette appellation est fréquemment donnée, en Indochine, à celui ou celle qui a abandonné les coutumes de sa race, qui s'habille en guenilles européennes, qui prend régulièrement une expression soumise et qui a quelquefois le privilège, en guise de compensation, de rouler à bicyclette. Conformément à cette description, l'évolué Tuon ressemblait à un briseur de grève. Son évolution n'était probablement pas encore achevée, car il n'affichait pas de sourire servile. Ribo s'aperçut que Tuon avait reçu les confidences de certaines personnes de Buon-plum. L'administrateur lui demanda ce qu'il en était. Tuon répondit évasivement qu'ils étaient mécontents de quelque chose.

— Fâchés de quoi ? insista Ribo.

— Des gens ont été envoyés à la plantation et ne sont pas revenus, dit Tuon.

— Et qu'est-ce qui les en empêche ? demanda Ribo. S'ils avaient voulu revenir, ils l'auraient fait.

Tuon grommela de façon peu civilisée. Je l'imaginais à nouveau portant des pagnes. Il fut assez franc pour dire à Ribo que les hommes étaient retenus de force dans la plantation. Les villageois l'avaient informé que non seulement ils ne pourraient pas continuer les travaux du verger et du potager mais qu'ils devraient réduire la surface des rizières si ces hommes n'étaient pas relâchés. Ribo déclara que nous nous rendrions à la plantation pour considérer l'affaire par nous-mêmes.

Deux jours plus tard, au retour vers Ban-mê-thuôt, nous fîmes une halte d'inspection à la plantation. Celle-ci, avec certaines autres, fournissait du caoutchouc aux fabricants de pneus pour automobiles. Malgré une attaque qui détruisit en 1946 les bâtiments administratifs, elle prospérait grâce à sa situation temporairement hors de portée du Viêt-minh. De plus, la plupart de ses concurrentes dans le sud fermaient leurs portes pour cause de désertion de la main-d'œuvre, ou de proximité de zones de guerre.

L'envergure des bâtiments romains de la plantation avait quelque chose de féodal. Un décor patricien et méprisant se créait entre deux extrêmes de grandeur et de pauvreté : des ouvriers en haillons s'accroupissaient au pied d'un escalier majestueux et des ballots de caoutchouc étaient éparpillés sous des colonnades. On chercha le *colonus* dans quelque repaire domestique central. Il sortit des cuisines pour nous rencontrer. Il était difficile de définir avec certitude son origine, quoiqu'il fût assurément européen. Il paraissait plus jeune que son âge et bougeait sans arrêt pour dépenser une vitalité trop grande. Il était habillé comme un citadin et portait sur son bracelet un talisman contre le mauvais œil. Un médaillon religieux, avec lequel il jouait de temps en temps, pendait à une fine chaîne d'or autour de son cou. J'imagine qu'il devait vivre dans une intimité toute patriarcale avec sa famille et ses serviteurs. Il était probablement sobre, certainement loyal, mais de manière rigide, et semblait plutôt implacable. Il souriait beaucoup.

On nous fit entrer dans une pièce immense, que le directeur ne devait sûrement pas aimer, et nous nous assîmes autour d'un meuble de salon très élaboré. Le directeur nous servit de longues rasades de whisky, maniant la bouteille comme une entraîneuse de cabaret et se servit lui-même de ce qui devait être un peu d'eau colorée. Deux acolytes entrèrent et s'assirent ; des gaillards énormes au visage rose qu'ils épongeaient souvent. Comme leur chef, ils souriaient sans cesse. Ils ressemblaient aux portraits des administrateurs de pénitenciers américains, et quelque chose de sinistre dans leur bonne humeur muette contrebalançait parfaitement la bienveillance pimpante du directeur.

Ribo demanda si le renouvellement des contrats avait été préparé dans le courant du mois pour les hommes qui travailleraient une année supplémentaire. Le directeur répondit que c'était fait. « Bon ! », dit Ribo, dans ce cas ils pourraient être signés maintenant en sa présence. L'Italien dit qu'ils avaient déjà été signés.

— Comment cela se fait-il ? demanda Ribo, qui avait très clairement exprimé sa volonté d'être présent à la signature.

Le directeur fut charmeur, plein de repentir et conciliant. C'était vraiment extraordinaire ! Il n'avait pas du tout compris cela ! Mais, il y aurait beaucoup d'autres occasions. Monsieur l'administrateur devait parfaitement comprendre que tout ce qu'il voulait était de coopérer. Son jeu était à peine plus convaincant que les regrets manifestement hypocrites des réceptionnistes d'hôtel de grande classe. Le directeur nous baigna d'un sourire.

— Très bien, dit Ribo froidement, maintenant, nous voulons parler aux signataires.

Le directeur était ravi. Il affirma avec véhémence qu'il n'avait jamais rien demandé de plus que d'avoir la chance de montrer les alentours à tous ses amis. Toute la plantation leur était grande ouverte, n'importe quand. Il n'avait rien à cacher. Il se tourna vers ses acolytes pour un soutien moral, et reçut un rictus allègre. « Vous voyez », semblait dire le directeur par son regard. Il agita la bouteille de whisky vers nous. Il n'était jamais aussi heureux qu'en bonne compagnie. Et maintenant que nous étions ici, il allait saisir cette opportunité pour nous montrer son établissement modèle, les belles huttes à la mode des ouvriers, l'infirmerie... Après quoi, il insista pour que nous restions à dîner.

Ribo se battit deux bonnes heures contre vents et marées pour obtenir ce pourquoi nous étions venus. Nous pénétrâmes dans une cour où quelque cinquante Moï alignés nous attendaient. Leurs contrats étaient arrivés à échéance. Seuls trois d'entre eux avaient refusé de les reconduire et étaient rentrés chez eux. Une misérable collection d'épouvantails humains s'offrit à nos yeux, et je réalisai subitement que je n'avais jamais vu un Moï frappé par la pauvreté dans son village. Ribo vérifia leur nom sur une liste qu'il avait, tandis que le directeur, comme pour prévenir toute éventualité de critique, lança sa propre offensive. Il appela Tuon et l'enjoignit de demander à cette assemblée déguenillée si tous étaient satisfaits de leur traitement. Cette question ne reçut aucune réponse et le directeur sembla très surpris. Ribo prit l'offensive.

— Dis-leur de parler, dit-il. S'ils ne sont pas satisfaits de leur contrat, qu'ils le disent. Il n'y a absolument pas de quoi être effrayé.

Les deux gardes du corps, les bras croisés, surveillaient avec amusement. Le directeur s'avança vers une de ces créatures abattues et le poussa de son index pusillanime.

— Demande à cet homme s'il est satisfait.

Tuon lui parla. Les yeux détournés, il marmonna une réponse.

— Alors, dit le directeur avec assurance, que dit-il ?

— Il dit qu'il est satisfait, lui dit Tuon.

Le directeur se retourna les mains déployées. Il s'octroya un moment de répit pour savourer cette victoire avant d'accentuer son avantage.

— Maintenant demande-leur à tous – je dis bien à tous, s'il n'ont pas reçu une prime de 150 piastres. Toi, toi et toi, dit le directeur, affleurant à un centimètre les haillons.

— Avez-vous ou n'avez-vous pas reçu votre prime ? Si

non, vous n'avez qu'à me le dire maintenant, et je vous donnerai moi-même l'argent.

Avec le panache d'un prestidigitateur, la main du directeur fit apparaître une liasse de billets propres. Il les agita sous une rangée de nez apathiques.

— Ils ont tous reçu la prime, dit Tuon.

Un sourire pétri de satisfaction ensoleilla le visage du directeur et la pile de billets décrivit un dernier arc gracieux avant de disparaître dans sa poche.

— Qu'est-ce que je vous disais ? Ils ont tous reçu la prime. Une avance généreuse sur leur salaire. De l'argent à envoyer à leur famille dans le besoin.

L'affaire était visiblement conclue. Le directeur craignait d'être la victime de certaines personnes ingrates, qu'il préférerait ne pas nommer, qui se piégeaient elles-mêmes en racontant des stupidités. Un seul moyen pouvait effacer la calomnie. Il fallait tout révéler au grand jour, et pfuit ! – le souffle léger du directeur effaça un objet imaginaire. Il frotta très vite les paumes l'une contre l'autre comme dans un geste d'exorcisme résolu. Il se tourna, attendant le bon plaisir des visiteurs. En avaient-ils assez vu maintenant ? Si oui... Les Français, sévères, presque flegmatiques à côté de ce mime étrusque, répugnaient à se montrer persuadés. Tuon était plus déprimé que jamais. Les Rhadès l'avaient laissé tomber. Il s'affaissa dans son habit de bagnard. Les cinquante coolies solennels fixaient leurs pieds. Le directeur et ses hommes entretenaient les meilleures relations avec le monde entier.

Ribo fit une dernière tentative, alors que le directeur arquait ses sourcils et roulait ses yeux avec un ton de tolérance comique.

— Dis-leur que nous sommes venus les voir parce que nous avons entendu dire qu'ils n'étaient pas contents. Maintenant nous savons que ce n'est pas vrai. Ils ont choisi de leur plein gré de travailler pour la compagnie. Nous allons retourner et dire à leur peuple qu'ils sont heureux.

Une voix, au dernier rang, murmura quelque chose et Tuon se dirigea vers cet endroit. Les deux gros bras s'avancèrent avec un sourire devenu ahuri. Deux Moï disparurent derrière leur masse imposante. Le directeur regardait à nouveau sa montre. Ribo demanda ce qu'avait dit l'homme.

— Il dit qu'il a été forcé de signer, annonça Tuon. Aucune marque de triomphe ne trahissait la voix terne.

— Comment a-t-il été forcé de signer ? demanda Ribo.

Les malabars se dirigèrent vers le dissident qui scrutait furtivement chaque côté comme pour chercher un moyen de fuir. Ribo les suivit.

— Dis-lui de dire la vérité, dit Ribo, et je promets qu'aucun mal ne lui sera fait.

Tuon parla de nouveau à l'homme. Il arborait cette beauté un peu féminine qu'on trouve si souvent parmi les tribus jaraï du nord. Il était difficile de discerner son origine commune avec le chef de Buon-plum aux traits sémites. Ses jambes et ses bras, couverts de cicatrices, découvraient un rose pâle inesthétique sur le bronze foncé de la peau.

— Il dit qu'on l'a gardé prisonnier jusqu'à ce qu'il soit d'accord de mettre l'empreinte de son pouce sur un papier.

Les deux gardes se tenaient au-dessus de lui alors qu'il marmonnait ces propos. Ils bombaient le torse et grimaçaient en le regardant. Leur attention fut enfin distraite lorsqu'une autre voix se fit entendre. Un deuxième homme avait trouvé le courage de dire à l'administrateur qu'il avait été enlevé et contraint d'appuyer son pouce sur le document. Le murmure grossissait, alors que cette rébellion extraordinaire s'amplifiait. D'autres s'y joignirent pour dire qu'ils n'avaient compris qu'après cinquante jours de service obligatoire qu'on les avait induits à poser leur empreinte sur un contrat pour une durée d'un an. Il y avait toujours un papier ou un autre sur lequel ils devaient apposer leur empreinte ; par exemple sur les reçus des outils qu'ils recevaient. Tuon passait d'un homme à l'autre le long des rangs. Il revint pour dire que seulement trois coolies resteraient de plein gré.

A cet instant, Ribo se trouva face à un nouveau problème. C'était une chose de harceler la compagnie jusqu'à ce qu'elle relâche quelques ouvriers, retenus là de force ou par tricherie.

C'en était une autre que de priver une exploitation aussi puissante et riche de toute sa main-d'œuvre, ce qui risquait vraisemblablement de se produire si la révolte se poursuivait. Ribo savait que, traditionnellement, les administrateurs étaient brisés pour des tentatives de ce genre. L'affaire avait pris trop d'importance. Elle devenait incontrôlable. Le mauvais fantôme qu'il avait soulevé ne pouvait être apaisé par une réforme quelconque. Ou la compagnie devait pouvoir continuer à enrôler sa main-d'œuvre par fraude ou par force – puisque c'était le seul moyen de s'en procurer – ou c'était la faillite. Le dilemme était draconien. De plus, si la compagnie n'existait plus et que la plantation était abandonnée et livrée à la jungle, où les fabricants de pneus trouveraient-ils leur caoutchouc ? Et au bout du compte, où l'automobiliste français achèterait-il ses pneus ? En fait, il semblait que cet aspect, en apparence essentiel à la bonne marche de notre civilisation, ne pouvait être obtenu qu'en fermant les yeux sur les illégalités et les oppressions. Y avait-il une raison de supposer que d'autres plantations de caoutchouc d'Indochine fussent dirigées selon des principes chrétiens ? En pratique, le banditisme clandestin qui hantait cette période ne différait guère de l'esclavagisme, pourtant officiellement aboli au siècle dernier, que l'on exerçait ouvertement.

Il ne restait qu'une solution pour Ribo ; se retirer le plus élégamment possible après avoir promis aux Rhadès de faire une enquête sur cette affaire. Le directeur ne se sentait pas ébranlé le moins du monde. Il aurait certainement préféré se passer de cet incident déplaisant. De nature affable et expansive, il était enclin à sympathiser avec les gens et à éviter les scandales. Mais il savait surtout que Ribo ne pouvait rien contre lui, du moins rien de sérieux, sans mettre en question le principe même de la colonie. Le Résident lui-même, dont le pouvoir était bien plus vaste que celui de Ribo, me dit plus tard que tout ce qu'il pouvait faire était de limiter les activités des planteurs.

— Nous sommes sur leurs talons, comme des cabots – cela revient à ça. Si nous n'étions pas là, ils iraient jusque dans les villages pour chercher la main-d'œuvre et ramèneraient les hommes au bout de leurs fusils.

Maintenant, je comprenais pourquoi Ribo, le docteur Jouin et les autres n'avaient plus aucun espoir de sauver les Moï. Ils m'avaient toujours assuré que la malaria serait la cause de leur perte. Or ce prétexte n'avait aucun sens. Pourquoi, justement à présent, après des siècles de résistance à la malaria, la maladie les exterminerait-elle ? Ribo pourrait réussir, grâce aux villages modèles, à enrayer la chute libre et maintenir le niveau de population de Buon-plum. Mais si, malgré la sollicitude des scientifiques et des officiers subalternes, la vraie fonction du village moï, comme nous venons de le voir, était de fournir une main-d'œuvre forcée, il ne pourrait y avoir d'amélioration réelle.

Les tribus éclipsées

Après Dak-lac, Ban-mê-thuôt paraissait assez morne. Doustin me réinstalla promptement dans les splendeurs silencieuses de la Résidence et me conseilla à nouveau de « pousser un grand coup de gueule » par la fenêtre si je désirais quelque chose. Il pensait qu'il y avait peu d'espoir de quitter Ban-mê-thuôt avant longtemps, et ce pour n'importe quelle direction. Il mentionna l'attaque d'un convoi qui avait quitté Ban-mê-thuôt juste après moi. Pourtant, on verrait – on verrait, et souriant imperceptiblement, il se retira au son fracassant du salut des sentinelles. Je sentais qu'il avait plus d'un tour dans son sac.

Dans la fraîcheur d'une fin d'après-midi, je rendis visite aux missionnaires locaux. Comme j'avais entendu parler de leurs activités dans la région du Dak-lac, j'étais curieux de voir ces gens qui enseignaient aux Moï convertis le chant harmonique. Ils distribuaient, en signe de bénédiction, des bérets de laine aux enfants.

M. Jones, le missionnaire, était un Américain grand, mince et barbu, qui ressemblait à un fermier de la Nouvelle-Angleterre dans une peinture de Grant Wood. Il arborait une expression de béatitude sévère. Son épouse donnait cette même impression d'être l'heureuse gardienne d'une formule simple qui soulageait des doutes et malheurs du monde. Je ne crois pas qu'un Jones ait jamais lutté contre un ange. Ils ne pouvaient pas comprendre non plus l'attitude pessimiste de certains prophètes puisque la pratique et là propagation de leur religion n'étaient pour eux que plaisir et satisfaction, offrant d'autre part nombre d'occasions d'affirmer leur ego. Ils vivaient dans la plus belle villa de Ban-mê-thuôt et utilisaient pour leur tâche deux voitures et un avion.

Les pasteurs de la mission évangélique américaine refusaient pour eux-mêmes un régime de sauterelles et de miel sauvage. On me raconta qu'ils avaient l'habitude d'arriver dans un pays avec plusieurs tonnes de boîtes de conserve prévues pour durer le temps de leur séjour. A propos de l'aménagement luxueux de sa villa, M. Jones prit soin de m'assurer que c'était là l'ordinaire des coloniaux français. De plus, disait-il, sa femme et lui dormaient souvent dans la jungle. Il continua, affirmant que tous deux aimaient et admiraient immensément les Français, faisant leur maximum pour coopérer. En fait, ils étaient plus appréciés que la mission catholique romaine qu'on avait bannie de diverses régions pour ses activités politiques. Sur ce point, le pasteur supposait que les catholiques s'étaient trop intéressés au bien-être des autochtones, sans parler de leur sauvegarde spirituelle – chose que la mission évangélique américaine ne faisait jamais. J'attendis, mais en vain, la citation commençant par « rendre à César », et m'efforçai de ne pas dire au pasteur que les autorités françaises (je pense qu'elles avaient tort) tenaient universellement les missionnaires pour des agents de Washington. En cela, les Français faisaient preuve d'un manque de compréhension de l'esprit américain, arguant avec une simplicité toute latine que, puisque les missionnaires faisaient peu de convertis – et aucun dans la partie bouddhiste du pays – pourquoi restaient-ils ?

Répondant à mes questions sur l'état de ses travaux, le pasteur dit qu'ils avançaient malgré des difficultés incroyables. La langue était à elle seule un problème. Comme dans un grand nombre d'idiomes en Extrême-Orient, l'inexistence de notions abstraites engendrait les difficultés les plus effrayantes lorsqu'il fallait traduire les Ecritures saintes. Ne donnant qu'un exemple, il cita le texte : « Dieu est Amour ». En rhadès, il n'existe pas de mot pour « Dieu ». En fait, ces gens ne comprenaient rien sans de longues explications. Et puis, il n'y avait pas non plus de mot pour « amour ». Finalement le texte traduit devenait : « Le Grand Esprit n'est pas fâché ». On supposait ainsi que le message passait, mais pas comme on l'aurait souhaité.

— Vous pouvez imaginer, disait-il, le genre d'effort que cela représente lorsqu'on visite un village pour la première fois et qu'il faut aménager sa demeure. Avant de commencer quoi que ce soit avec eux, nous devons construire notre propre maison de prière. On leur dit qu'on n'entrera dans aucune des maisons ayant été souillées par le sang d'un sacrifice païen. Une fois la maison construite, et cela nous coûte cher – je veux dire, en monnaies d'échange comme le sel – nous y entrons et tentons de prêcher le Christ crucifié et sa Résurrection à tous ceux qui sont présents.

Le pasteur ajouta qu'il emportait toujours des images de la crucifixion afin de les distribuer, car il avait remarqué que les indigènes s'intéressaient à toute technique nouvelle de sacrifice par le sang. Certains d'entre eux avaient l'habitude de venir dans l'espoir d'assister à une cérémonie où ils trouveraient ce que le pasteur appelait « leur maudit alcool », et lorsqu'ils ne voyaient pas de jarres dans les environs, ils repartaient.

— Pourtant, nous n'abandonnons pas la bataille. Il n'y a rien de plus doux à mes oreilles que la voix d'une de ces âmes pauvres, ignorantes et trompées, pour laquelle nous nous sommes tant démenés et avons tant prié, qui vient vers nous et nous dit, « quand je mourrai, vous planterez une croix sur ma tombe et non un crâne de buffle ». Là, c'est une vraie victoire, dit le pasteur. Et pendant un instant une réelle lueur de pionnier brilla dans ses yeux.

Je demandai si aucune tribu ne s'était jamais montrée intolérante vis-à-vis de ses sermons. Le pasteur répondit que non, au contraire. Le problème était que les autochtones n'acceptaient que trop facilement n'importe quelle révélation tant qu'ils avaient le droit de l'intégrer à leurs propres croyances. Il ne pouvait tout simplement pas leur faire comprendre que Dieu était « jaloux », autre terme qui ne s'inscrivait pas dans leur langue et qu'il tentait d'expliquer des heures durant. Après avoir entendu un sermon, l'attitude la plus répandue consistait à proposer l'inclusion de l'esprit nouveau dans leur panthéon, parmi les esprits de la terre, de l'eau, du tonnerre et du riz. Ils suggéraient ensuite une grande cérémonie qui devrait être offerte par le pasteur. Un certain nombre de buffles et de jarres seraient sacrifiés et le nouvel esprit serait ainsi invité à se présenter.

— On n'arrive vraiment pas à leur démontrer combien ces sacrifices sont stupides et pervers. Encore aujourd'hui nous avons vu des autochtones boire dans les champs et lorsqu'ils nous ont aperçus dans la voiture, ils sont venus en courant nous offrir de l'alcool. Pouvez-vous imaginer cela ? Nous avons parfaitement reconnu ces gens à qui nous avons déjà donné auparavant des instructions dans leur propre langue, d'après un petit manuel que nous avions mis nous-mêmes au point.

Le pasteur nicha alors un livre entre mes mains. Il contenait, d'après la page de titre, trente hymnes, un chapitre sur la prière, une explication de vingt-six termes religieux, un résumé bref de l'Ancien et du Nouveau Testament ainsi qu'un manuel d'église sur les devoirs des prédicateurs, portant sur le baptême, la communion, la consécration, la liturgie du mariage et le symbole des apôtres. Tout était en langue rhadès, avec des omissions lexicales caractéristiques concernant des mots tels que Dieu, amour, haine ou jalousie. Une prouesse formidable, en effet !

En abordant le sujet des plantations et de leurs effets sur les ouvriers – puisque les coolies travaillant treize heures par jour et sept jours par semaine ne pouvaient à l'évidence prendre part à la prière – le pasteur modéra son attitude. Seul le concernait l'équilibre spirituel des autochtones et leur condition matérielle ne l'intéressait nullement. On pouvait dire une chose en faveur des plantations. Au moins, les hommes qui travaillaient là-bas étaient à l'abri de la tentation.

L'idée du pasteur était que les conditions d'existence de l'homme en ce monde n'avaient que peu d'importance tant que ce dernier avait acquis le trésor inestimable de la Foi. Quand Jésus dit « Celui qui croit en moi sera sauvé », il ne se référait pas à cette vie. Naturellement, si l'un de ses chrétiens venait à rencontrer un problème, il essayerait de communiquer avec lui, pour autant que cela n'ennuyât pas les Français. Je réalisai rapidement que le pasteur se désintéressait totalement des autochtones en tant que communauté. Il ne se préoccupait que de « nos chrétiens (nous les aimons comme des enfants) ». Il collectionnait les âmes avec un plaisir plus redoutable qu'un collectionneur de timbres.

Il semblait curieux qu'un évangéliste du 20e siècle rejoigne son prédécesseur Borri, le jésuite du 17e siècle, dans sa croyance en la valeur d'une foi unique et exclusive. Borri était scandalisé et déprimé par le fait que des gens qui n'avaient pas bénéficié de la conversion présentent malgré tout la majorité des vertus chrétiennes. « [...] Certains, vivant d'aumônes, professent la pauvreté ; d'autres font œuvre de miséricorde en soignant les malades [...] bénévolement ; certains s'engagent dans une œuvre pie, comme la construction de ponts par exemple, ou d'autres ouvrages d'utilité publique comme l'élévation de temples [...] D'autre part quelques Omsaiis (prêtres) qui prétendent savoir soigner les animaux, guérissent avec compassion éléphants, buffles et chevaux, ne demandant aucune récompense, étant satisfaits de ce qu'on leur donne en toute liberté [...] à tel point qu'un homme arrivant dans ce pays pourrait être facilement persuadé qu'il y eût là une présence chrétienne en des temps ancestraux ; tant le diable s'efforça de nous imiter. »

Il y avait pourtant un remède à cet état de fait déconcertant, car « [...] Là est la contrée de la Terre appelée Cochinchine, qui ne manque de rien pour être un morceau de Paradis, si seulement Dieu envoyait ici-bas un grand nombre de Ses anges, ainsi nomme-t-on entre autres saint Jean Chrysostome, les hommes apostoliques et les prédicateurs de l'évangile. Avec quelle facilité la foi se répandrait alors dans ce royaume [...] car il n'est nul besoin ici de se déguiser ou de se cacher ; ce peuple accepte les étrangers dans son royaume et se montre heureux de voir chacun vivre selon sa propre religion [...] Ils ne fuient pas devant l'étranger, comme cela se fait dans d'autres nations orientales, mais au contraire le considèrent largement, sollicitent sa personne, estiment ses marchandises et prônent sa doctrine ».

Le vœu de Borri se réalisa. Les anges, les apôtres et les prédicateurs de l'évangile débarquèrent en grand nombre, et ce fut sous le prétexte de protéger le peuple contre l'oppression annamite que fut entreprise la conquête française du pays.

Ce soir-là, je m'étais rendu par erreur dans un restaurant affublé d'un nom européen. Je crois que c'était « Le Restaurant » ou quelque chose du genre. Dans cette partie du monde, on est toujours à la merci de la largesse d'esprit et de la vision ingénue que les peuples d'Extrême-Orient portent sur la nourriture. Parfois, surgit le désir ardent de manger quelque chose de simple, de défini et d'identifiable. « Le Restaurant » se situait entre deux extrêmes. Bien qu'un juke-box soufflât des grognements en rafale d'un coin de la pièce, le paravent, qui cachait bien partiellement les détails de la cuisine, était décoré de dragons inquiétants, et les restes d'un repas consommé avec des baguettes furent vigoureusement enlevés de la table lorsque je m'y assis. Un serveur vietnamien de mauvaise humeur apporta une assiette d'œufs avant que je n'eusse aucune chance d'exprimer ma préférence quant à un éventuel plat. Les œufs en question auraient très bien pu être ceux d'une grive. Ils ressemblaient à des œufs de grenouille très colorés vus au travers d'une loupe et ils baignaient dans une huile verte. Vint ensuite le *plat du jour* pour Européens, appelé *Chateaubriand maison*, un pavé énorme de viande bleuâtre, prélevé sans doute dans l'arrière-train d'un animal rare, une sorte d'âne qu'on aurait abattu dans la forêt locale.

— ... *Et des pommes lyonnaises*, dit le serveur au regard morose s'approchant de nouveau et déposant sur l'assiette une bonne ration de tranches frites de manioc.

Tout ceci s'accompagnait d'une bouteille de bière parfumée.

Comme c'était une date impaire, et donc un jour porte-bonheur, mon voisin, un soldat français, suivit l'exemple de plusieurs autres clients et décida de jouer son déjeuner. Le système préféré était le *tai-xiu*, pour lequel on utilisait trois dés. La maison gagnait quand le score n'atteignait pas dix et prenait son pourcentage sur les paris quand les trois dés tombaient sur le chiffre trois. Aucun des joueurs ne semblait réaliser que la chance des jours impairs était universelle et qu'elle valait pour les deux parties. La serveuse secoua les dés dans le bol et les lança sur la table en chantant tristement. Mon voisin perdit et paya le double de son addition. Le devin de la maison survint ensuite et prit sa main. Après une étude brève de ses lignes et pour une légère récompense, il l'informa qu'il avait offensé un démon de rang inférieur et que cette période ne lui serait pas favorable pour voyager à dos d'éléphant, pour construire une maison ou pour commencer à défricher une rizière.

En guise de distraction pour ses clients, le restaurant avait fixé au mur une grande boîte vitrée qui abritait des rats blancs. Un esprit aiguisé par l'étude des problèmes du mouvement perpétuel avait conçu un système de moulins miniatures qui forçait les rats à marcher continuellement. Parfois, mais très rarement, un rat avait la chance de se percher quelques secondes sur un rebord étroit avant d'être délogé et replongé dans cette activité fiévreuse par l'arrivée d'un de ses compagnons. C'était un spectacle hypnotique et l'on pressentait, surtout dans les affres de la digestion d'un steak d'âne, que d'une certaine manière, ressortait de tout cela une morale cruellement bouddhiste.

A la tombée du jour, je flânai sur le chemin qui me ramenait à la Résidence, espérant qu'il ne ferait pas trop noir pour distinguer un tigre avant qu'il ne m'aperçoive. Des lucioles vertes clignotaient dans les massifs d'arbustes. Des hiboux avaient pris position sur les montants des barrières de jardins.

Ils ne bronchèrent pas quand je les dépassai. Je saisissais parfois la complainte éloignée d'un gramophone quand la brise me le permettait, ou la série brève de notes de quelque rossignol oriental au gosier puissant. Comme j'entrai dans le jardin de la Résidence un garde moï se détacha du tronc d'un arbre. Il poussa une baïonnette dans ma direction et cria d'un ton menaçant ; quelques syllabes cinglantes dans une langue inconnue. Ce fut une confusion réciproque. Il n'y avait rien d'autre à faire que de rester là, pendant que des fleurs voltigeaient entre nous, et de dire en anglais tout ce qui me passait par la tête. Après quelques instants, le doute gagna le Moï, sa baïonnette s'abaissa, il ébaucha un semblant d'exercice militaire et recula, le visage caché par des racines aériennes.

Quelques minutes après mon retour, Doustin frappait à ma porte, arborant son sourire maîtrisé et doucement triomphant. Il paraissait qu'un politicien important, un député français, venait d'arriver et qu'il partirait à trois heures du matin pour Pleiku, situé à quelque deux cents kilomètres au nord. Voulais-je y aller ? Oui, je le voulais.

Le député, qui était un ex-gouverneur de Cochinchine, voyageait avec son secrétaire et un chauffeur. Toute la compagnie, comme d'habitude, était armée jusqu'aux dents. En dehors de la ville, sur les plateaux centraux d'Annam, c'était vraiment le *no man's land*, et les patrouilles du Viêt-minh empruntaient probablement autant les routes que les voitures françaises. On croyait toujours que le Viêt-minh avait conservé ses habitudes et qu'il ne se déplaçait pas la nuit. Le député allait profiter au maximum de cette expédition pour abattre du gibier, s'il en voyait. Il avait un nouveau fusil splendide, un cinq coups à répétition. Lui et son secrétaire seraient très surpris s'ils ne ramenaient pas au moins un léopard.

Nous prîmes du retard dans la banlieue de Ban-mê-thuôt en choisissant la mauvaise piste. La grande et moelleuse voiture américaine se faufilait à travers les bosquets de bambous qui piégeaient les rayons de ses phares, à quelques mètres devant le véhicule, comme un brouillard épais. Dans la nuit, l'uniformité de la jungle s'intensifiait et semblait incommensurable. Finalement, le conducteur trouva le bon chemin et nous plongeâmes en toute confiance dans le tunnel de cette végétation décolorée. Le député et son secrétaire étaient emballés comme pour une partie de chasse à la grouse dans la bruyère anglaise. Ils étaient assis, les fusils pointés de chaque côté à travers les fenêtres. Il y eut un moment d'excitation quand nous vîmes une grappe de lumières pâles se balancer devant nous. Le chauffeur freina et les portières s'ouvrirent à moitié. Ce n'était que les yeux agités d'un troupeau de buffles domestiques qui, à présent en plein dans la lumière des phares, nous montraient leurs croupes et fuyaient dans la direction opposée, plongeant bruyamment dans le mur épais des bambous.

A l'aube, nous n'avions toujours rien abattu et l'on dut empêcher le député, dont la vue faiblissait mais dont l'enthousiasme ne baissait point, d'ouvrir le feu sur d'autres buffles, qui n'étaient en fait qu'un groupe de Moï pointant à l'horizon, et sur des monticules d'excréments d'éléphants le long de la route. Nous réalisâmes un dernier exploit, mais sans profit, d'avancer profondément à travers des buissons épineux, pourchassant à leurs cris des paons qui nous devançaient toujours d'une cinquantaine de mètres. Après quoi, on rangea les fusils et les membres actifs de cette partie de chasse sombrèrent dans un coma lugubre alors que nous émergions sur le plateau plaisant et ensoleillé de Pleiku.

C'était un vaste paysage aux allures mexicaines. Un panorama immense se déroulait sur l'herbe blanche à éléphants et, à moyenne distance, s'élevaient les cratères usés et boisés par endroits de volcans anciens. Un ruban bleu de sommets lointains ourlait l'horizon. Des faucons blancs, élégants, aux ailes bordées de noir, tournoyaient au-dessus de nous. De temps à autre, nous croisions quelques Moï de la superbe tribu jaraï, qui marchaient en file indienne et dans l'ordre traditionnel familial; les hommes jeunes en tête portaient leur lance, les femmes suivaient et venait ensuite un vieil homme – le chef de famille. Avant d'atteindre un village, cette petite procession ferait une halte afin de permettre à l'aîné de reprendre sa place cérémoniale en tête de file. Les Jaraï transportaient sur le dos leur mobilier dans des paniers de jonc d'une superbe facture. Ils fumaient de longues pipes ornées d'argent et portaient des colliers de spirales en argent.

Pleiku était une véritable ville frontière, couverte de toutes parts d'affiches militaires. Des pins s'élevaient d'une terre rouge éclatant, il n'y avait pas d'herbe – seulement le sol rouge et les pins. Les villas coquettes, de style méditerranéen, étaient en retrait de la route et entourées de palissades garnies de pointes. Quelques voitures blindées roulaient aux alentours et civils comme militaires portaient des fusils. Nous passâmes un poste de contrôle renforcé à un carrefour et je fus charmé de voir que l'alerte était donnée au son d'un gong. Des porcs poilus au groin imposant, que l'on différenciait à peine de sangliers sauvages, couraient dans les rues. Je remarquai que les Jaraï civilisés avaient renoncé à leurs superbes paniers de jonc pour les remplacer par des jerricanes. Tout Pleiku résonnait du même chant puissant des rossignols dont j'avais à peine entendu quelques bribes à Ban-mê-thuôt.

Le voyage à travers le pays jusqu'au Laos, qui avait semblé si raisonnable et si simple à Saigon, s'était compliqué à Ban-mê-thuôt, et prenait à Pleiku l'apparence d'un projet sans espoir. Le Laos, lorsqu'on s'en approchait, semblait exercer une puissante répulsion magnétique. A Saigon circulaient de vagues récits à propos de nombreux voyages à travers le pays, datant peut-être de la période d'avant-guerre. A Ban-mê-thuôt, des chasseurs professionnels se vantaient encore d'avoir accompli cette expédition quelques fois. Mais à Pleiku, les informations étaient sans ambiguïté. Personne n'y allait du tout, dit M. Préau, le Résident, et le plus qu'il put me promettre serait de me faire rejoindre, dans le meilleur des cas, Bo-kheo, à mi-distance de Stung Treng, au Laos. Ensuite, tout dépendrait de moi.

Même le trajet entre Pleiku et Bo-kheo demanderait une organisation soigneuse, cela faisait bien un an ou deux qu'on n'avait pas effectué ce voyage. Les ponts pouvaient être détruits. De Bo-kheo à Stung Treng, dit Préau, il y avait un service régulier de camions dirigé par les Chinois. Régulier, mais quels jours ? Il était important de considérer tous les faits, parce qu'il n'y avait pas d'Européens à Bo-kheo, et nulle part où dormir ; mon arrivée devrait donc coïncider avec le départ d'un camion. Et, dit M. Préau, il devrait vérifier de ses propres yeux mon installation à bord du camion, et constater le départ de celui-ci. Les camions chinois avaient la mauvaise habitude de tomber en panne et cela pouvait prendre plusieurs semaines pour recevoir les pièces de rechange – peut-être plusieurs mois à Bo-kheo, car il fallait encore qu'elles parviennent jusque-là.

De plus, se posait la question de la sécurité de la région de Bo-kheo et de Stung Treng. Il évoquait la présence éventuelle de bandits dans la région. Dans ce cas, il faudrait se renseigner sur leur genre et leur nombre. Quelques jours seraient nécessaires avant de recevoir toutes ces informations et Préau suggéra que j'aurais peut-être plaisir à passer ce laps de temps à visiter quelques postes militaires de son territoire. Il allait envoyer le lendemain un homme faire un rapport à Man-yang, leur poste le plus éloigné à l'est, et j'étais le bienvenu.

Doustin avait envoyé un télégramme officiel à Préau l'avertissant de mon arrivée, mais en plus je portais une lettre personnelle de Ribo et de Cacot que j'avais quittés dans les meilleurs termes. Les trois hommes avaient servi ensemble dans le service colonial en Mauritanie. Préau, à l'évidence, voulait faire tout son possible, mais si j'avais su alors tout ce qu'il aurait à affronter à Pleiku, j'aurai hésité à le déranger ainsi de ma présence. Quelques jours plus tôt, des groupes viêt-minh avaient visité la plupart des villages de cette zone et avaient réquisitionné le riz. Ils avaient également érigé leurs propres points de contrôle, dont certains étaient encore recherchés par les Français. En ce moment, alors qu'il semblait nécessaire de faire pression sur tout Moï disponible pour le faire entrer dans la milice, les propriétaires de plantation firent eux-mêmes soudainement pression pour avoir de la main-d'œuvre supplémentaire. Préau était pris entre le marteau et l'enclume, mais je ne l'appris que peu à peu, dans les jours qui suivirent.

Le lendemain matin, nous partîmes pour Mang-yang. Parmi tous les problèmes du Résident, il fallait compter avec un manque chronique de moyens de transport. Ce matin-là, la jeep que nous devions utiliser tomba en panne dès sa mise en marche et le chauffeur passa son temps à tirer sur des pigeons avec un arc, jusqu'à ce que Préau lui-même découvrît l'avarie. Finalement nous dûmes partir avec la Citroën du Résident, le laissant seulement avec un camion pour les cas d'urgence. Man-yang était à quelque quatre-vingts kilomètres, à mi-chemin de Qui-nhon sur la côte ; une ceinture territoriale d'une largeur incertaine était solidement tenue par le Viêt-minh.

Mon compagnon, le secrétaire de Préau, était un jeune homme à l'air excessivement paisible. Il s'assit à côté de moi à l'arrière de la voiture, un fusil de sport d'un côté et un Sten de l'autre. Notre route serpentait entre les cônes érodés et immenses des volcans. Ce fut dans ce paysage nu que surgit soudain, à l'avant, un groupe de sept ou huit paons plutôt éloignés de leur environnement naturel. Ils flânaient sur la route et ne faisaient absolument pas attention à nous. On aurait pu les renverser. Mon ami tira et les oiseaux, sans aucun signe d'inquiétude, s'éloignèrent en trottinant dans l'herbe. Tous sauf un qui s'effondra sur le bas-côté. Le chauffeur alla le ramasser. Il y avait quelque chose d'assez révoltant dans l'apparence de cet oiseau à la dignité brisée. C'était comme indécent. Cherchant dans l'écran raide de plumes, le conducteur ne trouva aucune blessure, aucune tache de sang ; les pattes musclées se dégagèrent, et une fois libérées les ailes battirent avec force. Quelle que fût la façon de le tenir, sa tête se tournait vers nous avec des yeux plein de reproches. Le secrétaire dit au chauffeur de le tuer et l'homme sembla ennuyé. Il marmotta quelques excuses incompréhensibles, parlant en jaraï. Il semblait que personne ne voulait tuer l'oiseau et il fut embarqué à l'arrière de la voiture. J'étais mal à l'aise et le secrétaire probablement aussi. Il parlait de ramener l'oiseau et de le domestiquer. Quand plus tard dans la journée, nous ouvrîmes le coffre de la voiture pour voir comment se portait notre protégé, le secrétaire fut horrifié de constater que toutes ses superbes plumes avaient été arrachées, probablement à un moment où l'on avait laissé la voiture sans surveillance.

A Dak-ayun, une forteresse jaune se hérissait dans la plaine ; elle était bâtie de rondins avec des palissades de bambous en guise de fil de fer barbelé. Les patrouilles devaient les contourner. Elle aurait pu repousser l'attaque d'une compagnie peu motivée, mais au premier coup de canon, elle se serait enflammée comme une boîte d'allumettes. Les mitrailleuses de Dak-ayun protégeaient les survivants de quatre villages banhar qui avaient été rassemblés sous ses murs. Les Banhar, une tribu relativement moins évoluée que les Jaraï ou les Rhadès, avaient souffert des représailles des Viêt-minh pour avoir transmis certaines informations aux Français. Un groupe de mitrailleurs viêt-minh était venu, avait jugé les notables concernés et exécuté douze d'entre eux sur place avec leur propre lance. Le secrétaire dut faire un rapport sur les conditions de vie des réfugiés.

L'officier qui avait la charge du fort nous les présenta. Il était aussi pâle que s'il venait d'assister à une exécution et portait une barbe noire à la Landru. Les Banhar vivaient dans des abris misérables faits de feuilles et de branchages. Ils étaient sales, malades et vêtus de haillons – probablement mourant de faim depuis qu'ils avaient perdu leurs animaux. Les tigres les attaquaient, dit l'officier. Ces fauves étaient si mauvais dans cette contrée que ses hommes avaient reçu l'ordre de ne jamais quitter le fort ou alors seulement par deux et munis de leurs armes. Dans cette puanteur et cette misère, je remarquai une femme tissant une étoffe étonnamment décorée de singes stylisés. Son métier à tisser était sculpté avec un raffinement persan. Tel était le destin des Moï qui défiaient le Viêt-minh en donnant des informations aux Français. J'appris plus tard qu'un châtiment encore plus sévère attendait ceux qui offensaient les Français par peur du Viêt-minh.

Nous quittâmes ces personnages tragiques et partîmes pour Mang-yang. L'officier au visage pâle demanda à nous accompagner. C'était un grand honneur pour lui, disait-il, de pouvoir sortir des limites de sa place forte. Il ajouta que puisqu'on avait signalé une attaque au mortier ce matin dans le secteur de Mang-yang, nous risquions de tomber sur une patrouille viêt-minh belliqueuse et dans ce cas, un Sten de plus dans la voiture pourrait faire toute la différence. Il est vrai qu'à partir de cet endroit la route montrait davantage de signes d'accrochages. Nous croisâmes une voiture calcinée, une tombe à ses côtés, un village moï désert et partiellement démoli, et un pont détruit en reconstruction sous l'œil vigilant d'un mitrailleur.

Mang-yang se trouvait à l'extrême limite du territoire que gardaient à grand-peine les Français. Ce poste ultime, probablement provisoire, des colonies d'Annam central était placé sous l'autorité d'un sergent bon-vivant de Perpignan, un artiste méridional, qui éclatait de rire à l'évocation de sa solitude, et qui nous versait des verres de chartreuse, seule boisson qu'il parvenait à se faire livrer. Chaque matin, avec une régularité teutonne, le Viêt-minh tirait cinq ou sept obus de mortier sur le camp, depuis la crête de la colline toute proche. On ripostait avec des tirs de mortiers et cela marquait la fin des hostilités pour la journée. Rien n'empêchait plus personne de sortir, et le sergent lui-même avait l'habitude d'entreprendre des expéditions rapides pour faire la chasse aux papillons. Son seul autre divertissement était le passage occasionnel d'un troupeau d'éléphants. Ils leur tiraient dessus avec la mitrailleuse Bren, mais jusqu'à présent sans résultat.

Hilare, le sergent nous conduisit au sommet de la tour où il gardait ses papillons, sa Bren, une rangée d'images de pin-up françaises et son stock de chartreuse. La vue était superbe. Un coin de forêt fumait encore là où les obus de mortier étaient tombés le matin même. Le sergent dit qu'il était dommage que nous ne soyons pas venus plus tôt, et nous suggéra de rester pour la nuit, pour être sûrs de voir un peu d'action dans la matinée. Nous lui demandâmes comment il s'entendait avec les Moï et il répondit qu'il avait de la chance d'être ici, et pas en Cochinchine, commandant les Vietnamiens de Bao Dai. Là-bas, il était fréquent de voir un fort vendu et livré au Viêt-minh, mais les Moï n'avaient jamais fait une chose pareille, du moins jusqu'à présent. Ils ne semblaient pas connaître la valeur de l'argent. Ceci lui rappela que des hommes avaient attrapé un bébé tigre la veille et que nous devions absolument le voir avant de partir. Il appela l'un des gardes et lui demanda d'aller chercher l'animal, mais l'homme dit quelque chose en secouant la tête. Le sergent éclata de rire à nouveau.

— Alors, qu'est-ce que vous pensez de ça ? *Ah, mince alors*... ils l'ont mangé.

... Ce tigre omniprésent ! Je n'en vis jamais, sauf un spécimen à Dalat, aussi grand qu'un poney, pendu à un arbre et attendant d'être dépiauté, cependant qu'un couple de médecins vietnamiens marchandait fiévreusement afin de s'octroyer les dents et les morceaux d'intestins de haute valeur curative. Même le pasteur évangélique de Pleiku, avec qui je dînai ce soir-là, n'avait conduit qu'une heure sous la lune pour en apercevoir un. Il en avait d'ailleurs trouvé un autre dans son jardin quelques soirs plus tôt.

C'est un pasteur qui m'apprit, bien involontairement d'ailleurs – quoique cela fût plus tard énergiquement confirmé par un officier français –, ce qui arrivait aux Moï qui ne prévenaient pas les Français d'une présence viêt-minh dans les parages. Il me dit qu'il revenait de Kontum où il avait rendu visite à l'un de « nos chrétiens » qu'on avait justement mis en prison pour cette omission. Il ajouta d'un air assez indifférent que ce chrétien avait croupi trois mois en prison et qu'il ne pouvait pas encore utiliser ses bras. Je demandai pourquoi, et le pasteur répondit d'un ton naturel qu'on avait déboîté ses bras pendant l'interrogatoire. Y avait-il d'autres chrétiens en cause ? Bien sûr, près de quatre-vingts avaient été arrêtés et il estimait que seuls une vingtaine d'entre eux avaient été pendus. Qui avait fait ça ? Le pasteur mentionna le nom d'un commandant militaire que j'avais déjà rencontré. Lui et sa femme, qui le connaissaient personnellement, trouvaient que c'était un homme absolument charmant. En fait, l'officier les traitait si bien qu'ils trouvaient difficile de croire qu'il pût être, eh bien, un peu rude, quand il s'agissait d'affaires disciplinaires.

Il y avait, non loin, une célèbre plantation de thé et les officiels français, fidèles à eux-mêmes, n'avaient pas craint de me dire, de façon détournée, ce qu'ils pensaient des méthodes du propriétaire. Par contre les missionnaires n'avaient que louanges pour l'Algérien qui dirigeait l'endroit et qui leur avait même fourni tout leur mobilier. Cette situation présentait quelque chose d'assez extraordinaire. Tandis que les officiels français condamnaient en privé ce qui était en fin de compte la raison d'être de la colonie, et admettaient même l'usage de la torture en tournant, dégoûtés, le dos aux bourreaux, les hommes de Dieu, eux, fermaient les yeux sur les abus et acceptaient des cadeaux symbolisant la « bonne volonté » du planteur et peut-être son éventuelle coopération. Il faut souligner que dans les petits détails de la vie quotidienne, ils étaient, comme Brutus, des « hommes honorables », des modèles de bonne société issus d'une petite ville américaine, à l'allure proprette et à la vie convenable, hospitaliers et amicaux, mariés à des femmes qui les auraient parfaitement secondés, et même remplacés, dans leur rôle d'élus locaux.

Mais on se demandait déjà si ce catalogue de vertus futiles et éphémères n'était pas effacé par une erreur énorme et fondamentale, celle d'ajouter la Respectabilité aux trois vertus de base qui sont la Foi, l'Espérance et la Charité, et d'en faire la plus importante des quatre. Si quelque événement déplaisant survenait comme un lynchage ou des tortures, il valait mieux les ignorer ; c'était bien plus respectable de prétendre que ces choses n'existaient pas. Agir autrement aurait signifié « se mêler de politique », une activité qu'eût blâmée Ponce Pilate. Je le répète, les missionnaires évangélistes américains arboraient l'air le plus heureux du monde.

Je me retrouvai bientôt visitant la plantation dont le directeur s'était montré si généreux avec les missionnaires. En Indochine, les étrangers découvrent rapidement que les colons présentent leurs vastes plantations comme des endroits offrant un intérêt touristique majeur; un spectacle guère moins extraordinaire que le mont Fuji, les chutes du Niagara ou le Grand Canyon. En fait, je ne pouvais concevoir chose plus fastidieuse, car en fin de compte une plantation est dirigée selon un ordre des plus ennuyeux. Généralement, seul un type de buisson ou d'arbre est cultivé et le fait qu'il y en ait des centaines, voire des milliers, n'ajoute à mon avis aucun intérêt.

La plantation que nous visitâmes était bordée d'une route sur laquelle nous roulions à quatre-vingts kilomètres à l'heure. Nous parcourions inlassablement un paysage morne hérissé de petits buissons de taille et d'espacement uniformes. D'un point surélevé, nous appréciâmes cependant un panorama sans pareil constitué de rangées régulières sur des kilomètres et des kilomètres. Cela produisait l'effet d'une trame monotone. A bord de la voiture, le directeur traversait comme un boulet de canon ce domaine vaste et lancinant. Il nous désigna avec fierté le barrage qu'il faisait construire, conçu pour produire un nombre de kilowatts fantastique, puis avec tristesse les ruines de bâtiments seigneuriaux autrefois splendides que le Viêt-minh avait bombardés. On comptait trois millions de plants de thé pour un millier de coolies. Cette situation était désespérée, disait le directeur. De plus, la plantation souffrait de la paresse chronique des autochtones. Le gouvernement le forçait à les prendre avec des gants de velours – ils étaient payés un salaire fixe de cinq piastres pour une journée de travail de douze heures, plus huit cents grammes de riz et une portion de sel – mais quoi qu'on fît pour eux, ils ne montraient aucun signe de reconnaissance.

Parvenus à la résidence de la plantation, nous découvrîmes pourquoi l'officiel qui m'accompagnait y avait été envoyé. Le député, avec qui j'avais voyagé depuis Ban-mê-thuôt, l'attendait. On avait organisé un déjeuner en son honneur. Le député et les planteurs avaient maintenant acculé mon ami dans un coin et formaient autour de lui un cercle légèrement menaçant malgré leur bonhomie. Pendant ce temps, l'hôtesse parlait littérature. Elle avait lu une traduction du roman *Le Fond du Problème* de Graham Greene et l'avait trouvée terriblement déprimante – certainement le livre le plus déprimant qu'elle ait jamais lu. Est-ce que les colons anglais vivaient réellement ces existences affreuses ? Et de plus, en tant que catholiques fervents, son mari et elle-même ne savaient pas s'il fallait en approuver le thème. Elle soupira et regarda autour d'elle, sans doute rassurée après le récit poignant de Greene sur les grossièretés de bungalow en Afrique occidentale, de se voir entourée par la jovialité imparable des Latins.

Soudain des voix s'élevèrent de l'autre côté de la pièce. Le député faisait la loi. La plantation devait recevoir plus de main-d'œuvre et il était venu tout exprès de Saigon pour s'en assurer. L'autorité locale argumentait qu'on ne pouvait rien faire. On avait déjà recruté dans les villages alentour tous les hommes disponibles. Si les villages devaient survivre, il fallait y laisser un minimum irréductible d'hommes valides. Le député lui dit que trois cents hommes de plus étaient nécessaires, et qu'il les aurait par tous les moyens. Mon ami fit remarquer qu'entre le service militaire et le travail sur les plantations les forces masculines de la tribu jaraï étaient pratiquement épuisées. Le député eut une idée. Les engagements militaires sur les plateaux élevés étaient peu importants, disait-il. Si nécessaire, les trois cents hommes pourraient être transférés de la Garde montagnarde. Dès cet instant, l'administrateur abandonna. Trois cents hommes seraient retirés des forts et mis au travail pour ramasser des feuilles de thé alors que les infiltrations ennemies étaient plus fréquentes que jamais. Ainsi, même s'il était dans l'intérêt de la France de garder le contrôle sur l'Indochine, l'administrateur constata malheureusement que ces mêmes intérêts étaient sacrifiés aux ambitions à court terme d'un groupe restreint et puissant de citoyens.

Posant le livre qui l'avait tant déprimée, la femme du directeur exprima son opinion. La solution parfaite, pensait-elle, résidait dans l'autorisation donnée par le gouvernement d'employer les nationalistes chinois emprisonnés dans les camps tonkinois. Ce serait bien mieux que de les laisser se tourner les pouces et se morfondre dans l'oisiveté. Elle était sûre que les Chinois seraient ravis d'avoir la possibilité de travailler. Toutes les personnes présentes acquiescèrent et le député dit qu'il aborderait le sujet à Saigon.

— La plantation, dit l'administrateur sur le chemin du retour, va brûler – et ils le savent. C'est une question de temps. Mais avant que cela arrive, ils sont déterminés à en extraire jusqu'à la dernière goutte de sang.

L'Annam central

A Pleiku, une école était ouverte aux enfants des tribus jaraï et bahnar des environs. Après avoir persuadé avec difficulté les chefs de village réticents, les enfants vinrent s'asseoir sur les bancs de classe où ils apprirent quelques mots de français et enrichirent leurs connaissances. Celles-ci comprenaient des notions superficielles sur les campagnes napoléoniennes et les noms des principaux fleuves français. En fait, la conception européenne de l'enseignement scolaire qui excluait tous les aspects concrets de la vie et qui occupait toute l'énergie d'un enfant jusqu'à l'âge d'environ quatorze ans semblait, aux yeux des Moï, un gâchis incompréhensible. On ne peut convaincre ces gens de croire qu'il y ait une quelconque vertu dans une connaissance qui ne peut être appliquée. A six ans, l'enfant moï commence, selon une coutume rigide, certains petits travaux dans la rizière; il s'initie à la charpenterie et reçoit une instruction préliminaire dans l'art de rechercher la nourriture. Il est employé utilement, car ses travaux sont intégrés à l'économie du village et augmentent proportionnellement avec son âge. Ces activités sérieuses se révèlent sans doute bien plus amusantes que les cours d'une salle de classe. Malgré cela, il a été décidé que, si les Moï voulaient devenir des citoyens colonisés valeureux, ils devaient être éduqués suivant les normes occidentales. Ils se rendaient donc à l'école.

A Pleiku, la campagne de recrutement des écoliers fut un franc succès. On dut même construire une annexe. Mais dès lors la coutume tribale devint trop forte pour être ignorée. Les parents n'allaient pas permettre à leurs enfants d'occuper le nouveau bâtiment à moins qu'il n'ait été consacré, c'est-à-dire qu'il ait été placé sous la protection des esprits de la tribu par un sacrifice approprié.

Ce sacrifice devait être accompli le plus tôt possible après le lever du jour, car plusieurs heures étaient nécessaires afin de préparer la chair pour la fête. A sept heures donc, par une matinée fraîche, alors que les pins projetaient leurs longues ombres sur la terre rouge, un jeune buffle fut traîné jusque dans la cour de l'école et attaché au poteau de sacrifice.

Du point de vue spirituel, le buffle est considéré par les Moï comme supérieur à l'animal, à peine au-dessous de l'être humain. Il a donc droit – au contraire des autres animaux qui sont simplement assommés – à une mort lente et hautement cérémonieuse. On la lui accorde toujours. En signe de respect supplémentaire, comme dans le cas présent, on présente à l'animal, avant le sacrifice, une rasade généreuse d'alcool de riz provenant d'une des jarres sacrées.

La bête était tenue par une corde de paille de riz passée autour de son cou et paraissait terrifiée par quelque prémonition animale. Dans le fond, on avait dressé des mâts rituels décorés de dessins géométriques stylisés : soleils, lunes, becs de toucans, ailes de mouches, dents de buffle ; à leurs sommets germaient des branches artificielles de bambou effilé, desquelles pendaient des plaquettes sculptées. Pour les Moï, ces mâts sont l'équivalent de drapeaux. Leur décoration est très artistique et leur fonction est celle d'un appât visuel pour les esprits invités à la cérémonie, de même que le son des gongs est un appel auditif qui leur est destiné. Après le sacrifice, les mâts sont replantés dans le village comme décoration permanente, donnant ainsi un effet durable de fête. Le poteau de sacrifice lui aussi subordonne souvent la solidité à l'esthétique. Il se brise parfois, permettant au buffle de s'échapper. Aucun effort n'est alors fait pour rattraper l'animal, quel que soit son état, car cela serait contraire au désir évident de l'esprit.

Dès que le buffle fut attaché, un groupe d'élèves apparut, portant des gongs et vêtus de belles couvertures sombres. Frappant les gongs lentement et de manière lugubre, ils commencèrent à tourner autour de l'animal qui, plus terrifié que jamais par ces préliminaires sinistres, faisait des efforts désespérés pour se libérer. Quatre autres élèves se joignirent à la procession funèbre. Ils portaient un énorme tambour soutenu par une structure de perches et qui avait été emprunté à un chef local. J'appris que ce tambour avait été estimé à la valeur de quinze buffles et il y eut beaucoup de remontrances de la part du chef avant qu'il ne se décidât à le laisser partir. Quelques minutes plus tard, le chef lui-même apparut, inquiet du sort de son bien. Portant une médaille militaire sur la poitrine et une chemise de sport blanche et neuve, il prit place au premier rang des spectateurs pour s'assurer qu'il n'y avait aucune négligeance coupable. Lorsqu'on frappa le tambour, celui-ci rendit un son impressionnant, un grondement sourd qui, de l'avis de tous ceux qui étaient présents, serait irrésistible pour les esprits, même les plus distants.

Suivit un spectacle des plus angoissants. Deux chefs de famille sortirent des rangs. Ils portaient des coupe-coupe (arme moï, mi-couteau mi-hache) et s'approchèrent de l'animal par derrière. Après plusieurs essais manqués, le lourd couteau s'abattit enfin avec un horrible son de hachoir, sectionnant le jarret d'une patte, obligeant l'animal à sauter sur l'autre en un effort inouï pour éviter les coups. Puis vint le tour de la deuxième patte. Il s'affaissa alors sur les jarrets, ses pattes arrière se pliant inutilement sous lui. Ces mutilations terrifiantes ne l'empêchèrent pas de se traîner autour du poteau avec une énergie désespérée. Alors, tels des toreros de bas étage qui ont rempli leur rôle, les hommes aux coupe-coupe reculèrent et deux autres hommes, armés de lances, s'avancèrent. La tragédie qui suivit fut d'une longueur insupportable et incomparablement plus sanglante qu'une corrida, où le taureau est majestueux et imprévisible jusqu'aux derniers instants de sa vie. Nous étions tous impliqués dans cette mort misérable et nous sentions l'humiliation que représentait la vue de cette masse se traînant lamentablement. On ne demandait aucune technique particulière aux tueurs, ils passèrent donc une bonne demi-heure poursuivant leur proie de coups meurtriers donnés au hasard. Enfin, avec un gémissement terrible et vibrant – le premier son qu'il put sortir – l'animal expira. Il fut alors immédiatement emporté et lancé sur un feu de broussailles, où on le laissa roussir pendant quelques minutes. Aucune tentative pour réformer ou modifier ces sacrifices cruels n'a jamais été faite. C'est pourtant la fin qui attend chaque buffle moï. Les Français prétendent que cela fait partie de leur politique que de respecter les coutumes religieuses locales. Dans un cas comme celui-ci, ils font preuve d'une étonnante susceptibilité en ce qui concerne la liberté d'action laissée aux autochtones.

Nous rentrâmes en début d'après-midi. Trente-sept jarres d'alcool avaient été alignées, plusieurs tiges de bambou dépassant de chacune d'elles, et tous les Moï de Pleiku, même les élèves, étaient parfaitement soûls. Poliment, suivant l'exemple du Résident, nous prîmes place quelques secondes devant chaque jarre, repoussâmes les paniers de viande crue hachée, et grignotâmes, légèrement écœurés, les brochettes grillées à la manière d'un kebab. Cette participation de pure forme était obligatoire, sinon le Résident risquait de voir les chefs des familles déclarer la cérémonie nulle et non avenue et refuser aux enfants d'aller à l'école. Après un moment nous nous levâmes pour partir, mais le maître d'école jaraï devina notre intention et arriva vers nous en chancelant pour prier le Résident de patienter encore. Une surprise nous attendait. Levant le bras, il cria un ordre. Les trente-sept élèves se redressèrent avec difficulté de leurs jarres et, s'appuyant les uns contre les autres, ils formèrent une ligne tanguante. Et pendant que nous les regardions un peu penauds, avec devant nous la terre éclaboussée de sang et au-dessus le crâne du buffle, maintenant bien nettoyé, brillant et empalé sur un poteau rituel, ils chantèrent *Ce n'est qu'un au revoir*, avec les mots : « Faut-il nous quitter sans espoir – sans espoir de retour ? » Ils voulaient nous montrer que leurs années d'école n'avaient pas été vaines.

Nous passâmes le reste de la journée à faire une visite officielle à la communauté vietnamienne de Pleiku. Afin d'empêcher le Viêt-minh de mener toute activité de type « cinquième colonne », tous les Vietnamiens du district avaient été réunis dans le seul village de Phu-tho, gardé par un fort français. La visite du Résident avait pour but de présenter les vœux officiels à la veille de la fête du Têt, le Nouvel An chinois et vietnamien. A l'origine, on le célébrait en évitant tout effort durant les trois premiers mois de l'année – une période qu'il fut jugé préférable de limiter à une semaine.

L'attitude du Résident face à la minorité vietnamienne se traduisait par une tolérance gênée. J'avais maintenant connu, l'un après l'autre, quatre administrateurs français, tous très intelligents, à l'esprit ouvert et pleins de bonnes intentions. Ils reconnaissaient le Mal et, autant qu'ils le pouvaient sans risquer leur situation, ils le combattaient dès qu'ils le rencontraient. Au moins l'un d'entre eux, bien qu'il ne voulût pas l'admettre ouvertement, était un anticolonialiste fervent. Pourtant aucun ne parvenait à éprouver quelque sympathie pour les Vietnamiens. Ils admettaient qu'il y avait un charme particulier dans la façon de vivre des Cambodgiens et des Laotiens. Les Moï, bien sûr, étaient des enfants paresseux et imprévisibles mais délicieux. Mais les Vietnamiens, on ne savait jamais où on en était avec eux, ils souffraient d'un complexe d'infériorité, cachaient leurs sentiments et leurs pensées véritables, étaient cruels et n'avaient pas de religion, « ils n'étaient pas comme nous ». Et, de fait, il s'avère malaisé de parler des Vietnamiens à une audience française, parce que des reproches s'élèveront toujours qui vous conseilleront de vivre trente ans dans le pays avant de prétendre pouvoir sonder ce marécage psychologique. Le Français le plus intelligent semble être inconsciemment influencé par le poids énorme des préjugés que véhiculent ses compatriotes dénués de tout sens critique. Cela me rappelle l'interprétation britannique de la personnalité chinoise telle qu'elle fut décrite dans les magazines populaires après la rébellion des Boxers. Pendant une génération, les Chinois ont été les gangsters de nos fictions, personnages antipathiques à deux visages, antonymes des Anglais.

Cette attitude m'incita à penser que les Français appréciaient les Laotiens et les autres parce qu'ils ne les craignaient pas. Ils pourraient renoncer à leur attitude défensive, confortablement persuadés que c'étaient là des peuples inoffensifs et sur le déclin. Ainsi leurs bonnes qualités devenaient, avec un brin de nostalgie, manifestes. Ils étaient comme ces conquérants espagnols des Antilles qui tardèrent à reconnaître officiellement le fait que les habitants des Caraïbes avaient une âme, préférant attendre leur extermination complète, ou comme ces Américains si sentimentaux déplorant la disparition des Indiens, oubliant les massacres du siècle dernier, quand le seul « bon Indien » était un Indien mort. Les Vietnamiens forment un peuple assujetti qui refuse néanmoins de se laisser conduire vers le déclin. Il y a 17 millions de ces « mauvais Indiens » et rien n'est assez mauvais pour eux.

Quand nous fûmes reçus par les notables de Phu-tho, le comportement de mes amis fut donc courtois mais sans bonne humeur. Il semblait que nous étions arrivés un peu plus tôt que prévu. Un dignitaire nous accueillit les mains jointes et fit de profondes révérences dans une arcade ornée de fleurs. Il nous supplia de patienter jusqu'à ce que le tambour officiel fût apporté. L'instrument arriva quelques minutes plus tard, porté sur des perches par un groupe de notables allègres. Ils s'alignèrent solennellement devant nous et, brandissant leurs banderoles, nous conduisirent vers la pagode avec une dignité lente et officielle.

La poésie habite le village vietnamien plus que le village moï. Pourtant, il y a chez ces derniers un plus grand sens artistique. Durant leurs transes magiques, les Moï sculptent sur des objets dédiés aux esprits des dessins dont la valeur artistique ne leur apparaît qu'ensuite. On ne trouve guère ce genre d'art dans les villages vietnamiens pauvres. A la différence du Moï qui est indépendant et sans spécialisation, le Vietnamien fait partie d'une société basée sur l'argent et son village constitue un marché pour des objets manufacturés, la plupart de pacotille ; il peut malgré tout posséder une ou deux belles pièces de porcelaine chinoise datant d'avant-guerre dans un recoin de sa maison. Le villageois vietnamien est capable de vivre dans un bouge pour autant qu'il y ait un vase à fleurs garni, et que la niche, représentant le symbole du foyer parfait, soit brillamment décorée de fleurs et dédiée aux esprits des Anciens. Le Vietnamien a la chance d'avoir des dieux qui protègent sa maison et qui ne souffrent pas de l'obsession méticuleuse pour l'ordre de leurs comparses moï.

Aussi, la pagode de Phu-tho n'était-elle qu'une cabane en bois, avec un toit de tôle ondulée. Cette partie de la construction, la plus précieuse pour les Vietnamiens, aurait été un déshonneur pour tout village moï. Malgré tout, la masure était égayée de jonquilles, de narcisses et de chrysanthèmes, arrangés en bouquets grotesques par l'ingéniosité dévouée et sereine des patriarches du village. Un des murs de la pagode pouvait s'ouvrir complètement. Nous nous assîmes sur une rangée de chaises faisant face à l'ouverture, tandis que des bâtons d'encens brûlaient et que des gongs étaient martelés avec vénération. Chacun de nous reçut d'une main officielle un rectangle de papier vermillon couvert d'idéogrammes chinois remarquablement peints présentant les vœux de Nouvel An selon les formules d'usage. Le mien disait : « Cinq félicités sous le même toit ». Ces vœux chinois de Nouvel An sont très prisés en Indochine, particulièrement dans les districts reculés du Cambodge et du Laos où il n'y a justement pas de Chinois. Dans ces régions, la signification des idéogrammes est inconnue et par conséquent cet élément de mystère renforce leurs vertus magiques. On les trouve collés sur toutes les portes des villages et l'on en prend grand soin l'année durant.

Notre visite à la pagode respectait un principe semblable à celui qu'on avait observé dans les villages moï. Nous étions présentés à l'esprit tutélaire. Chaque village vietnamien possède sa pagode dédiée à cet esprit et parfois en compte deux ou davantage. Dans le passé, le culte fut modifié par le système de Confucius et du bouddhisme. Aujourd'hui l'influence de ces deux grandes philosophies faiblit tandis que le culte survit malgré tout. L'esprit tutélaire était auparavant une personnalité, un notable du village, voire même son fondateur, et qui, au nom des services rendus, était élevé en quelque sorte au rang de père spirituel. A Phu-tho il ne restait rien de bien pittoresque à raconter à propos de ces citoyens quasi divinisés. Dans un autre village que je visitai, le personnage avait été un voleur aux prouesses extraordinaires. Pour la fête annuelle, une personne méritante recevait le privilège de le représenter lors d'une cérémonie. Celle-ci consistait à cambrioler de nuit la pagode et à voler les tablettes sacrées. On poursuivait ensuite le voleur qui, rattrapé, bombardé de boue et d'ordures par les villageois indignés, recevait une bastonnade rituelle à laquelle pouvait participer tout mâle ayant payé des impôts. Une fois que le malandrin s'était remis de ce traitement, il devenait l'invité d'honneur de la fête suivante.

La scène de la pagode fut inévitablement suivie par le pendant vietnamien de la cérémonie alcoolisée des Moï. Malheureusement, nos politesses du matin avaient déclenché de sévères indigestions suite à l'excès d'alcool de riz. Nous fûmes donc saisis d'inquiétude lorsque, crispés par les brûlures d'estomac, on nous conduisit dans la maison du conseil et que nous y trouvâmes, dans un patio à l'espagnole, une table encombrée de bouteilles d'apéritifs français lourds et sucrés. Nous prîmes place à table, portant un œil morne sur les bouteilles alors que les notables entraient lentement en file indienne. Ils formèrent un cercle autour de nous, le long des murs. Ils étaient habillés de paletots, de turbans noirs et de pantalons blancs. Une confusion survint lorsqu'on réalisa que l'un de nous avait usurpé la chaise d'honneur du Résident différenciée par une étoffe jetée sur son dossier. Ce malentendu fut vite résolu. Le chef du conseil s'avança, la tête légèrement inclinée et les mains jointes, et entama son discours de bienvenue en vietnamien. Sa harangue fut assez longue mais, dès qu'elle prit fin, les notables proposèrent impitoyablement des gâteaux de riz, du miel et des noix, le tout moulé dans des formes évoquant la saison en cours. Des hommes surgirent avec des tasses de thé, alors que d'autres encore débouchaient résolument les bouteilles – choisies, j'en étais sûr, pour leur couleur rouge – et versaient dans des bols de bakélite blanche du Cap Corse, du Campari ou de la Suze – ce qui se trouvait le plus proche. Nos serviteurs reculèrent ensuite respectueusement d'un pas pour nous permettre de boire. Il y eut un moment d'hésitation quand les notables nous regardèrent avec angoisse. Cependant le Résident, sobre de nature mais conscient de son devoir, leva son verre. Des murmures d'approbation s'élevèrent de l'assistance et maintenant, à notre plus grande consternation, nous constatâmes qu'on débouchait les bouteilles de champagne. Les notables souriaient et étaient ravis des ces petites explosions provoquées par les bouchons qui sautaient. Cela leur rappelait sans doute les pétards des célébrations et semblait donc tout à fait à propos. Pour le champagne, les bols de bakélite furent remplacés par des bols bleu pâle, suivant ainsi l'harmonie des couleurs.

Finalement, bien qu'un coup d'œil sur la table signalât clairement que d'autres combinaisons de couleurs, de liqueurs et de bols étaient prévues, le Résident saisit une occasion pour se lever. Le tambour de cérémonie se mit en position, les bannières se levèrent et nous partîmes d'une marche incertaine mais rapide. Mais nous ne fûmes pas reconduits à la Citroën du Résident. En fait, la procession s'arrêta devant une nouvelle maison, une réplique de la première, avec le patio espagnol, la chaise enveloppée du drap, les gâteaux de bonheur, les notables en cercle, et la vision surprenante d'une liqueur appelée Eau de Violette dans des récipients de couleur jaune citron. Nous découvrîmes que c'était la maison d'un des chefs religieux de la communauté, plus important que le maire. On aurait d'abord dû nous conduire chez lui si notre hôte n'avait pas été surpris par notre arrivée intempestive.

Le lendemain, les nouvelles tant attendues nous parvinrent de Stung Treng et elles étaient décourageantes. Des bandits cambodgiens, déplacés par des opérations menées contre eux au Cambodge central, arrivaient dans la région. C'était un bon endroit pour eux, très éloigné des centres d'autorité, peuplé de nombreux villages de pêcheurs qui prospéraient le long des fleuves Sre-pok et Se-san ; de plus, entre ces affluents du Mékong, se déroulait la route pour Stung Treng. Le Résident dit qu'il était en affaire avec le chef du village jaraï de Cu-ty, situé bien plus loin sur ma route. Cet homme était aussi le chef d'un secteur recouvrant plusieurs villages et sa juridiction s'étendait aussi loin que Bo-kheo. Sur le plan local, il administrait avec le même pouvoir que le Résident. Il pourrait ainsi nous donner des nouvelles fraîches sur la situation à la frontière entre le Cambodge et le Laos.

Nous partîmes donc dans le camion du Résident. L'inspecteur des écoles venu de Pleiku, qui désirait visiter l'école de Cu-ty, nous accompagna, ainsi qu'un interprète jaraï complètement européanisé, portant d'élégants habits français, des bracelets et une ceinture en plastique du dernier cri. Ce jeune homme, d'une vingtaine d'années, était le premier Moï que je trouvai occidentalisé avec succès. Il ressemblait à un jeune premier français et ne se distinguait guère d'un Méditerranéen, même s'il souriait davantage. Le Résident mentionna que c'était un jeune homme d'une intelligence exceptionnelle. Il ajouta qu'il était une preuve supplémentaire des capacités intellectuelles des peuples primitifs. Il connaissait un autre garçon jaraï qui avait quitté son village à neuf ans et qui avait malgré tout obtenu un commandement dans l'armée après avoir réussi l'école d'officiers, décrochant les meilleurs résultats de sa volée.

La route vers l'ouest en direction de Cu-ty semblait posséder une valeur stratégique évidente, sinon pourquoi les travailleurs jaraï travaillaient-ils si dur à dégager la forêt sur une centaine de mètres de chaque côté ? Les vastes feux de joie qu'ils allumaient produisaient un phénomène étrange. Des millions d'insectes, fuyant la fumée, se voyaient pourchassés par des milliers d'oiseaux ; ces mouvements offraient un beau champ d'observation aux naturalistes intéressés par l'ornithologie ou la vie des insectes. Certains de ces oiseaux étaient sveltes et d'une grande vivacité, des gobe-mouches probablement se livrant à leur chasse routinière. D'autres, empêtrés dans leur plumage spectaculaire, tiraient de toute évidence moins de profits de cet holocauste. Parfois absorbés par leur poursuite, des oiseaux s'engouffraient dans le camion et régurgitaient un papillon à moitié avalé avant de s'échapper à nouveau. D'autres prédateurs bénéficiaient de cette panique. Les élégants faucons du plateau de Kontum se rassemblaient aussi pour festoyer sur le dos des imprudents engourdis par l'excès.

Le village de Cu-ty était construit sur un site imposant au sommet d'une colline et son chef nous attendait en haut de l'escalier de sa maison longue. C'était un voyou puissant et grimaçant, un Barbe Bleue jaraï; son nom, Prak, signifiait «argent». Il possédait cinq éléphants, trois femmes, plusieurs rizières et une jeep offerte par le propriétaire des plantations à Pleiku qui lui donnait dix piastres pour chaque homme livré, en plus de la demi-piastre allouée par le gouvernement. Prak était l'une de ces canailles calculatrices et énergiques, qui aurait pu, en d'autres temps, être un roi pour son peuple, mais qui s'était vendu pour une somme ridicule.

Il ne déploya aucune des courtoisies si raffinées des Moï. Il avait appris cette franchise toute occidentale et nous attendait devant sa véranda, habillé d'un veston droit. Un domestique se tenait à ses côtés avec un litre de cognac et une tasse à thé, prêt à servir. Prak n'était pas non plus homme à se soucier des offrandes rituelles d'œufs, de riz ou de feuilles de tabac. Il fit un signe et un membre de sa suite ramassa un bâton, sauta au bas de la véranda et fondit sur un cochon de lait. Un coup, apparemment très habile, partit comme un éclair et le cochon tomba, convulsant. L'homme mit ensuite feu à un buisson proche et jeta le corps de l'animal dans les flammes. La scène ne dura que deux minutes. La truie erra et renifla longuement la flaque de sang laissée par sa progéniture sur le lieu du drame. Nous entrâmes dans la maison tandis que Prak lançait quelques ordres, envoyant ses larbins chercher de l'eau. Ils se précipitèrent dans toutes les directions puis alignèrent aussi les jarres d'alcool.

Alors qu'on préparait le sacrifice, nous flânions avec l'inspecteur pour visiter l'école. Elle semblait très grande pour la taille du village. Il y avait une trentaine d'enfants dans la classe. Celle-ci était décorée de dessins représentant des jeeps et des hommes à tête de tigre. Comme nous entrions dans la pièce, les enfants se levèrent et entonnèrent ce qui probablement était la chanson de l'école, et répétaient les mots, « Bonjour Monsieur, merci Monsieur ». L'inspecteur félicita le maître jaraï pour le taux de fréquentation ; le maître expliqua alors que si un enfant venait à manquer régulièrement, Prak envoyait chercher le père et le faisait battre.

Le maître d'école était pétrifié par l'importance de la visite. Quand l'inspecteur lui demanda de nous montrer le cours d'éducation physique, le seul mouvement auquel il pensa fut une démonstration d'exercices de respiration. Nous restâmes là, regardant ces petites poitrines inspirer et expirer des centaines de fois, avant de réaliser que le maître d'école n'avait pas l'intention de changer de répertoire. Finalement, l'inspecteur, qui ne pouvait plus en supporter davantage, s'écria :

— Dites-moi que ce n'est pas tout ce que vous leur avez appris ?

Le maître d'école expliqua qu'il avait pensé que ce serait mieux de perfectionner une chose à la fois et qu'il s'était concentré jusqu'à présent sur la respiration rythmique. Sa voix effrayée s'entendait à peine par-dessus les inspirations et les expirations des enfants. L'inspecteur se dirigea vers eux pour leur dire de s'arrêter mais bien qu'ils montrassent le blanc des yeux à l'approche de ce visage pâle et féroce, ils ne comprirent rien.

— Mais, pour l'amour de Dieu, faites-leur faire quelque chose ! dit l'inspecteur. Ne les laissez pas comme ça à ne rien faire ! Faites-les bouger ! Ils ont des jambes, non ?

Prak surveillait, se frottant les paumes des mains et fixant férocement le maître d'école qui, désespéré, articula un autre ordre. Les garçons formèrent un rang et coururent en cercle. L'inspecteur jura et nous nous éloignâmes, laissant les élèves et les futurs citoyens de Cu-ty à leur course parfaite qu'ils poursuivirent jusqu'à ce que nous fûmes hors de vue.

Malgré le manque de protocole lors de notre arrivée, Prak maîtrisa de façon exemplaire la cérémonie qui suivit. Elle fut intéressante car elle avait conservé un caractère ancien que je n'avais pu observer auparavant. Le Résident était assis devant les jarres, son pied droit sur le bracelet de cuivre traditionnel qui lui-même était placé sur la lame d'une hache, entre des brins de coton et des morceaux de porc fraîchement tué. Un bol contenant le cœur du porc ainsi que ses quatre pieds fut mis sur le sol de sorte que le Résident y fît face, tandis que le sorcier faisait les manipulations d'usage au-dessus d'un coq blanc. La richesse de Prak se dévoila, bien entendu, par l'exhibition d'une batterie impressionnante de gongs. Quand on les frappait, ils produisaient un vacarme assourdissant ; ce bruit attirait les animaux domestiques de toutes parts, qui se précipitaient sur les miettes du festin. L'alcool de Prak était le plus fort auquel j'aie jamais goûté, celui de la jarre principale étant à peine moins fort que du whisky. Aucune des femmes du harem n'apparut, mais il sembla évident qu'elles faisaient leur propre cérémonie puisqu'un son étrange provint bientôt des appartements intérieurs. C'était un gramophone jouant des sambas et des rumbas ; la chanson favorite, *Maria de Bahia*, fut jouée une demi-douzaine de fois durant la fête. Notre interprète, assis à l'écart, le visage gravé d'un sourire tolérant mais ferme, m'apprit que ces disques de musique populaire latino-américaine constituaient la seule musique occidentale appréciée des Moï.

Les festivités de l'après-midi touchaient à leur fin quand le maître de chasse à l'éléphant de Cu-ty nous fit une démonstration de son talent d'archer. Comme j'avais beaucoup entendu parler de l'aptitude des Moï à manier cette arme (ils tuent, par exemple, les éléphants avec un énorme arc tenu par deux chasseurs), je m'attendais à voir des merveilles. Avec le respect de rigueur, nous attendîmes alors que cet homme vénérable reçût son arme. Dans un carquois, il sélectionna un bambou d'un demi-mètre et le plaça avec une indifférence toute professionnelle dans l'encoche. Nous nous attendions à une scène cruelle et excentrique, à la Guillaume Tell, ce que le Résident aurait sévèrement désapprouvé, ou encore à ce qu'il fende une baguette de bois à trente pas, comme on l'aurait fait dans la forêt de Sherwood. En fin de compte, notre homme demanda à Prak, qui la lui accorda, l'autorisation de viser un mât sacrificiel assez large à la distance de quinze pas. Le coup partit avec une telle force que je n'eus rien le temps de voir. Etonnement, à la grande satisfaction des villageois qui regardaient, il manqua le mât. Le second coup attint son but et il fallut deux hommes pour retirer la flèche.

Après cela, le Résident questionna Prak sur la route de Stung Treng. Prak lui apprit qu'il y avait des bandits autour et à l'intérieur même de Bo-kheo, et qu'on avait entendu des tirs dans ce village le jour précédent. La conversation se poursuivit en privé ; cela concernait probablement la demande de trois cents hommes supplémentaires pour les plantations. Quand on aborda le sujet, je demandai à l'un des employés du Résident ce qui arriverait à un homme s'enfuyant de la plantation pour rentrer au village. On me répondit que le chef, ayant reçu une avance substantielle, le renverrait probablement à la plantation. Si, d'un autre côté, l'homme avait fui son village pour éviter le travail ou le service obligatoire, il transgressait alors la coutume, puisqu'il était offensant de quitter son village sans l'approbation du chef. On pouvait imaginer le destin du fugitif livré à la merci de Prak.

Lorsque nous partîmes, Prak nous escorta en jeep une partie du chemin. On l'assit avec grande difficulté sur le siège du passager avant, à moitié ivre et chantant dans sa barbe *Lady in Red*. Derrière lui trônait le chasseur d'éléphants qui avait remplacé son arc par une carabine. Le cortège s'ébranla pour Pleiku. Comme nous passions à proximité de l'école, les élèves alignés le long de la route agitaient les drapeaux tricolores et chantaient « Bonjour Monsieur, Merci Monsieur ». La mélodie sonnait vraiment comme du Ketelbey. L'inspiration profonde de ce compositeur devait donc être plus orientale que ce que nous avions supposé.

De retour à Pleiku, nous discutâmes autour d'un dîner constitué de paon rôti – qui ressemblait assez à du veau – de la possibilité de voyager jusqu'à Stung Treng. Une fois de plus, le Résident me dit qu'il m'accompagnerait volontiers à Bo-kheo mais il me déconseillait vraiment d'entreprendre un tel voyage. J'en déduisis qu'il était secrètement inquiet à l'idée que j'aille si loin. Comme il le confessa plus tard, mise à part la responsabilité qu'il ressentait à mon égard, il ne voulait franchement pas perdre une voiture irremplaçable. Cette attitude était tout à fait raisonnable et compréhensible, et je ne voulais pas abuser de la gentillesse du Résident. Mon intention première, comme l'avait suggéré M. de la Fournière à Saigon, était de profiter de tous les moyens de transport qui se présenteraient. Je suivais ainsi les gens dans le cours normal de leurs charges officielles. Mais je n'en trouvai plus et mon objectif n'avait jamais été de pousser des administrateurs surchargés à organiser des expéditions fort risquées pour leur personne et leurs véhicules. J'informai M. Préau que je renonçais à mon voyage à travers le pays jusqu'au Laos et que je retournerais dès que possible à Saigon.

A la place, le Résident me suggéra de pousser plus au nord, jusqu'à Kontum, dernière ville sous occupation française. Kontum est le centre du pays bahnar où l'on peut encore voir les villages de cette ethnie. Ils ne sont pas pitoyablement avilis comme à Man-yang. Leurs maisons communes étonnantes arborent des toits ornés de nombreux clochers et leur communisme primitif est poussé à tel point qu'ils divisent, si nécessaire, un simple poulet en cinquante parts. L'idée me séduisait, mais je pensais que ce retard mettrait en question ma visite au Laos. Le pays risquait d'être isolé par les pluies avant que j'y parvienne. Quand de telles opportunités survenaient, il fallait toujours penser non seulement au temps nécessaire pour le voyage lui-même, mais aussi au temps gaspillé en pannes, passé je ne sais où à attendre un moyen de revenir. Le Résident eut alors une autre idée. Il devait faire une visite de routine au village de Plei-kli qui était à une centaine de kilomètres sur la route de Ban-mê-thuôt. Si je voulais saisir cette occasion de retourner à Ban-mê-thuôt, il me suivrait et cela lui donnerait une bonne excuse pour s'échapper deux jours. Evidemment cette suggestion me ravit, soulagé de ne pas avoir à perdre une ou deux semaines à Pleiku à attendre qu'une autre occasion de partir se présente.

Notre arrivée à Ban-mê-thuôt coïncidait avec le premier jour de la fête du Têt. Toute la ville était paralysée. Les boutiques étaient fermées et il n'y avait personne aux environs. Pour les Vietnamiens, le Têt était la combinaison de toutes les fêtes religieuses occidentales, et comme il n'y a pas de sabbat en Orient, c'était les seules vacances de l'année. Juste avant minuit, une cérémonie était prévue dans tous les foyers vietnamiens afin de prendre congé de l'esprit de l'année lunaire qui venait de se terminer. Cet esprit devait alors retourner vers l'Empereur de Jade et lui fournir un rapport détaillé sur les agissements bons ou mauvais de la famille. L'esprit en partance recevait, en plus d'un généreux repas, de l'argent pour le voyage, des chaussures de mandarin, un bonnet ailé que seuls les mandarins et les esprits ont le droit de porter et la carpe légendaire que l'esprit présentait pour monter au ciel. La fête marquait également la bienvenue à l'esprit nouveau et invitait les esprits ancestraux à participer aux festivités du Nouvel An. Le jour de notre arrivée était consacré aux visites entre familles et amis. La coutume écossaise du « first footing » se déroulait à l'envers. Dès le Nouvel An, un « jeu » s'instaurait, qui consistait à éviter d'être le premier à franchir le seuil de la porte. La première personne qui pénétrait dans le foyer portait la responsabilité de tous les malheurs qui pouvaient survenir l'année durant.

M. Doustin n'était, bien sûr, pas du tout surpris de me voir à nouveau, mais il ne savait pas comment il pourrait me renvoyer à Saigon. Tout le pays baignerait dans l'état cataleptique du Têt durant une semaine et, même après cela, il ne connaissait pas la date du prochain convoi. Les récentes attaques avaient jeté les marchands dans une panique totale. Ban-mê-thuôt semblait coupée du reste du monde par les festivités solennelles et la guerre. De retour dans ma vieille chambre, je me résignai à apprécier longuement de ma fenêtre la vue qui donnait sur un jardin gracieux où s'élevait un pêcher en fleurs. De jeunes couples avaient échappé aux obligations des festivités et faisaient là quelque pèlerinage, admirant les torsions classiques des branches et se faisant photographier dans un décor fleuri.

Vingt minutes de réflexion me furent allouées avant que Doustin ne réapparaisse. L'avion de l'empereur Bao Dai arriverait dans une demi-heure et s'il devait retourner à Dalat ou à Saigon, il ne voyait pas pourquoi il ne demanderait pas qu'on me prenne à bord. Nous sautâmes donc dans sa voiture et fonçâmes vers l'aéroport, arrivant juste à temps pour l'atterrissage de l'avion. C'était un Dakota, et le dragon peint sur son fuselage me ravit.

L'empereur fut le premier à descendre, suivi d'une jeune femme habillée de velours noir que je pris bêtement, d'après son maintien plus majestueux que celui de la plupart des Vietnamiennes, pour l'impératrice. On m'informa plus tard qu'elle avait été Miss Hanoi 1949, et qu'elle avait accepté la place d'hôtesse de l'air dans l'avion de l'empereur. Plusieurs officiers et civils français suivaient mais il n'y avait pas de Vietnamiens dans l'entourage de l'empereur. On me présenta à l'empereur qui me serra vigoureusement la main. Je me rappelai alors le règne de son grand-père où même un contact physique accidentel avec le Fils du Ciel aurait entraîné la strangulation. Si l'offenseur avait transgressé cette loi dans l'intention de protéger le Divin Empereur d'un danger quelconque, il était alors promu, à titre posthume cependant, au rang important de mandarin et recevait une tombe richement ornée.

Bien que trapu pour un Vietnamien, Bao Dai n'était pas, comme les journalistes américains le décrivaient, « dodu ». Contrairement à l'expérience de certains correspondants qui prétendaient que l'empereur s'ennuyait toujours lors d'une interview, je le trouvai plutôt joyeux, peut-être à l'idée d'une prochaine expédition de chasse. Il me demanda si je chassais moi-même et je lui répondis que non. (On m'avait prévenu qu'il n'était pas bon d'être invité à une partie de chasse de Bao

Dai.) Ma réponse surprit l'empereur et ses sourcils impériaux bien dessinés s'arquèrent légèrement. J'expliquai que je vivais en Angleterre où le gibier n'était ni abondant, ni varié ou spectaculaire. L'empereur me dit que je devais essayer la chasse à l'éléphant et qu'il n'y avait pas meilleur endroit que Ban-mêthuôt pour débuter. Doustin demanda ensuite à l'empereur s'il pensait retourner à Dalat ou à Saigon et précisa que je souhaitais l'accompagner. L'empereur lui dit qu'il allait chasser quelques jours mais que j'étais le bienvenu pour le voyage du retour. En fait, il allait peut-être décider de renvoyer l'avion le lendemain, et dans ce cas le pilote me prendrait.

Moins de deux heures plus tard, on troubla à nouveau ma contemplation du pêcher et des belles Vietnamiennes qui se promenaient. Doustin m'annonça cette fois que deux officiels demeurant en ville venaient juste de recevoir l'autorisation de Bao Dai de retourner à Dalat par la piste de chasse privée de l'empereur. Je pouvais les accompagner si je le désirais. Ils partaient immédiatement et demeureraient au Poste du Lac prêts pour l'habituel départ aux aurores.

Nous y fûmes reçus avec la mélancolie exubérante des existentialistes authentiques. Alors que les deux chasseurs sortaient leurs différentes armes, les manipulaient avec gaieté et se réjouissaient des faux espoirs du lendemain, je me retirai sur la véranda et feuilletai la dernière sélection du Club français du Livre. Chaque fois que je levais les yeux, c'était sur un paysage tranquille et serein. Des aigles déchiraient le miroir bleu glacé du lac et l'envol lointain d'oiseaux blancs contre les montagnes floues avait l'apparence d'une poussière brillante et métallique.

Ainsi la nuit tombait. Au crépuscule, nous entendîmes le moteur d'un générateur électrique démarrer et mon hôte sourit d'une satisfaction prudente. La lumière irradia dans les filaments des bulbes électriques durant près de trente secondes avant de mourir. Comme tous les soirs, le moteur était tombé en panne immédiatement. Nous allumâmes les lampes et nous préparâmes à une soirée de lecture. Mais il y eut une alerte soudaine. Quelque part en dessous de nous, dans la forêt, une voiture accélérait dans la montée. En scrutant à travers la fenêtre, nous aperçûmes des phares brillant à travers les arbres. Cette voiture venait dans notre direction. Il n'y avait qu'une explication à cet événement extraordinaire – l'arrivée du groupe de chasse de l'empereur. Pris par surprise, notre hôte se sentit mal préparé à recevoir la visite de ce personnage auguste. On éteignit rapidement les lampes – mesure de précaution qui eut un succès certain, puisque nous entendîmes la voiture s'arrêter puis repartir.

Ceux qui sont initiés aux mystères de la chasse ne connaissent pas les lassitudes affectant les mortels ordinaires. Les expéditions de chasse de l'Empereur, qui duraient toute la nuit, avaient la réputation d'être très risquées et de demander les efforts les plus redoutables. Heureusement, le désir du vice-maire et du chef de la Justice de partir avant l'aube fut contrecarré par l'horreur que ressentait notre hôte pour de tels excès de comportement. En guise de compromis, le petit déjeuner fut servi à la pointe du jour et aux cris des singes. Dix minutes plus tard, nous étions sur la piste privée de chasse de Bao Dai. En toutes circonstances, quand l'empereur voyage sur la route entre Dalat et Ban-mê-thuôt, c'est ce chemin qu'il emprunte, et je crois qu'il y a une signification au fait étrange qu'aucune escorte ne soit requise, bien que la piste soit plus proche du territoire occupé par le Viêt-minh que la route principale où les attaques sont si fréquentes. Ceci relié au fait que le Viêt-minh n'a jamais tenté d'assassiner l'empereur peut confirmer l'hypothèse, peu originale, que le rôle de l'empereur dans sa relation avec les Français est semblable à celui que l'on attribue à Pétain face aux Allemands. Un accord secret pourrait même exister entre l'empereur et les nationalistes extrémistes.

A travers l'écran de lianes et de bambous, la route large et sinueuse offrait des aperçus peu rassurants sur des précipices couverts de fougères. Ce matin-là, il faisait un froid mordant et seuls les sommets étaient visibles à travers une brume épaisse, glaciale et humide. Soudain nous en émergions, sans avertissement, et grimpions dans un ensoleillement aveuglant, tandis que le brouillard s'étendait au-dessous de nous comme un lac de vapeur, avec des îles de rochers et de végétation. Un faisan argenté s'envola, magnifique, comme un poisson volant et partit se poser sur un arbre dont la cime formait une des îles. Le vice-maire et le juge tirèrent plusieurs coqs sauvages qui, bien qu'estropiés, s'accrochèrent à la vie avec la ténacité effrayante qui les caractérise. Cinq paons, surpris dans une rizière moï déserte, volèrent à la verticale vers les branches les plus hautes d'un arbre. Ils furent massacrés – cibles parfaitement immobiles se profilant dans le ciel. Mais le tableau de chasse ne s'allongea pas. Bien qu'il fût assez proche, un immense sanglier absorba une décharge de balles puis s'en alla sans paraître gêné.

Nous nous arrêtâmes pour cueillir quelques orchidées pour l'épouse du vice-maire. Elles étaient blanches et orange comme des petites jonquilles et pendaient en grappes sur des tiges cireuses. Tandis que le vice-maire s'activait dans l'arbre je m'intéressai aux insectes. Des libellules énormes s'approchaient en flèche, puis demeuraient stationnaires à un demi-mètre de moi, m'accompagnant comme si elles me surveillaient. Leurs ailes, sans reflets, bougeaient avec une telle rapidité que leur corps semblait être porté par l'invisible. Un autre insecte aux ailes larges semblait également se satisfaire des airs comme du sol. Quand il se posait, ses ailes se repliaient avec une lenteur sage en une enveloppe protectrice, après quoi, aérodynamique et lisse, il s'élançait pour fouiller les feuilles mortes et les racines.

A la mi-journée, nous fîmes une halte pour préparer un repas de petits œufs. De nombreux ruisseaux coulaient dans cette partie de la forêt et la terre humide était propice à une grande variété de fougères, des plus petites espèces d'Europe à certaines plantes aussi grandes que des palmiers. D'autres encore ressemblaient à des fougères mais étaient de la couleur la plus vive des feuilles du hêtre en automne. Passé le début de la matinée, on ne s'attendait plus à voir de gibier. Il y avait beaucoup d'oiseaux non comestibles. Nous rencontrâmes fréquemment un coq de pagode qui ressemblait à une poule de jungle mais qui était affublé d'une longue queue. Seul un homme mourant de faim pouvait le manger, disaient mes amis. Pourtant, ils se jetèrent plusieurs fois sur leurs fusils en vain.

Ce fut près de cet endroit que nous vîmes, au loin, le dernier village moï. Nous décidâmes que de marcher jusque-là favoriserait notre digestion. Nous traversâmes un pont de lianes tressées et marchâmes peut-être un demi-kilomètre le long d'un chemin, dans une rizière. Le village était un village m'nong gar, avec des maisons construites à même le sol. De loin, il avait un aspect assez plaisant, avec ses toits de chaume jaune, ses mâts de sacrifice arborant des banderoles et ses enfants jouant dans les espaces libres. Nous passâmes près de monticules de tombes abandonnées. D'autres étaient encore ouvertes. On avait bâti, au-dessus, des maisons en miniature contenant les biens personnels du défunt : ses habits, couvertures, colliers, jarres et tambours. Des bols de riz y étaient remplis quotidiennement, ainsi que les cornes du buffle sacrifié aux funérailles.

Le temps de parvenir au village, il avait été déserté. Seule une femme était restée là, qui triait des herbes à l'extérieur de sa hutte, mais elle ne fit pas le moins du monde attention à nous. Trois sur quatre d'entre nous étaient armés, et nous nous demandâmes si l'apparition soudaine de nos armes dans cette brume avait causé la disparition de tous les villageois. A l'autre bout du village, nous trouvâmes plus de vie. Deux hommes travaillaient à faire des coupe-coupe dans une forge primitive alors qu'un garçon actionnait le soufflet formé de deux morceaux épais de bambou et de pistons de bois. Ils nous ignorèrent autant que les autres, mais l'un d'eux se leva soudainement, le visage alerte, et partit vers l'entrée du village. Le vice-maire le soupçonna d'aller organiser une embuscade au cas où nous ferions preuve d'hostilité. Il pensa qu'il valait mieux agir de façon naturelle et décontractée, alors nous ramassâmes quelques coupe-coupe à moitié terminés et les observâmes. Nous voulions également montrer un certain intérêt pour ce que faisait la femme mais elle était partie. Le juge poussa un peu loin sa nonchalance – de l'avis du chauffeur rhadès inquiet – en tripotant les ornements de l'un des mâts. Le chauffeur rhadès qui ne connaissait que quelques mots de français dit qu'il ne savait pas parler le dialecte local. Ce village, prétendait-il, était interdit et nous devions partir immédiatement. Il ne voulait donner aucune raison et lorsqu'on le questionna, évacuant toute marque d'intelligence de son visage, il se réfugia dans un « Moi pas connaisse ».

Quelque chose de sinistre suintait de ce village déserté même par les animaux domestiques. Nous avions à peine quitté la forge qu'elle devint elle aussi silencieuse. Notre imagination fut frappée par une structure supportant des crânes de buffles flanqués de deux représentations rappelant l'île de Pâques et souillées de sang sacrificiel. Comme nous approchions du village, nous entendîmes un bruit de pieds nus derrière nous. L'homme qui était resté en arrière, vers la forge, nous courait après. Il s'arrêta à quelques mètres et inclina sa tête respectueusement. Il prit son coude droit dans sa main gauche et s'avança pour nous toucher la main chacun notre tour. Nous apprîmes qu'il était le chef et que, voyant que nous n'avions pas de mauvaises intentions, il avait mauvaise conscience de nous laisser partir comme ça et de rompre ainsi avec les bonnes manières. A présent, expliqua le chauffeur qui avait soudainement retrouvé ses esprits, il nous invitait à revenir au village pour entamer une jarre d'alcool.

Cholon et la Cochinchine

Les vols d'Air France de Dalat étaient complets pour les trois semaines à venir, c'est pourquoi je trouvai miraculeux d'obtenir un siège, sans attendre, sur l'avion d'une petite compagnie. J'appris plus tard que cette compagnie n'était pas très fréquentée car ses avions avaient déjà subi un ou deux accidents. Il y avait peu d'espoir de réussir un atterrissage forcé dans cette jungle.

En attendant le départ, je bavardai avec mon voisin, un étudiant vietnamien qui voulait savoir ce que je faisais dans son pays. Immédiatement la conversation prit un tour politique. Quels intellectuels vietnamiens avais-je-rencontrés ? Je confessai que je n'en avais rencontré aucun. L'étudiant ne pouvait concevoir le fait que je me fasse une opinion objective sur les conditions de ce pays quand les seuls propos que j'écoutais étaient ceux des colonialistes français. Ce point de vue tout à fait raisonnable m'avait déjà préoccupé. Je répliquai que la raison pour laquelle je n'avais pas eu de contact avec les Vietnamiens était que leur comportement m'incitait à penser qu'il serait difficile de les approcher. L'étudiant dit que c'était plutôt naturel puisqu'on me prenait pour un Français. Il insista si lourdement pour que je rencontre certains intellectuels que je crus qu'il me suggérerait comment les contacter. Mais l'avion décolla. Nous étions assis sur des chaises de camping qui n'étaient pas fixées au sol et dès que l'appareil se mit à tanguer dans les courants d'air chaud, nous fûmes violemment secoués. Mon compagnon, qui volait pour la première fois, fut très malade et je n'eus pas la chance de lui parler à nouveau.

Saigon était plus turbulente que jamais, avec des camions remplis d'Algériens qui patrouillaient dans les rues et les cafés, eux-mêmes remplis de légionnaires allemands. Je dînai dans un restaurant chinois sur la route principale de Cholon. C'était en dehors du quartier européen et j'appréciai le mode de vie agité de cette partie de la ville. Ce restaurant avait vanté dans un journal son « emplacement discret », mais ses murs furent lézardés par une bombe lancée la nuit précédente. Il y avait pourtant foule, probablement grâce à la théorie selon laquelle deux obus ne tombent jamais dans le même cratère. Un grillage devait être posé le lendemain qui les protégerait des grenades. Ce petit incident n'avait ajouté que deux blessés aux dix-sept autres de cette nuit-là, mais l'un d'eux était le collègue du serveur. Son état, disait-il, était très grave et, assez curieusement, tout avait été prédit par le diseur de bonne aventure du restaurant ; celui-ci s'approchait d'ailleurs, portant les instruments de son art et souriant, pensant sans doute aux prédictions sinistres qu'il me dévoilerait pour une somme convenable.

J'avais lu qu'un journal vietnamien nationaliste avait été fermé et cela me donna une idée. Le lendemain, j'en appelai le bureau, je m'y présentai et demandai à voir le rédacteur en chef. Il était absent. Quand reviendrait-il ? Personne ne le savait. Ne reviendrait-il jamais ? J'essayai de convaincre un employé impassible de me fournir une information sûre. Je m'engageai sans le savoir, comme un débutant, dans un jiu-jitsu verbal qui m'opposait aux maîtres de cet art. Cependant leurs ancêtres, depuis plusieurs générations, s'entraînaient à répondre à la force par l'esquive. Trop de franchise de ma part n'appelait qu'un « pas connaisse », et tandis que j'essayais de me sortir de ce tissu de non-coopération, je me retrouvai, sans m'en rendre compte, accompagné jusque dans la rue. Deux Vietnamiens m'escortaient, d'un air indifférent et réservé, comme s'ils se dirigeaient vers un but précis de leur propre chef. Ils marchaient à la même vitesse que moi et s'obstinaient à parler le « pidgin » français, rendant ainsi la conversation incompréhensible. Ils suggérèrent ensuite que j'aimerais peut-être dévoiler, sans réserve, la vraie nature de mes liens avec le rédacteur en chef. Il ne restait rien d'autre à faire que de leur dire la vérité. D'autres se joignirent encore à nous, des amis semblait-il, surgissant de l'énorme foule anonyme. On m'invita à répéter mon histoire. Tandis que nous flânions ainsi, continuellement séparés par des garçons à bicyclette, des mendiants, des animaux ou des enfants qui jouaient, l'affaire fut considérée et enfin – on l'insinua plus qu'on ne le déclara – je compris que si je revenais cette après-midi, je pourrais, ou ne pourrais pas, rencontrer une personne qui m'intéresserait.

Quand je retournai au journal, je ne fus naturellement pas surpris de ne reconnaître personne. Les visages du matin étaient absents et quand j'interpellai, par-dessus le comptoir, un des clercs très absorbé par son travail, j'écopai du « pas connaisse » auquel je m'attendais. Des escaliers montaient du fond de la pièce, je les gravis pour me rendre au premier étage. Un jeune homme apparut derrière une cloison et dit dans un bon anglais :

— Etes-vous l'Anglais ?

Il portait de grosses lunettes qui lui donnaient une expression grave et studieuse. Je me présentai en français mais il me demanda sèchement de parler en anglais. Je lui exposai les raisons de ma présence dans son pays et lui expliquai que jusqu'à ce jour je n'avais eu accès qu'à la propagande française. Il me semblait donc nécessaire d'équilibrer mon point de vue avec celui de l'autre bord. Il ne trouva pas cette remarque amusante. Avec un regard lourd de reproche, le jeune homme rétorqua que tous les Vietnamiens patriotes étaient des Viêt-minh et que si je voulais réellement voir le Viêt-nam, je ne devais pas perdre mon temps dans le territoire occupé par les Français mais traverser les lignes vers la République Démocratique. Je lui répondis que je serais enchanté de le faire si j'en avais l'occasion. Il demanda ensuite à voir tous les documents qui pourraient établir ma bonne foi et je lui montrai mon passeport et diverses lettres. Ma demande, dit-il, serait soumise à la section de l'armée viêt-minh qui s'occupait de ces affaires. Cela prendrait plusieurs semaines pour recevoir la réponse et organiser « la traversée ». Je lui demandai s'il pensait que la permission me serait accordée, il me dit que oui. Il regrettait de ne pouvoir me donner son nom. Je ne pouvais reprendre contact avec lui, mais il trouverait un moyen de me joindre quand le temps serait venu.

Ce fut pour moi la première expérience politique de ce genre, la deuxième devait survenir la nuit suivante de façon imprévue.

J'avais été invité à passer la soirée avec un journaliste français et sa maîtresse vietnamienne. Il était évident qu'elle suivrait d'emblée le déroulement habituel : dîner au Chalet, puis excursion à Cholon pour une visite au casino et une ou deux boîtes de nuit. Cholon est une ville purement chinoise, à quelque trois kilomètres de Saigon qu'elle surpasse dans presque tous les domaines. On la considère comme plus « typiquement chinoise » que tous les grands ports maritimes de la Chine elle-même. Un film hollywoodien à grand spectacle qui retrace la vie en Chine et qui montre ses rues en serait la preuve. La population, qui croissait par temps de guerre, s'évaluait à près de 750 000 habitants. La plupart vivaient dans la pauvreté mais un nombre extraordinaire de millionnaires se multipliait grâce au triomphe du marché noir favorisé par la guerre. Les Chinois jouent les intermédiaires entre les deux parties. Ils vendent les produits agricoles des régions rurales viêt-minh aux villes françaises et introduisent depuis la France les dollars nécessaires à l'achat d'armes. Comme dans ces affaires, ils ne sont arrêtés par aucune considération morale, ils prospèrent beaucoup.

Cholon tire profit, dans une certaine mesure, de son attrait exotique sur les Européens. Cependant, ce sont les riches Chinois qui constituent le gros de la clientèle des lieux de plaisir. Le résultat donne un pot-pourri étonnant. Pour cette occasion, nous visitâmes le « Van Canh Nightspot », où une certaine Ramona devait apparaître chaque soir, « dans ses danses exotiques ». L'orchestre philippin jouait avec une grande sensibilité des classiques ressuscités tels que *September in the Rain*. Ramona se targuait de venir « tout droit de Mexico », mais je remarquai qu'elle parlait italien avec son partenaire. Elle exécuta une danse du ventre fantaisiste, plus inspirée du Bosphore que de la mer de Chine. La clientèle se composait pour la plupart de marchands de riz chinois, plutôt âgés, qui dansaient avec des entraîneuses chinoises et vietnamiennes.

Mon ami fut entraîné par sa petite amie jusqu'au « Parc des Attractions ». A l'entrée, on la fouilla négligemment, mais pas lui, pour découvrir quelque arme cachée. Comme un grand nombre de ses compatriotes, elle était victime de sa passion pour le jeu, et en se limitant chaque jour à une certaine somme qu'elle plaçait sur des combinaisons exceptionnellement chanceuses, ses pertes étaient régulières mais pas désastreuses. Cette fois, influencée par l'interprétation d'un rêve, elle perdit en un temps record. Nous nous trouvions dans l'une des deux principales maisons de jeux de Cholon. Là, dans une atmosphère de foire joyeuse, la richesse du peuple vietnamien, toutes classes confondues – puisque tous les revenus intéressent –, coule régulièrement dans les coffres des Chinois qui, bien entendu, sont amenés à payer très cher les Français pour ces avantages.

Nous terminâmes la soirée au « Paradis » où se produisit un fait surprenant. Le « Paradis », lieu très prisé des Chinois, attire ces derniers par son éclairage discret, tamisé pour les numéros particulièrement romantiques. La plupart des hôtesses – du moins les Chinoises – réduites à cette servitude scintillante ont été vendues par leurs parents pauvres. Il est de bon ton d'en parler d'abord, sur un verre de champagne, puis de presser votre partenaire occasionnelle à raconter les détails de son passé. La célèbre chanteuse Wang Sue chantait dans le microphone, c'était de nouveau *September in the Rain* , et tandis que la voix puissante entonnait « Les feuilles brunes tombent », mon ami se mit à danser, me laissant à la merci du manager qui amenait la fille qu'on m'avait secrètement réservée. (Pourquoi l'anglais a-t-il été adopté comme *lingua franca* de tels plaisirs ?) Notre quatrième partenaire avait le comportement fragile et aristocratique de la plupart des hôtesses vietnamiennes. Ses traits, poudrés de craie blanche, évoquaient un masque mortuaire. Elle était moulée dans un costume traditionnel de soie blanche et portait des ongles extravagants, des cheveux extrêmement bien coiffés. Seul un protubérant bracelet-montre pour homme à son poignet fragile apportait une touche d'humanité à cette perfection qui rappelait les geishas.

Les deux filles étaient à l'évidence de vieilles amies, probablement des collègues. Elles babillaient joyeusement. Je compris dans ces regards orientaux masqués par les éventails que j'étais l'objet de leur conversation. Quand les deux autres se levèrent à nouveau, la fille dit :

— Vous êtes anglais n'est-ce pas ? Pensez-vous que nous, Vietnamiens, soyons aussi civilisés que les Français ?

Quelque peu surpris par ce dialogue dans une boîte de nuit de Saigon, je répondis que oui. Depuis cet instant, la conversation suivit le même cours que celle de l'avion de Dalat, mais comme les circonstances étaient plus favorables, elle se conclut profitablement. C'est par l'intermédiaire de cette fille que j'entrai en contact avec les chefs révolutionnaires nationalistes vietnamiens à Saigon.

Le lendemain, un message laissé à l'hôtel m'invitait à me rendre à une adresse pour une heure précise. Je m'y présentai et découvris une villa luxueuse. Plusieurs voitures de luxe stationnaient à l'extérieur. Des Vietnamiens, hésitant d'abord à me donner leurs noms, m'attendaient. Le groupe comptait un avocat réputé, un directeur de banque et un ex-membre du cabinet du gouverneur de Cochinchine. Tous ces gens faisaient partie de la classe riche des propriétaires terriens et soutenaient avec ardeur le Viêt-minh qui, si la rumeur était exacte, étant sous contrôle communiste, les déposséderait probablement dès son accès au pouvoir. L'un d'eux assumait justement une haute fonction dans la hiérarchie viêt-minh. Il résidait en toute impunité à Saigon, au vu et su des Français, puisqu'il représentait un contact diplomatique pouvant être fort utile le temps venu.

Il serait assommant de rapporter la conversation qui suivit. On peut la résumer ainsi : les Vietnamiens affirmèrent clairement qu'ils seraient satisfaits d'obtenir de la France ce que l'Inde obtint de l'Angleterre. « L'indépendance au sein de l'Union française », concédée l'année précédente, était considérée comme une blague de mauvais goût, puisque la France gardait le contrôle de tous les postes clefs. La publication par le Viêt-minh d'un rapport secret préparé en 1948 par M. Bollaert, le Haut Commissaire sortant, n'avait pas éclairci la situation. Il y avait eu beaucoup de bruit sur une phrase qu'on pouvait grossièrement traduire ainsi : « Il est de mon avis une concession que nous devrions faire au Viêt-nam sur le terme « indépendance » ; je suis cependant convaincu que le mot ne sera jamais interprété sous d'autres aspects que religieux. »

Voilà, selon mes informateurs, comment se traduisait dans la pratique la notion d'indépendance. Prenons l'exemple des forces de police. On avait feint de donner aux Vietnamiens le quartier général de la Sûreté, rue Catinat. Mais ce que les Français avaient réellement laissé aux nouveaux responsables était un bâtiment vide, et ils en avaient ouvert un autre à une adresse différente sous le nom de Sûreté Fédérale. Et comme la Sûreté Fédérale avait gardé toutes les archives, l'organisation vietnamienne était d'emblée réduite à l'impuissance. Autre chose encore, les troupes françaises étaient censées quitter le sol vietnamien « quand le moment opportun surviendrait ». Or, bien entendu, les droits extraterritoriaux étaient maintenus, c'est-à-dire que toute personne non vietnamienne était jugée par une cour mixte présidée par un juge français. Cela signifiait que les Cambodgiens et les Laotiens, tout comme les Français, n'étaient pas soumis aux lois vietnamiennes et que toute affaire touchant à la sécurité passait devant un tribunal militaire français.

Ainsi m'informa-t-on sur le sens de l'indépendance. Mais il existait des manœuvres françaises plus sinistres encore qui envisageaient la possibilité d'une indépendance vietnamienne réelle et les mesures s'y rattachant. Certains districts, comme les hauts plateaux et les régions occupées par des tribus du

Tonkin avaient été déclarées zones de minorités raciales et totalement séparées du Viêt-nam. Dès lors, à l'assemblée de l'Union française, les Cambodgiens, qui n'avaient jamais élevé la voix, demandèrent le rattachement de leurs anciennes provinces à la Cochinchine ainsi que le droit d'accéder légalement au port de Saigon. Les sectes religieuses militantes comme les caodaïstes et les hoa-hao, à l'origine bannies par le roi du Cambodge et l'empereur d'Annam, se virent encouragées – en tant que séparatistes potentiels – et soutenues pour la formation de groupes armés privés. De cette façon, le Viêt-nam, même indépendant, serait affaibli par tous les moyens possibles.

Toutes ces révélations touchant aux injustices écœurantes et aux manipulations politiques à grande échelle précédaient une plainte curieuse qui exprimait le *cri du cœur* de l'Asiatique blessé dans son amour-propre : on souligna le fait, insignifiant en apparence, mais volontairement dévoilé en fin de liste des oppressions en tous genres, que les Français étaient discriminatoires de façon insultante. « Le cercle sportif n'admet pas les Vietnamiens ». Si les Français – et les Anglais – avaient davantage tenu compte de l'amour propre de leurs sujets colonisés, notamment en les acceptant dans leurs clubs, leur position en Extrême-Orient aurait été moins précaire qu'elle ne l'est aujourd'hui.

Les vols pour le Laos étaient peu fréquents et je ne pus obtenir une place que quinze jours plus tard. Pendant ce temps, un Français de ma connaissance, qui espérait vendre des Land-Rover anglaises à l'armée cambodgienne, me fit savoir qu'il allait en expédier une au quartier général de Phnom-Penh. Il me demanda si je voulais profiter de l'occasion. J'acceptai l'offre avec grand plaisir d'autant plus qu'il voyagerait en avion et qu'il me proposait de passer là-bas quelques jours avec lui. Il avait vécu au Cambodge plusieurs années et connaissait le pays aussi bien que cela était possible à un Européen.

Quatre jours devaient s'écouler avant que la voiture ne parte pour le Cambodge. Je passai ce temps à suivre une visite guidée dans la partie reconquise de Cochinchine, organisée par l'armée française pour les correspondants étrangers. Ces expéditions pouvaient s'avérer exaltantes s'il y avait de l'action, ce qui rendait les Français plutôt prudents, car quelquefois les correspondants en voyaient plus qu'ils ne devaient et expédiaient des télégrammes trop critiques. Bob Miller, par exemple, de United Press, se trouvait une nuit vers dix heures à bord d'un canot armé remontant un canal lorsque celui-ci repéra trois sampans dans la lumière de son projecteur. Sommés de s'arrêter, deux d'entre eux n'obtempérèrent pas et furent criblés de balles de mitrailleuse. Le troisième se rendit et trois paysans – un vieux couple et leur fils – furent amenés à bord. Ils transportaient du riz et voyageaient la nuit, probablement pour éviter les exactions des officiels locaux. Leur cargaison fut déversée dans l'eau. Le garçon qui essaya de s'échapper en sautant par-dessus bord fut tué par une grenade à main lancée contre lui. L'officier responsable extrêmement jeune, charmant et coopératif, était convaincu que les paysans n'étaient pas des partisans viêt-minh, mais ils avaient cependant transgressé le couvre-feu. Les événements qui s'en étaient suivis entraient donc dans une logique de guerre. Dans un pays où l'occupant était inférieur en nombre, face à une population hostile, il ne pouvait garder le contrôle qu'en faisant comprendre aux gens que les entraves au règlement seraient punies avec une sévérité extrême. Mais ce genre de logique n'était pas souvent comprise des non-combattants, et les journalistes parfois protestaient en arguant que telle avait été l'attitude des nazis en territoire occupé.

Les scènes et les sensations de ces quatre jours furent si intenses et rapides que leur souvenir prit la forme d'un méli-mélo d'images embrouillées : un point fortifié ennemi, aperçu derrière une palissade de bambous, impassible aux provocations des artilleurs ; le bruit sourd d'une barque blindée se heurtant aux joncs, fouillant l'eau tandis que des ibis s'envolent à sa proue ; des soldats dans les postes isolés, s'appliquant à discipliner leur esprit par du tissage ou du tricot, comme des vieilles filles ; l'hommage résigné des notables de cinquante villages ; la canonnade entendue une nuit de l'intérieur obscur et inquiétant du palace d'un mandarin.

Luong-hoa se démarquait de ce fouillis. Je me rappelai une église catholique avec la statue d'un saint annamite dressée devant une jonque, et une remarquable horloge, apparemment devenue objet de culte puisque le prêtre s'inclinait légèrement devant elle. Totalement recouverte de ces images fades qui ornent généralement les textes religieux, l'horloge était de toute évidence de facture locale car des lanternes chinoises éclairaient ses anges et ses roses. Depuis l'arrivée en Chine des premiers jésuites, l'Extrême-Orient a été envahi d'horloges, et les palaces des potentats orientaux en sont plus encombrés qu'une boutique française de prêts sur gage. Mais cette horloge-là, ne serait-ce que par ses dimensions – trois mètres de haut – devait certainement être objet de fierté pour les habitants du village. Dans une bataille récente contre le Viêt-minh, quarante des habitants de Luong-hoa avaient été blessés.

L'officier supérieur français responsable du lieu – il m'en fit d'ailleurs faire le tour – était un homme d'une cinquantaine d'années ressemblant étrangement à l'acteur français Raimu. C'était un vrai père de famille, une nature brusque et doucement excentrique, et qui avait bu un verre avec le sergent de chaque poste que nous avions visité. Les chiens l'avaient pris en affection partout où l'on se présentait et traînaient autour de ses bottes, les reniflaient affectueusement. Il gardait une boîte de lait condensé dans sa poche et de temps à autre en laissait tomber une goutte à leur intention. Il semblait impossible d'associer cet homme aux événements sanglants qui survinrent dans cette zone, et qui découlaient peut-être de ses ordres.

Nous traversâmes à pied le village suivant. C'était un endroit ravissant. La moitié des habitants pêchait dans un ruisseau près de la route. On exposait devant les maisons fraîchement repeintes de couleurs vives des cercueils bien faits, proposés au coup d'œil connaisseur des voisins. Des bougainvilliers éclataient comme des feux d'artifice sur les façades des pagodes couvertes de céramique ; un dragon amical se contorsionnait sur un toit et une danseuse, gênée par sa longue robe de porcelaine, agitait des cymbales au-dessus des pignons en direction d'un savant jovial qui la regardait. Le commandant, caressant la tête de quelques enfants vietnamiens, affirma que tenter de conduire à travers le village à la nuit tombée, ou d'y marcher seul, équivalait à une mort certaine. Il était aussi de ces officiers français se remémorant avec émotion le trou perdu et minable qui l'avait accueilli en Angleterre durant l'occupation. Dès le premier instant, nous sympathisâmes par le biais de notre expérience commune du village d'Ellesmere.

Notre route filait à travers des régions catholiques et caodaïstes censées être en guerre les unes contres les autres. Les caodaïstes locaux, schismatiques sur certains points, reconnaissaient le pape de Tay-ninh, mais ne se soumettaient pas de tout cœur à son autorité. Selon les dires du commandant, ils étaient spécialisés dans la piraterie des cours d'eau qui sillonnaient et alimentaient la province. La politique caodaïste s'était toujours efforcée de reproduire l'administration française dans son organisation ecclésiastique. Or maintenant, ajoutait l'officier, ils essayaient d'étendre ce principe à leur formation militaire. L'autre jour déjà, un état-major complet était arrivé à Tay-ninh afin d'être rattaché à son propre quartier général de Tanan. L'officier les avait renvoyés.

Les catholiques, disait le commandant qui conservait sa gaieté, constituaient une menace pire encore. Certains n'avaient pas de prêtres ordonnés depuis qu'on avait expulsé les missionnaires au début du siècle dernier. Ils passaient leur temps à lancer des raids contre les villages. Ils se rassemblaient dans une église pendant deux heures chaque soir puis hurlaient des cantiques. Ensuite, ils violaient leurs captives. Chaque village rencontré était cerné de deux voire trois rangées de palissades, parfois d'un fossé, et des miradors se dressaient pour le guet. Certaines de ces constructions, expliquait le commandant, étaient si instables et vétustes qu'elles s'écrouleraient sous le poids du premier venu.

Tel était l'état du « quasi-paradis » que Borri avait découvert.

Ce soir-là, nous dînâmes au mess des officiers de Tanan. La nuit précédente, une grenade à main – j'arrivais toujours à les éviter de justesse – avait pénétré par la fenêtre et blessé un officier. Cette fois, le commandant avait posté des sentinelles pour que nous jouissions d'une soirée agréable et paisible. Cependant, dès que nous fûmes assis, il y eut une série d'explosions. Les tours de défense qui encerclaient la ville étaient attaquées au mortier. Quelques minutes plus tard, les Français ripostèrent. Les uns après les autres, les officiers se voyaient appelés à leur poste. Lorsqu'on servit l'entrée, nous nous retrouvâmes, le commandant et moi, assis face à un officier très jeune autour d'une table déserte. La nuit venue, nous nous séparâmes.

Je me souviens que le lendemain nous avons visité le village exemplaire de Than-phu. Son état de grâce venait de la conviction qu'avaient les Français de n'y voir que des bouddhistes, aucune conversion caodaïste, et seulement quinze catholiques. Than-phu possédait une pagode historique : le seul bâtiment, au dire des Français, qu'avait épargné le Viêt-minh quand il brûla l'endroit. Elle abritait une cloche dans laquelle, il y a près de 150 ans, Gia Long, le dernier grand empereur, s'était caché lors de sa fuite devant les rebelles Tayson. Pour authentifier cette histoire, le bonze s'accroupissait dans la cloche. Mais c'était un petit bonhomme ratatiné et il semblait évident que le descendant de Gia Long, l'empereur actuel, aurait peu de chance, si besoin était, de reproduire l'exploit de son ancêtre. Le véritable intérêt de cette pagode résidait dans une grande fresque dépeignant le destin d'un saint et celui d'un homme damné. Le vieux bonze, d'ailleurs très respecté du commandant, était fier de sa fresque et il déploya un réel sourire de satisfaction quand vint le moment de nous la dévoiler.

Sur toute une paroi, était décrit avec fidélité et force détails le sort des pécheurs. Les crimes le plus bénins, restés cachés durant la vie, étaient punis ici selon leur gravité et étaient sanctionnés par quatre degrés de châtiment : une marque sur le visage, l'ablation du nez, l'amputation du pied et la castration. Les représentations de la mort en enfer étaient illustrées par la strangulation simple, exécutée par les démons et réservée à ceux qui avaient erré plus que péché ; mais il y avait aussi un choix de morts lentes, réservées aux malheureux accusés de crimes atroces, telle une mauvaise conduite envers ses parents. Des diablotins tourmentaient ensuite certains pécheurs au couteau. Ils gravaient sur eux le dessin représentant le membre corporel devant être tranché. On prescrivait ce châtiment au hasard, selon l'ancienne pratique pénale, comme au sortir d'un sac de loterie. Des tigres dévoraient d'autres malchanceux. Ceux qui, vivants, avaient remis en cause le mandat céleste de l'empereur divin, étaient démembrés par des éléphants spécialement entraînés aux punitions capitales. Des bourreaux démoniaques se tenaient à part, dans les coins, exerçant leur art sur des tiges de bambou décorées, selon la tradition, de traits marqués au bétel.

Pour l'occasion, chaque victime était habillée avec élégance et n'avait pas l'air le moins du monde désespérée ; peut-être était-ce l'expression de la tradition annamite qui encourage le condamné à marcher vers sa fin en affichant autant de dignité que le permettent les circonstances. Ce rituel insistait en effet sur une démonstration de sang-froid que constituait le spectacle élégant des cinq prostrations en signe d'adieu aux membres de la famille.

Sur le mur d'en face, les bienheureux exhibaient leur béatitude. Mais comme la félicité se ressent moins vivement que la souffrance, les récompenses de la vertu semblaient sans substance, insipides même. Un paysage chinois hâtivement dessiné tenait lieu de ciel ; quelques sommets embrumés, pas réellement crédibles, quelques pins, un ruisseau, un pont. Le ciel était celui des artistes et des poètes des anciennes dynasties chinoises. Les glorieuses âmes annamites erraient tristement dans ce paysage, paraissant hors de leur élément. Le vieux bonze, lui aussi, s'ennuya et nous ramena, avec une douce insistance, vers les scènes vigoureuses de la damnation, soulignant les raffinements sombres de la torture que nous n'avions pas remarqués. Qu'une pagode bouddhiste présente de telles décorations témoignait de la déformation dont avait souffert la religion dans sa lente progression à travers l'Inde et la Chine, vers la Cochinchine. Le Nirvana s'était mué en pique-nique sur des collines, et la souffrance des âmes sur la roue de la vie en une série d'épisodes vulgaires dans une chambre de tortures, autant d'illustrations de la barbarie qui pervertit les grands systèmes religieux sur le déclin.

En Indochine, aucune gêne n'entravait le désir d'entrer hardiment dans une pagode, de fureter, parmi les tombeaux, d'observer les rites et même de les photographier. Les officiants se félicitaient au contraire de nos démonstrations d'intérêt. Cela faisait partie du sens de l'hospitalité prêché par Confucius et s'étendait aux autres cultes : « Le Maître, ayant pénétré dans le grand temple, posa des questions sur tout. Quelqu'un remarqua : « Qui prétend que le Fils du citoyen de Tsou [Confucius] possède la connaissance des pratiques cérémoniales ? Il vient au temple et pose des questions sur tout ce qu'il voit ». Entendant la remarque, le Maître répond : « Cela est une pratique cérémoniale en soi. »

Plus tard, étant seul, je faisais une petite donation au fonds de la pagode. Le martèlement enthousiaste d'un gong immense l'accueillait et l'on brûlait à mon intention quelques centimètres d'un grand cône d'encens, pendant en spirale du toit. De temps en temps, un vieux prêtre m'offrait de procéder à un exercice divinatoire, en renversant au-dessus de ma main une jarre pleine d'une sorte de petits bâtonnets, dont je ne retenais qu'un seul. Il s'agissait en fait d'un assortiment de prophéties, tirées des classiques et écrites sur des bouts de papier roulés. Il m'aida à déchiffrer les élégants mais mystérieux idéogrammes et me montra clairement, par son sourire joyeux et satisfait, que la Chance allait m'ouvrir tout grand ses bras.

A la visite de Than-phu, le village exemplaire, succéda la visite du poste français idéal. C'était l'œuvre d'un sergent-chef qui, avec le commandant, allait bientôt être démobilisé et rapatrié en France. Ils y couleraient ensemble le reste de leurs jours, nostalgiques de l'Indochine comme Kipling l'était de l'Inde. Pourtant, bien que les colonies fussent devenues son foyer spirituel, et si déprimé qu'il fût à l'idée de son rapatriement, le sergent-chef était extrêmement fier d'avoir métamorphosé son poste en un coin de France. Et à quel prix ! Il avait fait importer des bulbes par avion et avait réalisé à grand-peine une plantation de tulipes, tirées centimètre par centimètre du sol ocre. Leurs têtes pendaient avec lassitude, retenues par des collets au bout de tuteurs. Au-dessus d'elles, s'élevaient des rangées de cannas exubérants dont le seul but était de faire de l'ombre à l'importation européenne. Il avait pathétiquement camouflé une hutte indigène en bistrot ; un « Rendez-vous des Sports » pour la plus grande joie des visiteurs. Tout semblait fait pour cacher la vue insoutenable des bambous détestés dont le souvenir deviendrait si cher dans quelques mois.

Le sergent-chef gardait aussi un boa constricteur dans une cage et le nourrissait chaque mois d'un canard vivant, cérémonie qui attirait une foule de connaisseurs. Il affirmait que le serpent refusait toute nourriture morte.

Un nouveau village s'était formé autour de ce poste idéal, comme une greffe. Dans sa situation tragique, proie des gangsters et des bandits, le seul souci du paysan était de se tourner vers la protection et la stabilité. Lorsqu'un village était détruit par des opérations militaires, ses habitants vivaient dispersés dans des abris temporaires inconfortables et mangeaient des crevettes ou des petits poissons attrapés dans les canaux d'irrigation. Dès qu'un poste militaire était construit dans le voisinage, ils se sentaient naturellement attirés et, sous le couvert des mitrailleuses, reconstruisaient leurs huttes, plantaient leurs légumes et reformaient leurs marchés. On les encourageait à agir ainsi. Mais le plus tragique se produisait lorsque le Viêt-minh, terrorisant la population, utilisait le village comme couverture pour ses attaques. Il s'ensuivait des massacres, représailles dirigées contre les villageois à défaut du Viêt-minh introuvable.

Le nouveau village sans nom prospérait ainsi, du moins temporairement. Le sergent-chef s'était désigné maire non officiel et insistait sur des normes d'hygiène européennes qui, à sa grande surprise, étaient scrupuleusement respectées. Il inspectait quotidiennement les rues et la place du marché, incitait les vendeurs à mettre les prix sur les marchandises, accordait des certificats de mérite pour les maisons les mieux tenues. Il aidait à la construction d'une mairie et d'un théâtre – lieux essentiels dans la vie sociale vietnamienne – et avait offert un centre d'informations décoré d'un dragon frivole trouvé dans une ruine désertée. Les Vietnamiens, qui avaient certainement vu leur dernier village entièrement rasé, se montraient aussi surpris que reconnaissants. Il était dommage que nous ne soyons pas arrivés la veille, disait le sergent-chef, car il avait aidé les villageois à célébrer la fête du Têt en organisant une régate et des courses de sampans toutes catégories. Il avait même pris la liberté d'offrir quelques boîtes des rations de l'armée en guise de prix. Le commandant hocha la tête dans une approbation bienveillante.

Je pense que c'était là une attitude commune chez les soldats français. S'ils en avaient l'occasion, ils changeaient n'importe quelle personne dépendant d'eux en animal domestique – même des paysans vietnamiens. Ils se sentaient rapidement responsables de leur bien-être, sentiment qu'éprouvaient aussi les administrateurs à l'égard des Moï. Les soldats n'avaient aucun a priori envers les Vietnamiens. Je demandai au sergent-chef s'il était vrai qu'ils n'avaient aucun sens de l'humour ; il fut frappé par une question si absurde. Comment réagiraient le commandant et son subordonné si on les mettait en demeure d'appliquer le paragraphe quatre de la proclamation militaire stipulant : « Tout quartier indigène situé à proximité d'un point où aura été commis un acte de sabotage important sera rasé » ? Je me le demande.

La situation à Binh-long-dong se présentait moins favorablement. Ce village se trouvait dans une zone de commandement toute différente. Les factions armées, nombreuses dans les parages, avaient été neutralisées par un chef partisan, une montagne humaine sans sourire, qu'on avait décoré de la croix de guerre et qui vivait dans une magnifique villa fortifiée, pleine de riz et de meubles d'une grande sobriété. Cependant, dans la salle de réception, le meuble principal n'était qu'un râtelier, adaptation intelligente d'un porte-parapluies auquel les invités accrochaient leur arme. La pièce était égayée de coûteuses fleurs artificielles, en tissu et papier, et l'on nous offrit du champagne et des biscuits sucrés. L'homme était un véritable phénomène, un archétype du pirate vietnamien devenu gouverneur, sorte de seigneur de la guerre chinois. On se demandait ce qui avait pu donner un tel paquet de muscles et d'os, créer cette personnalité féroce et résolue, en partant d'une base vietnamienne si frêle. Il était plutôt illettré et s'intéressait depuis peu aux acquisitions luxueuses, symboles de réussite, en installant des piliers de bois précieux dans sa maison, importés spécialement du Tonkin au prix de trois cents piastres chacun.

Environ la moitié des terres de cette communauté appartenait à de riches propriétaires qui avaient eu beaucoup de mal à encaisser les loyers. S'ils serraient trop la vis aux paysans, ils risquaient d'être kidnappés par le Viêt-minh qui les contraignait alors à suivre une période de « rééducation » et à payer une forte amende avant d'être relâchés. A présent, ils pouvaient engager les gardes du corps du chef-partisan spécialisés dans la protection des citoyens de haut rang et des entreprises. Mais ils réalisaient que ce n'était pas encore la bonne solution, puisque les fermiers avaient pris l'habitude de répondre à leurs exigences par un « Trop tard, j'ai déjà payé le Viêt-minh ».

Non loin de là, un autre racket avait été manigancé par un petit seigneur local, à bord d'un bac. Il se tenait là, près du rivage, dans son uniforme de lieutenant de l'armée de Bao Dai, avec des bottes jaune vif, prêt à recevoir une *malversation* (terme des plus descriptifs) pour accorder la priorité à tout véhicule ne souhaitant pas attendre son tour dans la file. Si aucune *concussion* n'était versée, on attendait dans les rangs, une heure peut-être ou même la moitié de la journée. Le village autour du bac était surmonté d'une quantité de miradors et ressemblait à une Sienne misérable. Des oiseaux roses en lieu et place d'étourneaux vivaient en société sur les toits. Tandis que nous attendions le bac, une patrouille de partisans passa, au complet, accompagnée des femmes. Plusieurs portaient des cages d'oiseaux et des fusils.

Dans ces villages tourmentés de Cochinchine, la pauvreté ne pouvait complètement étouffer un sens artistique immanent. Un arbre poussait dans le jardin d'un pêcheur. Les feuilles avaient toutes été enlevées et remplacées par de petits poissons argentés que le pêcheur, suivant son instinct, avait décidé de faire sécher de cette façon. Parfois, une lampe était plantée à l'extérieur d'une masure, gracieuse mais solide, telle une réplique de lampadaire londonien, un dragon aux écailles d'or enroulé au sommet. Le traditionnel plateau au bout d'un mât, portant les offrandes aux esprits errants et abandonnés, présentait la forme d'une pagode minuscule où la tasse de thé et les bâtons d'encens s'accompagnaient probablement d'un paquet de cigarettes. Partout sur les côtés de la route on trouvait des marchands qui prodiguaient autant de soin à l'assemblage des couleurs de la nourriture exhibée sur leurs étals qu'à la valeur gustative elle-même.

Au-dessus de tous ces villages, le ciel se colorait de cerfs-volants symboliques. Tels des barrages de dirigeables miniatures, ils étaient là, comme destinés à contrer les attaques surprises de fabuleux monstres aériens.

En Cochinchine, la zone d'occupation française n'a aucune forme précise et fixe. Elle ressemble à une pieuvre lançant ses tentacules un peu au hasard dans un vaste no man's land tracé de canaux, de rizières et de marais. A plus grande échelle, le pays est segmenté par les embouchures du Mékong et de grandes langues de terre en friche se jettent dans la mer. L'ennemi est partout ; il s'implante avec force, parfaitement organisé, dans l'une de ces immenses péninsules, et se divise en groupes de patrouilleurs qui agissent localement. Du haut des tours de défense, les troupes des garnisons de Bao Dai contrôlent les routes principales, mais seulement la journée. Le trafic s'arrête au coucher du soleil et ne recommence qu'à huit heures le matin.

Durant la nuit, les tours de défense déclarent aussi forfait et les gardes se tapissent tandis que les patrouilles viêt-minh passent leur chemin, recueillant les péages et les impôts, poussant leurs activités jusqu'aux banlieues de Saigon. Ils vont de compromis en arrangement : « Il faut bien que tout le monde vive. » Quelquefois, lorsque ces accords tacites sont rompus, le Viêt-minh survient en force et assiège quelque tour, prête ou non à tenir jusqu'à la dernière balle. Dans cette zone pacifiée, on peut dormir en ville sans problème, tant qu'on ne sort pas la nuit ; mais il ne faut pas rester dans les villages qu'il vaut mieux éviter, d'ailleurs même le jour. L'ennemi est également l'armée régulière viêt-minh, brillante et impitoyable dans ses tactiques de guérilla, mais mal armée ; elle est composée d'innombrables partisans qui s'occupent de façon respectable la journée et se transforment en guérilleros à la nuit tombée ; elle comprend de plus un fatras d'alliés douteux, de troupes religieuses qui acceptent les armes des Français pour vivre d'un semi-banditisme et qui sont prêtes à trahir et rejoindre le camp adverse le moment venu. Quant aux amis, ils sont probablement peu nombreux puisque la logique de guerre moderne exige la destruction du coupable et de l'innocent, des amis comme des ennemis. Pour commémorer la signature – un an plus tôt – du traité avec Bao Dai pour « l'indépendance » vietnamienne, les Français décrétèrent un jour de vacances et ordonnèrent, avec une maladresse plus teutonne que gauloise, des démonstrations spontanées de joie. La police s'en portait garante, les journaux seraient avertis et les drapeaux devaient flotter. Etait-ce l'influence de l'occupation allemande ? Ou est-ce que ce sont les circonstances et non la race qui font le nazisme ? Pour rester juste, il faut dire que les Français eux-mêmes, lisant les journaux, furent pour certains amusés, pour d'autres horrifiés. Le jour arrivé, les célébrations furent ignorées, les rues désertées, aucun drapeau ne fut déployé. Et la police ne fit rien.

La dernière nuit de mon séjour en Cochinchine, un ministre du gouvernement de Bao Dai donna un banquet. On ne m'avait pas averti de cette brillante occasion et je ne m'y étais donc pas préparé. Quand j'inspectai mes vêtements de rechange, je les trouvai recouverts d'une poussière jaunâtre, tout comme ceux que je portais. A mon grand désarroi, on m'assit dans cette tenue à la droite du gouverneur provincial, face au décolleté de l'épouse du colonel et proche d'une rangée d'officiers supérieurs en harnois magnifiques. Heureusement, les Français sont un peuple bienveillant, peu troublé par l'étiquette et la rigueur du protocole. De plus, la nature même du banquet représentait une entrave claire et nette aux lois de la bienséance. Toute tentative de comportement protocolaire était réduite à néant par la difficulté de manipuler la nourriture vietnamienne et, bien que certaines personnes pussent être quelque peu gênées, l'état-major du quartier général français de My-tho ainsi que les épouses profitaient joyeusement de ces ébats gastronomiques. Au reste, le Chef de Province savait sans aucun doute à qui il avait affaire lorsqu'il décida de fournir des baguettes et des bols à ses invités.

L'art culinaire, comme bien d'autres aspects de la culture vietnamienne, a été fortement influencé par la Chine. Comparée à la cuisine chinoise, la cuisine vietnamienne semble provinciale, éloignée de la diversité et de l'ingéniosité formidable des mets pékinois et cantonais. Quelques spécialités ont cependant été développées avec une vraie perspicacité diététique, dont la plus réputée, le *chà gio*, que l'on sert en entrée. Le *chà gio* est fait de petits rouleaux à la viande très épicés, qu'on transporte facilement avec des baguettes du plat jusqu'à l'assiette. Mais ce n'est qu'une opération préliminaire, laquelle est suivie de manipulations nombreuses et adroites. Quelques feuilles de divers légumes sont servies en accompagnement avec de petits oignons. On superpose les feuilles – et ce n'est pas facile – dans l'assiette puis on les garnit d'un oignon ; elles sont ainsi prêtes à recevoir le rouleau de viande. Vient ensuite l'opération requérant une habileté naturelle ou des années d'expérience puisque les feuilles doivent envelopper soigneusement le mince cylindre. Le *chà gio*, enfin prêt, est alors soulevé avec les baguettes et trempé dans un bol de *nuoc-mâm* dont, selon M. Houghton-Broderick, l'odeur ressemble à celle de l'urine du tigre. L'opération complète demande au néophyte plusieurs minutes et subit tous les contretemps qu'on peut imaginer. A cette occasion, les Européens abandonnèrent très vite la bataille, renonçant à toute dignité, se servant joyeusement avec les doigts. Un esprit de camaraderie s'instaura alors, une convivialité démocratique née de l'effort commun, des frustrations et d'un certain sens du ridicule.

En voyage, je m'efforce sincèrement de me libérer de tout préjugé concernant la nourriture. Dès lors, après quelques réticenses, je m'habituai rapidement au *nuoc-mâm* à propos duquel, depuis les premiers jésuites, grommelèrent sans répit de nombreux chroniqueurs en Indochine. Je sentais effectivement que je m'étais engagé dans une carrière de connaisseur et ce fut dans cet esprit que je complimentai le gouverneur sur le *nuoc-mâm* qu'on nous offrait, à la couleur pâle du miel, presque onctueux et d'une qualité évidente. Le *nuoc-mâm* est produit par la fermentation de jus tirés de couches de poissons pressés entre des plaques de sel. Le meilleur résultat, comme en viticulture, s'obtient dès la première pression. Avant de procéder à d'autres extractions moins naturelles, il y a trois, voire quatre pressions qui ont pour conséquence de réduire à chaque fois la qualité. Les premiers crus peuvent atteindre leur maturation comme le cognac, s'améliorant régulièrement avec l'âge. Le gouverneur m'apprit que le stock dont il avait hérité avait plus de cent ans. Toutes les émanations féroces d'ammoniaque étaient depuis longtemps éventées, il n'en restait guère plus qu'une vague bouffée rappelant l'odeur de la pourriture. Prenant un grain de riz cuit, le gouverneur le déposa sur la surface dorée du précieux liquide où il demeura, supporté par la tension – test infaillible de qualité, dit-il.

Après le *chà gio* suivit une profusion de délicatesses dont la fonction était sans doute d'éveiller la curiosité et l'admiration ainsi que de fournir un prétexte aux bavardages prolongés des convives plutôt que d'apaiser les grands appétits. Les

Vietnamiens picoraient en connaisseurs des poitrines de pigeon laqué, des tranches de crêtes de coq, de petits poissons diaphanes, tandis que les Européens se bâfraient de façon barbare, illustrant de leurs baguettes, par de grands gestes, et en hommes de métier, les parodies de sièges et de destructions. Le gouverneur avait reçu un magnifique briquet, un engin complexe qui suscitait l'admiration en produisant des flammes surprenantes. Je ne me souviens plus comment cela fonctionnait, mais ce n'était pas par friction. Pendant le repas, il n'arrivait pas à le ranger. Entre chaque plat, il le manipulait sans trêve tandis que ses invités se gavaient de viandes rares que lui-même touchait à peine. Je percevais une certaine dimension allégorique dans cette scène.

La nuit de mon retour à Saigon, je me rendis avec des amis vietnamiens pour la deuxième fois au théâtre. Ma première visite avait été un fiasco épouvantable, bien que cruellement drôle à sa façon ; tentative pathétique de reproduire une sorte de western musical, inspiré peut-être des compte-rendus d'*Oklahoma*. De belles femmes aux yeux bridés avaient joué la pièce, fragiles et fines, vêtues de pantalons, portant des chapeaux énormes et des revolvers à six coups, les joues lourdement fardées pour figurer l'abondance de l'Ouest. Les cowboys avaient coloré leur lèvre supérieure et leur menton d'un bleu vif pour suggérer une barbe drue à l'occidentale. Incapables de jouer de leurs guitares, ils poussaient des sons aigus, version orientale des airs folkloriques européens, que l'orchestre accompagnait d'un instrument vietnamien à cordes, ponctuant les vers de coups de cymbales vigoureux.

Cette deuxième expérience fut bien meilleure. La pièce traditionnelle mettait en scène la cour tragique d'un ambassadeur chinois auprès d'une impératrice médiévale du Viêt-nam, belle mais indifférente. Les costumes étaient les plus magnifiques et certainement les plus chers que j'aie jamais vus. Aucune rêverie symbolique du Cambodge ou du Laos dans ce spectacle et le jeu théâtral était convaincant. Quand, par exemple, l'ambassadeur et son rival, le chef mandarin, s'affrontèrent en duel, la bataille semblait réelle ; une brillante démonstration de jeux de sabres et non pas un pas de deux où chaque acteur donne, en alternance, un coup fracassant. On atteignit le point culminant quand, d'un revers puissant, le bras de l'ambassadeur fut tranché. Un flot de sang coula, l'ambassadeur en épongea une partie avec un mouchoir qu'il offrit tendrement à l'impératrice. Après quoi, soutenant son bras droit blessé de sa main gauche, l'ambassadeur joua énergiquement une scène de mort, pendant une demi-heure, expirant finalement, toujours debout, dans les bras de ses laquais. Un orchestre en surnombre, du haut d'un perchoir, accentuait les passages dramatiques en donnant des coups de cymbales.

Toute la compagnie exprima un désespoir extrême face au sort de l'ambassadeur. L'impératrice se jeta à terre et se livra à un mouvement giratoire frénétique. C'était le moment où le rideau devait tomber mais, malheureusement, il resta coincé à mi-chemin. L'orchestre joua un finale assourdissant, les hommes aux cymbales cognèrent comme si leur vie en dépendait, des roues humaines tournèrent ornées de plumes de paon, des panneaux de brocard volèrent dans toutes les directions. Puis, tous sautèrent sur leurs pieds comme un seul homme, l'ambassadeur tenant toujours son bras, et attrapèrent le bord du rideau, le tirant vers le bas. Ce fut un spectacle passionnant, plein d'entrain, caractéristique même, pensai-je, des traditions d'un peuple du Nord dont la culture n'aurait aucunement été contaminée par un contact prolongé avec le Sud.

Au cœur du Cambodge

La Land-Rover bondissait sur la route, vers l'ouest, en direction du Cambodge. C'était l'unique voie du pays d'une certaine importance qui fût ouverte la journée au trafic sans escorte. On l'avait pourtant fermée une quinzaine de jours avant notre départ à cause « des dégâts dus à la météo ». Nous foncions à travers un paysage doux et souriant, animé des silhouettes de Vietnamiens semblables à des poupées, de buffles couverts de boue qui traversaient la route sans se presser, baissant leur tête comme s'ils allaient charger au dernier moment. Depuis les ponts, des enfants pêchaient à la ligne tandis que les adultes se rassemblaient en groupes, cherchant à l'aveuglette des poissons, trempés jusqu'à la taille dans une boue liquide. Les cerfs-volants voltigeaient au-dessus des villages, tels des idéogrammes pâles dans un ciel profond. Sur des kilomètres s'étendaient des plantations d'hévéas désertes.

Le conducteur dit qu'il valait mieux ne pas s'arrêter entre les miradors. Sa méthode consistait à accélérer jusqu'à ce qu'il fût à deux cents mètres de l'un d'entre eux. Il ralentissait ensuite jusqu'à ce que nous le dépassions et que nous soyons à la même distance de l'autre côté. La confiance qu'il plaçait dans la protection de ces tours n'était peut-être pas complètement justifiée. Les journaux avaient publié récemment le compte rendu de l'attaque d'une voiture isolée, à l'arrière d'un convoi, par l'une des garnisons. Le conducteur y trouva la mort et une passagère eut le doigt presque arraché par un coup de dents alors qu'on tentait de lui voler sa bague. Nous rencontrâmes fréquemment sur la route des fossés creusés par des sympathisants viêt-minh qu'on avait ensuite comblés de terre fraîche. La succession de ces obstacles pris à pleine vitesse procurait une sensation de montagnes russes, même dans la Land-Rover. Bientôt nous dépassâmes la carcasse d'une voiture carbonisée d'où s'échappait encore un filet de fumée.

Le Cambodge! Le nom de ce pays évoque toujours dans mon imagination une musique percutante. Bien que les Vietnamiens aient usurpé les terres du Cambodge pendant des siècles, les signes d'une frontière physique existent véritablement. Nous arrivâmes à un fleuve imposant. Une rive appartenait à la Cochinchine – et avait autrefois appartenu au Cambodge – avec des Vietnamiens ordonnés et affairés, sa mosaïque de rizières et de plantations. De l'autre côté du fleuve s'étendait le Cambodge actuel. Ce fleuve avait dû être une vieille frontière de l'ancien Etat khmer car tout changeait brusquement, non seulement les gens mais aussi la flore et la faune. Une immense division culturelle; une séparation de continents. Sur une berge du fleuve poussaient des arbres ordinaires que les Vietnamiens, plus respectueux de la nature, auraient épargnés s'ils n'avaient été contraints à défricher la forêt pour faire place aux rizières et aux plantations. L'autre rive s'habillait de bosquets épars de cocotiers – les premiers que je voyais pendant ce voyage – et plus loin, on apercevait déjà des plaines desséchées, avant-goût des paysages de l'Inde.

Les bambous et les sous-bois avaient disparu et, avec eux, les papillons aux ailes noires des forêts vietnamiennes. Ici, seules quelques espèces brunes voletaient sur les prairies d'herbes blanches. De grands martins-pêcheurs bigarrés, ainsi que d'autres bleus et de toutes les tailles, peuplaient les mares jaunâtres et des fossés abandonnés. Il n'y avait pas de rizières. Des Cambodgiens flânaient avec indolence dans les rares villages formés de quelques misérables baraques, semblables à des huttes africaines. Dans l'un d'entre eux, des femmes au visage sale mais magnifique versaient de la terre pour colmater les trous les plus profonds de cette route impitoyable, tandis qu'un groupe de bonzes les regardait avec un détachement béat. Les pyjamas si coquets des Vietnamiens avaient fait place aux draperies tristes de l'Inde ; les hommes portaient une jupe terne, genre sarong, et la relevaient pour en faire un pantalon en passant la ceinture entre les jambes. Ils pouvaient aussi avoir une veste taillée dans un tissu défraîchi et un chiffon autour de la tête en guise de turban. Il était intéressant de constater que, avec toute la discipline qu'exigeaient les esprits, les Moï aborigènes – quand on les laissait en paix – s'habillaient le mieux du monde et vivaient dans les maisons les plus coquettes d'Indochine. Ensuite il y avait les Vietnamiens dans leurs vêtements de travail – on n'en voyait jamais en loques – et leurs habitations fleuries. Les plus débraillés étaient les descendants de la grande civilisation khmère qui, à l'évidence, ne se souciaient ni de leur façon de s'habiller ni de la médiocrité de leur habitat.

En tout état de cause, les Cambodgiens possédaient un avantage énorme sur leurs voisins. On ne voyait aucune plantation de ce côté-ci de la rive. Pour l'instant, le monstre capitaliste avait ainsi été écarté. Les Cambodgiens sont des bouddhistes pratiquants et chaque homme, dont le roi, doit passer une année de sa vie comme novice mendiant dans un monastère. La force de cette religion, la deuxième du monde, se fonde sur une tradition, un état d'esprit permanent, qui forge des fidèles sans aucune aptitude à exploiter ou à être exploité. Les Cambodgiens, comme les Birmans, les Laotiens et sans doute les autres peuples de l'Asie du Sud-Est, sont de leur propre chef pauvres mais suprêmement heureux. Dans ces pays riches et relativement sous-peuplés, il n'y a pas de lutte acharnée pour la survie, et il en émane une ambiance sereine, propice à la pratique de la foi paisible dans laquelle ces gens ont été élevés.

Le Vietnamien, dont le bouddhisme est dilué jusqu'à la limite de la non-existence, garde en son for intérieur le goût pour la compétition. Il respecte le travail pour le travail, et s'efforce de croître et de multiplier. Comme il travaille dur pour lui-même, on peut le faire travailler dur pour autrui ;

il devient donc une proie rêvée pour les exploiteurs. Au Cambodge, il y a peu de plantations, et elles sont gérées avec difficulté. Tandis que j'étais là-bas, il y eut même une importante révolte dans l'une d'elles. Cependant, le Cambodge, peu peuplé, n'a pas de prolétariat. Chaque homme a autant de terre qu'il peut en cultiver. Pour autant que je le sache, aucun Cambodgien n'a jamais été envoyé par bateau, à fond de cale, dans une île déserte des mers du Sud pour y finir sa vie.

Aiguillonnés par la crainte de ce que les Français appellent des « actes isolés de piraterie », nous atteignîmes en début d'après-midi Phnom-Penh, la capitale. On y arrive par une banlieue peu imposante : quelques kilomètres de cabanes au milieu d'arbres, dont la plupart vacillent doucement sur leur tronc. Il y a quelques pagodes qui arborent cette apparence éthérée et ces dorures clinquantes qui rappellent certaines expositions coloniales sur le thème de l'Extrême-Orient. Pour leur part, les nombreux cimetières de bonzes offrent des tombes presque aussi spectaculaires que celles du nord de l'Italie. Les chiens de l'Inde sévissent jusqu'ici, un par foyer ; une espèce laide et jaune à l'expression peu avenante, parfois dans un état de décrépitude avancé. Avec les cochons et quelques singes domestiques, ils profitent au mieux, dans leur errance le long des routes, de l'aversion bouddhiste à attenter à la vie. Par les portes ouvertes, on se rend compte que les maisons n'abritent aucun meuble, conformément à l'indifférence cambodgienne face à la propriété matérielle. Les occupants se lavent, s'habillent, mangent en public, et l'on peut observer des familles à demi nues, accroupies, dévorant un poisson splendide acquis pour presque rien à proximité de la rivière. Les déchets sont jetés par la fenêtre ou poussés à travers le plancher pour le plus grand bonheur des archéologues futurs. Chez ces gens, il n'y a rien de la rigidité et de la réserve vietnamiennes. Les Cambodgiens regardent hardiment tout ce qui les intéresse et rient à la moindre occasion.

Le centre de Phnom-Penh a bien sûr été envahi par les Chinois qui y ont donné libre cours à leur goût pour les enseignes lumineuses et ont ouvert plusieurs cinémas, trop de magasins de radio avec des haut-parleurs beuglant dans les entrées et un casino qui, depuis 1949, a la réputation d'avoir déjà ruiné la moitié des Cambodgiens de la capitale. Pourtant, ces Chinois ont été largement adoptés et passent pour de joyeux lurons élevés dans le pays et sont de loin préférés aux immigrants arrogants de Hong Kong qui règnent sur Saigon.

La question qui me préoccupait à Phnom-Penh était mon voyage au Laos. Je voulais toujours le faire par voie de terre, mais serait-ce possible depuis le Cambodge ? Il y avait une route qui suivait le cours du Mékong et que l'on supposait, à Saigon, impraticable par endroits. En temps normal, on pouvait remonter le fleuve lui-même qui, durant la saison des pluies, était navigable jusqu'à 2500 kilomètres de son embouchure et sur n'importe quelle embarcation. C'était maintenant la fin de la saison sèche, le niveau de l'eau était au plus bas. Et personne ne savait à Saigon si des bateaux remontaient encore le fleuve.

Mes premières enquêtes furent peu encourageantes. Je repérai de nombreux bateaux de rivière, certes très élégants ; des reliques pittoresques des débuts de la navigation à vapeur mouillant sur le ponton du palace du Roi. Mais aucun signe d'activité ! On ne polissait pas les cuivres, on ne sonnait pas les cloches, aucune preuve que les haussières verdâtres fussent jamais défaites, ou que les ancres fussent remontées au bout de leur chaînes rouillées. Les équipages dormaient ou étaient absents. Les bateaux semblaient figés là pour toujours, décor riverain derrière lequel se profilait la silhouette plate de la ville.

Malgré tout, une connaissance française m'informa qu'un bateau allait réellement partir. Il me désigna l'embarcation qui avait un œil peint à l'avant et qui mouillait aux côtés de la chaloupe royale. Une boucle de fumée s'échappait effectivement de la cheminée immense et noire. Je me précipitai sur la planche d'accostage et comme je demandai à voir le capitaine, on me conduisit vers un gentleman d'un certain âge, vêtu d'une robe chinoise à l'ancienne. Il était à moitié couché sur un banc, dans une salle que je pris pour le salon des passagers de première classe. A côté de lui, un pot de confiture renfermait un poisson rouge. Le capitaine le poussait distraitement du bout de son stylo tandis que nous parlions. Je demandai à ce marin vénérable quand le bateau allait partir et il répondit, en bon français, qu'il remonterait la rivière en une nuit. Cela m'était peu utile car il fallait une semaine pour atteindre le sud du Laos. Existait-il une correspondance avec d'autres services ? Aucune à sa connaissance, répondit aimablement le vieil homme.

— Et en ce qui concerne les pirates ? demandai-je. Les bateaux sont-ils souvent attaqués ?

La robe fut relevée pour accéder à une poche intérieure, et une balle fut exhibée allègrement afin que je l'inspecte. Elle avait été extraite du corps d'un des membres de l'équipage. Mais de telles attaques devenaient rares. Jusqu'à il y a un mois ou deux, il n'avait pas pu quitter son domaine et ce n'était que son deuxième voyage jusqu'à Phnom-Penh. Je compris enfin que le bateau était privé et j'appris plus tard qu'il appartenait à un célèbre millionnaire chinois.

Les chances de voyager par la route n'étaient guère plus nombreuses. L'Hôtel Royal affichait sur un tableau spécial des informations qui ressemblaient à des règlements militaires. Les consignes concernant les expéditions sur les diverses routes, le degré de précaution permettant aux véhicules de voyager – par deux et espacés de cent mètres – changeaient constamment. Chaque voiture devait transporter au moins trois passagers.

La situation empira lorsque Valas arriva par l'avion du soir et que nous nous rendîmes ensemble au Cercle. Il y fut accueilli par une mauvaise nouvelle. On avait abattu l'un de ses amis, avec qui il faisait des affaires, à deux kilomètres du centre de la ville. Quelques minutes plus tard, nous bûmes un verre avec un homme qui avait été capturé par un groupe de nationalistes issarak. Cet homme, un instituteur, avait été sauvé par son chauffeur sino-cambodgien qui avait convaincu les Issarak, après une discussion de plusieurs heures, que son maître observait les cinq vertus – témoin le fait qu'il acceptait les élèves pauvres sans paiement – et qu'il devait donc être épargné. Il fut ainsi retenu prisonnier, tandis que les Issarak faisaient des tours dans sa voiture jusqu'à ce qu'il n'y ait plus d'essence. Alors seulement ils le libérèrent, l'abandonnant avec son véhicule.

Le programme du lendemain comportait une visite organisée par les membres du centre local d'information, dépendant du général des Essars, commandant de l'armée française au Cambodge. Je pensai que si quelqu'un pouvait évaluer mes chances de rejoindre le Laos, c'était bien le général. Mes préoccupations pouvaient attendre le lendemain.

Phnom-Penh est l'une de ces villes chinoises artificielles dont l'éclat chaleureux réjouit le cœur des foules. Les Chinois ne s'intéressent pas aux villes de l'Asie du Sud-Est avant qu'elles n'atteignent une certaine densité de population et soient jugées suffisamment prospères. C'est alors qu'ils débarquent tel un vol d'oiseaux migrateurs, galvanisant la ville de leur vitalité de corbeaux. Les germes fragiles de la culture locale se dessèchent, il ne subsiste plus qu'une banlieue misérable et dégénérée autour d'un noyau dur et brillant, autosuffisant, et chinois. Valas et moi nous mîmes à la recherche d'un ballet cambodgien. A part la troupe privée du roi, il en avait existé une autre, du moins jusqu'en 1946, lorsque Valas vivait là. Nous trouvâmes une maison, mais elle était vide. Les voisins dirent que le corps de ballet s'était dissous. Il ne pouvait évidemment pas concurrencer des spectacles tels qu'*Arsenic et Vieilles Dentelles*, continuellement à l'affiche des cinémas chinois.

Madame Shum, elle, était toujours là, bien établie. Madame Shum est le fumoir d'opium le plus en vogue de Phnom-Penh, rebaptisé avec une certaine ironie *Salon de désintoxication*. Ce salon était une cabane de bambou immense, érigée au milieu d'arbres. De l'ouverture de ses fenêtres parvenait une lueur sépulcrale et dans cet environnement romantique, l'élite dissolue de Phnom-Penh se rassemblait la nuit autour du rituel convivial des fumeurs d'opium.

« Madame » nous reçut en personne. Elle affichait tout le calme exigé par sa position sociale. De toute évidence, il y avait un certain snobisme à rendre personnellement visite à la directrice de l'établissement. Cela pouvait se comparer au privilège de s'adresser à un maître d'hôtel par son prénom. La foule anonyme des clients était reçue par des subordonnés. Quant aux consommateurs prestigieux, ils se faisaient un point d'honneur à se rendre dans le local administratif afin de présenter leurs compliments à Madame. On nous servit dans la véranda des boulettes de qualité, tandis que Madame nous montrait le dernier portrait de son fils qui étudiait la médecine en France, et de sa fille, une très belle jeune femme de dix-sept ans, qui était au collège à Saigon. Elle mentionna que ses enfants avaient des pères français différents. Valas badinait avec aisance, comme l'exigeait la situation, faisant de chevaleresques avances à Madame tandis qu'il lui demandait la main de sa fille.

On allait chez Madame Shum, disait Valas, d'abord parce que c'était dans l'ordre des choses, puis parce qu'on y rencontrait toutes sortes de relations d'affaires et que l'endroit était propice aux contacts. Nous rencontrâmes en effet un homme qui pensa nous convaincre de lui acheter une voiture américaine. Il avait importé cette voiture en pensant à un client précis, un riche Chinois qui aurait dû sauter sur l'occasion puisque ce véhicule était le seul de ce genre en Indochine, et pourvu de tous les accessoires en chrome. Mais avant même de l'avoir vue, le Chinois avait posé toutes les questions essentielles. La voiture était-elle équipée d'une radio ? – Oui. L'ouverture électrique du toit se commandait-elle par un bouton ? – Oui. Des feux de stationnement et de croisement ? – Oui. Un klaxon à deux tons ? – Oui. L'air conditionné ? – Non, mais on pouvait l'installer. Au dernier moment, alors que notre homme pensait l'affaire dans le sac, le Chinois se présenta muni d'un mètre. Il était désolé, elle était trop petite ; quelques centimètres de moins qu'une Buick qu'on lui avait proposée. Voilà comment un Chinois provincial de Phnom-Penh, coupé de ses racines, de sa culture, s'était éloigné de l'authenticité et du raffinement pour sombrer dans les standards façonnés par la mode, le rutilant et la démesure.

Pour s'adapter à l'ambiance de Madame Shum, les clients devaient se déshabiller et revêtir un sarong. Au début, on se sentait plutôt ridicule et observé, tel un novice timide dans un camp de nudistes. Mais parmi ces officiers corpulents, ces chefs d'état-major, ces sous-secrétaires qui se rendaient sur le lieu de leurs plaisirs, le long des corridors qui craquaient, la gêne s'estompait rapidement. L'intimité ne semblait pas de mise. Le sarong témoignait d'un état intérieur spirituel et temporaire. Il fallait montrer sa détermination à s'intégrer, du moins durant les heures suivant le dîner, et l'on se devait de s'affaler sans façons sur le premier matelas libre.

Fumer est un acte fatiguant et a priori ennuyeux, à moins de persévérer. On m'avait averti qu'après six pipes, limite du supportable pour un débutant de la première heure, je pourrais m'attendre à être malade. Pourtant, la seule odeur des stalles imprégnées de fumée refroidie me suffit. Une autre habitude consistait à s'étendre sur une natte tandis qu'on grillait une boule d'opium sur une lampe à pétrole avant de la transférer dans le col de la pipe, longue de près d'un mètre. Ces rites préparatoires étaient accomplis par un groupe de jeunes femmes cambodgiennes, toutes fort laides. Madame s'excusa de leur apparence en disant que toutes les plus jolies avaient été enlevées par certains bandits récemment formés par l'armée patriotique. Valas fuma trois pipes et fut prêt à partir. Personne ne sembla pris de faiblesse, même pas les deux fonctionnaires ainsi que l'officier supérieur, couchés dans la même chambre, qui avaient fumé quinze pipes et qui prétendaient arriver à trente avant de partir. Hormis la camaraderie moutonnière d'une habitude partagée, rien dans leur comportement – je rencontrai l'officier à son poste – ne semblait anormal.

Valas soupçonnait que la qualité de l'opium ne fût pas la meilleure et demanda si c'était de la saleté de contrebande venue du Siam. On dut lui montrer l'emballage original marqué par le tampon du gouvernement pour le convaincre.

Valas ne trouva personne parmi les fumeurs d'opium qui voulût acheter la Land-Rover, mais il obtint du moins des nouvelles de la troupe de ballet dissoute. Les filles étaient parties travailler dans les dancings de *Lap ton*. Quittant le repaire sombre de madame Shum, nous prîmes la voiture et nous plongeâmes à nouveau dans la rumeur étourdissante et licencieuse du centre de Phnom-Penh. La découverte de l'amplification électrique dut être un événement particulier pour les Chinois qui ont toujours adoré le bruit. Ici, à Cholon, les foules avaient l'air exaltées, comme en transe. Des gendarmes aux carrefours réglaient la circulation à l'aide de fanions. Des haut-parleurs vociféraient le texte d'un comédien, ponctué de coups de cymbales. Des hommes aux visages figés, vêtus de soie flottante, inclinaient la tête sous le tonnerre des tambours célestes. Enfin, des chanteuses sanglotaient une mélopée quasi cosmique depuis les fenêtres surplombant les bons restaurants.

Quant aux endroits où vont danser les Cambodgiens, ils sont en retrait de toute cette furie. Nous trouvâmes une petite rue poussiéreuse, à l'écart, jonchée de détritus, hantée par quelques chiens jaunes et tristes. Le bruit d'un tambour nous parvint à travers une palissade défoncée derrière laquelle se trouvait une sorte de café-jardin. On pouvait y compter une douzaine de tables aux plateaux de marbre. Quelques jeunes filles cambodgiennes étaient assises derrière une scène, les mains sur les genoux. A l'avant, un homme orchestre battait du tambour devant un microphone. Une table ornée d'un bouquet de fleurs rouges et pulpeuses arrangées dans une boîte à lait condensé marquait le centre de la scène. L'endroit était illuminé de tubes néon pâles de type ancien. Des panneaux indiquaient les *consummations* obligatoires en français, chinois et vietnamien. Tous les clients étaient cambodgiens mais les Chinois dirigeant l'affaire ne se souciaient même pas de mettre un panneau dans leur langue. Les membres de la direction étaient d'ailleurs assis à une table à côté de la scène tournant le dos aux clients et faisant leurs comptes, tandis que les Cambodgiens sirotaient une limonade rouge sang et souriaient comme habités de visions hallucinatoires. Les Cambodgiens continuaient d'arriver sur leurs bicyclettes décorées de banderoles et de gadgets de toute sorte. Ils débarquaient probablement de ces cabanes aperçues dans la banlieue lors de notre arrivée. Ils avaient fière allure avec leur chemise de sport, leur cravate américaine et leurs cheveux gominés.

L'un des hommes de la direction frappa un petit gong et le tambour recommença. Un jeune Cambodgien au visage lunaire, poussé par ses amis, monta sur la scène et roucoula dans le micro une chanson de Tino Rossi intitulée *Gardian de Camargue*. Dès le premier vers, on lui remit une paire de maracas et, toujours en chantant, il les secouait sur un rythme impossible que le tambour s'efforçait de suivre. C'était maintenant les membres de l'ancien ballet cambodgien qui devaient entrer en action. Si l'une d'entre elles captait le regard d'un client, elle se levait et quittait la scène pour se diriger vers l'élu en joignant les mains comme pour une prière, exécutant une révérence, le visage solennel. Le jeune homme la suivait alors jusqu'à la scène et l'accompagnait dans une danse processionnelle autour de la table centrale ornée des fleurs dans la fameuse boîte de lait condensé. Les couples se tenaient espacés, leurs mains et leurs bras formaient des figures suivant les gestes rituels du *Ramayana* et leurs pieds suivaient de leur mieux un rythme hésitant entre le fox-trot, la rumba ou la biguine. On ne payait rien pour danser. Tout était inclus dans le prix de la bière.

Les visages des danseuses arboraient les expressions glaciales qu'imposait la tradition puisque, dans les danses classiques, les émotions sont interprétées par un répertoire de positions et de gestes. Les partenaires ne semblaient pas respecter cette discipline de cour et ne craignaient pas de montrer qu'ils s'amusaient beaucoup. Lorsqu'une danseuse estimait que son client avait dansé pour son argent, elle se tournait simplement vers son partenaire et s'inclinait devant lui. Le couple se séparait alors sans échanger le moindre regard. Cette danse avait été récemment importée du Siam et fixait, en quelque sorte, les gestes des rois du Cambodge, avant qu'ils ne sombrent dans l'oubli.

Valas me désigna la danseuse étoile du bon vieux temps dont il se souvenait. Ce n'était pas la plus belle fille de la troupe. L'extraordinaire effet de masque de ses traits était souligné de façon grotesque par une tache rouge de la taille d'une pièce de cinq *shillings*, laissée par la pose d'une ventouse au milieu du front. Malgré tout, elle exhibait la souplesse impressionnante d'une fille qui a passé la moitié de sa courte vie à contorsionner son corps dans les étranges moules rythmiques destinés à représenter les serpents fabuleux, les oiseaux et les singes du *Ramayana*. Pendant l'entracte d'une demi-heure qui suivit la conspiration plaintive du tambour et du chanteur de charme, les danseuses quittèrent la scène. Valas lança une œillade à la prima-ballerina qui descendit vers nous, ondulant entre les tables comme un cobra charmé. Alors qu'elle s'asseyait, on perçut le tintement étouffé de bijoux invisibles. Elle se débarrassa de son châle de soie avec un geste du bras rappelant celui d'un noyé dans un lac maudit. Dommage que nous ne parlions pas le cambodgien car la dame ne connaissait que deux mots français : « soupe chinoise ». La soupe fut servie et la conversation se retrouva dans une impasse. La langue universelle de l'art nous vint pourtant en aide. Le visage figé se détendit dans une esquisse de sourire anxieux. Un pont se construisait qui mettrait en échec les barrières de la langue. Sita, la bien-aimée de Rama, ouvrit son sac à main en plastique et chercha une photographie qu'elle nous montra. C'était une photographie indécente, du genre Port Saïd et datant des années 1925.

Nous terminâmes la soirée par une visite à une boîte de nuit qui s'appelait, je crois, « Le Floride », ou quelque chose d'aussi ridicule. Valas avait enduré quelques peines de cœur durant plusieurs années à cause d'une hôtesse vietnamienne surnommée « La Panthère ». Il lui offrit une somme considérable pour qu'elle vienne s'asseoir à notre table une petite demi-heure. Elle était immaculée, royale, et un peu revêche. Ils se disputèrent bientôt sur la provenance des bijoux qu'elle portait, et l'ambiance s'alourdit de récriminations ravalées.

« Le Floride » méritait malgré tout une visite pour y observer les clients. On me désigna une Française en sarong qui avait épousé un prince cambodgien et qui s'était tant assimilée aux indigènes qu'elle refusait de parler autre chose que le cambodgien. Il y avait un millionnaire chinois de soixante-dix ans, petit bonhomme grave qui venait là chaque soir pour danser la rumba avec la même partenaire sculpturale et professionnelle. On y trouvait aussi deux représentants distingués de familles cambodgiennes portant des noms portugais, les descendants de deux compagnons de mer de Fernao Mendes Pinto, abandonnés sur place alors que ce dernier s'échappa du pays, fuyant sa situation d'esclave. Le propriétaire d'une petite équipe de cyclos était également venu ici pour se détendre. Il gagnait l'équivalent de mille livres par mois grâce à une centaine de coolies qui travaillaient pour lui. Il pouvait donc passer dix mois par an à Paris. Je compris dès lors qu'un homme possédant son propre cyclo pouvait vivre confortablement. Une enquête plus approfondie me révéla cependant que cela n'était plus possible car seuls les Européens ayant de nombreux appuis pouvaient obtenir des permis strictement limités. De toute façon, peu importait ce que gagnaient les coolies, disait Valas, ils le jouaient systématiquement ; et la seule différence était que l'argent était gaspillé par un seul homme au lieu de cent.

La capitale du roi Norodom

Le lendemain matin, je rencontrai le général qui commandait les troupes françaises au Cambodge, un dénommé des Essars. Comme toutes les personnalités officielles à qui je rendis visite dans ce pays, il semblait être un bon vivant et n'avait pas l'air trop préoccupé par les difficultés absurdes de sa tâche militaire.

Un quotidien londonien voulut savoir si, au cas où les Français se verraient obligés de quitter l'Indochine, le Viêtnam, le Cambodge et le Laos pouvaient se concerter pour former une barrière efficace contre ce qu'on appelait la marche vers le sud du communisme. En langage simple, cela signifiait : « Est-ce que ces trois pays étaient capables de lutter contre l'invasion des communistes chinois ? » Le général répondit qu'il ne désirait pas qu'on cite son opinion sur un tel sujet et qu'il se contenterait de fournir quelques chiffres pour donner une idée sur le potentiel militaire du Cambodge.

L'armée régulière était formée de trois bataillons comprenant 2500 hommes. Et le général cita Wellington qui disait ne pas savoir si cette troupe effrayerait l'ennemi, mais, mon Dieu, elle l'effrayait lui. Il se disait inquiet à l'idée de leur procurer des armes modernes car dès qu'ils auraient quoi que ce fût de valeur entre les mains, ils partiraient – *ils foutraient le camp*. Il y avait aussi une école d'officiers comptant douze étudiants et une troupe de police armée d'une mitraillette et de deux fusils. En gros, le général était conscient que ce n'était pas fameux. Mais voilà, que pouvait-on espérer dans un pays où chaque homme avait passé une année dans un monastère, où l'on apprenait que le « Tu ne tueras point » devait être pris au pied de la lettre ?

— Ils se défendent – parfois, disait le général. Mais c'est tout ce qu'on peut dire d'eux.

Il y avait également le revers de la médaille : le Viêt-minh tenait fermement la côte, de la frontière du Siam à la Cochinchine. De plus, cinq bandes de nationalistes issarak sévissaient, toutes bien armées de fœtus portés en amulette et d'armes automatiques. On avait bien une paix relative autour de la capitale depuis qu'une sixième bande, celle de Dap Chhuon, s'était rendue, et que Dap Chhuon lui-même avait été nommé gouverneur de la province de Siem-Reap. Je me rappelai avoir vu des photographies de propagande à Saigon concernant la cérémonie qui consacra sa reddition. Cela avait été une belle mise en scène d'un acte de loyauté. Dap Chhuon, mince et robuste, avec le visage creusé d'un ascète, s'agenouilla devant le roi qui, habillé je crois d'un uniforme d'amiral français et souriant comme un Boddhisatva, se penchait pour lui rendre sa carabine. Toute l'histoire était résumée sur ces photos. Paradoxalement, si quelqu'un commettait un seul meurtre, il se retrouvait pieds et poings liés, jeté dans un trou noir dans le sol où il pourrissait. Si, au contraire, il perpétrait des massacres en série, qu'il se proclamait Issarak et parvenait à sauver sa peau pendant un an ou deux, alors il devenait moins onéreux pour le roi de le racheter, de faire la paix avec lui et de le nommer gouverneur de province. Quoi qu'il en soit, avec Dap Chhuon et ses trois cent cinquante hommes pour maintenir l'ordre, les touristes pouvaient revenir – pour la première fois depuis plusieurs années – pour admirer les ruines d'Angkor Vat.

Mais le général serrait les lèvres et hochait la tête en parlant de l'avenir. Des éléments nouveaux, assez imprévus, étaient survenus. Il fallait craindre après tout que Dap Chhuon ne fût pas le bandit convenable et franc sur qui l'on pouvait compter. Soit qu'il n'eût jamais fait partie de la vieille école des *Thugs* mangeurs de foies de tigre, soit qu'on l'eût corrompu d'une façon mystérieuse. Maintenant, on le suspectait en effet d'être devenu communiste. Les dernières rumeurs le concernant disaient qu'il avait placé un de ses hommes dans chaque village afin de présenter aux notables une liste des réformes à appliquer. Voilà où en étaient à présent les affaires. En plus des tracas que causait le Viêt-minh, la population, qui s'était contentée jusqu'alors de voler des porcs et du riz, se laissait maintenant aller à des fadaises guerrières. Le général se demandait combien de temps passerait avant qu'il ne soit obligé d'envoyer des avions pour Siem-Reap.

En clair, ce rapport sur la situation militaire au Cambodge signifiait la fin de mes espoirs de voyager par voie terrestre jusqu'au Laos. Des cinq bandes d'Issarak encore actives, celle qu'on supposait contrôlée par le Viêt-minh opérait sur la frontière du Cambodge et du Laos. Il s'agissait de la même qu'on avait repérée dans le voisinage de Stung Treng, lorsque j'avais essayé de joindre le Laos par l'Annam central. Ils avaient des véhicules, disait le général, étaient bien armés et très mobiles. Chaque fois qu'il envoyait des avions vers les points où on les avait repérés, il arrivait toujours trop tard. Les opérations terrestres s'avéraient souvent inutiles car les soldats qui se battaient avaient l'habitude d'être bien traités et, d'une façon générale, nourris régulièrement, tandis que les bandits ne s'inquiétaient pas de leur confort. Alors que nous traînions nos bagages derrière nous, ils se glissaient dans les montagnes ou dans un quelconque marais monstrueux. Et voilà !

Le peu de confiance du général des Essars dans la capacité du Cambodge à tenir ses positions n'était sûrement pas partagé par son premier ministre, S.E. Yem Sambaur, que je rencontrai par la suite. Même si l'accumulation de richesses est considérée comme un manque d'éducation dans le Cambodge post-khmer, il y a quand même quelques grandes fortunes et une certaine ostentation parmi les Cambodgiens. Le chef de l'Etat, sous le roi, vivait dans une villa de six pièces, meublée à l'européenne, d'un goût sobre rarement égalé par les Occidentaux tentant d'imiter l'Extrême-Orient. Je fus surpris de découvrir que, bien qu'on lui donnât la quarantaine, Son Excellence ressemblait plutôt à un étudiant insouciant de vingt ans. Cette jeunesse d'esprit extraordinaire était une chose que je remarquai continuellement chez les gens du Cambodge et du Laos. Mon impression était en complet désaccord avec le voyageur chinois Zhou Daguan du 13e siècle qui écrivit un rapport unique sur les Khmers alors qu'ils étaient à l'apogée de leur puissance. Zhou trouvait que les Cambodgiens de l'époque – à mon avis cela n'avait guère changé – vieillissaient rapidement. Une femme cambodgienne de vingt ou trente ans en paraissait quarante ou cinquante. C'est si peu le cas aujourd'hui qu'on se demande si le lourd fardeau de la gloire, les guerres continuelles et les tâches imposées par les rois divins n'avaient pas fatigué le corps et miné l'esprit des Khmers. Leurs descendants sont maintenant sans souci et se portent à merveille.

Yem Sambaur avait le visage mat et l'expression d'un faon. Il riait sans cesse, surtout quant il décrivait les atrocités que commettait la Légion étrangère française dans les villages cambodgiens. Je trouvai surprenant que le premier ministre s'exprimât aussi librement sur des affaires politiques devant un parfait étranger. Il était encore plus bizarre que le très officiel Bureau d'information français ait arrangé la visite. Tout cela était bien cambodgien ; la bonne humeur inébranlable de Sambaur avec celle du Français. Celui-ci avait vécu plusieurs années au Cambodge, disait-il, et ne le quitterait jamais, dans la mesure du possible. Il devenait littéralement cambodgien et aurait pu se mêler sans peine au groupe serein des fonctionnaires que je croisai plus tard au palais, sans qu'on le remarquât.

Son Excellence, s'adressant continuellement à moi au travers de Monsieur le Directeur, parlait très sérieusement des relations avec les Français, bien que ses remarques acérées n'influençassent point son expression séraphique. Les Cambodgiens avaient refusé de signer l'arrangement selon lequel le Cambodge devenait « indépendant au sein de l'Union française » à cause de plusieurs clauses tout à fait inacceptables.

Le fait que Bao Dai, l'empereur du Viêt-nam, ait signé n'y changeait rien. Le premier obstacle sérieux résidait dans le fait que les minorités du Cambodge, dont les Français et bien sûr les Chinois, ne pouvaient comparaître devant les cours cambodgiennes, ce qui constituait une insulte au code légal reconnu comme l'un des plus humains au monde. La seconde objection était que les troupes françaises pouvaient opérer en terre cambodgienne.

— Nous pouvons nous occuper des Issarak sans l'aide française, disait le premier ministre. Si le pays était vraiment indépendant, il n'y aurait pas d'Issarak. Ils n'auraient pas de raison d'être là.

En fait, sur un simple rapport de l'aviation française sur des mouvements d'Issarak, les Français bombardaient les villages cambodgiens, les rasant complètement. Ou alors la Légion étrangère française pénétrait les villages et massacrait les villageois, hommes, femmes et enfants. Je demandai si Son Excellence se référait à des incidents isolés, et toujours en souriant candidement il me répondit que des cas de ce genre lui étaient rapportés chaque jour.

— En conséquence, disait-il, les gens de la campagne se tournent vers le communisme.

Le communisme, pensait Yem Sambaur, ne convenait absolument pas au peuple cambodgien ; un pays sans industrie, sans prolétariat urbain, ne comptant que quelques riches propriétaires terriens. Pourtant, le communisme était maintenant présenté à la population comme une planche de salut. Voilà pourquoi existait le phénomène des chefs issarak cambodgiens établissant des relations avec les Vietnamiens détestés - chose absolument sans précédent. La meilleure façon de convertir un villageois au communisme était de brûler sa maison et de tuer un ou plusieurs membres de sa famille. On détruisait ainsi les conditions permettant à l'individu de mener une vie tranquille et respectable. Quand on coupe les liens qui existent entre un homme et l'ordre régnant, il devient naturellement un bandit, et si on le persuade que les communistes combattent plus férocement encore ses ennemis, eh bien, il deviendra aussi communiste. Voilà comment les bandes d'Issarak se développent et pourquoi elles sont tout à fait prêtes à accueillir des commissaires politiques si le Viêt-minh le suggère.

— Mais, bien sûr, disait Son Excellence, toujours en souriant, la transition au communisme est moins difficile pour un Asiatique, même pour les membres des classes privilégiées. Peut-être que nous avons moins à perdre. En tous les cas, cette idée ne nous affole pas. A certains moments on sent qu'il vaudrait mieux être un peu plus pauvre, si en même temps on est un peu plus libre.

L'architecture occidentale a toujours été influencée par le *kolossal*. Les villes sont dominées par des dômes, des tours ou des tourelles, tous actes de foi ou des monuments à la Peur. Les flèches des cathédrales gothiques s'élevant abruptement au-dessus des toits d'une ville médiévale sont visibles dans certains cas d'une telle distance que les bâtiments avoisinants sont cachés par la courbe de la terre.

En Asie du Sud-Est, les motivations qui ont conduit à ce genre de constructions en Europe sont absentes et on ne les rencontre que dans les temples et les mausolées en ruines d'Angkor. A l'exception des constructions des quartiers européens, tous les bâtiments ne comportent qu'un seul étage, puisqu'il existe une croyance ancienne qui interdit de se retrouver au-dessus de la tête de quelqu'un. Cette loi est observée si scrupuleusement au Cambodge qu'il est illégal pour un prisonnier enchaîné d'être logé même temporairement sous le plancher surélevé d'une maison traditionnelle.

Ainsi, le palais royal de Phnom-Penh n'est constitué que d'un étage et dissimulé par d'autres bâtiments, sauf du côté de la rivière. Son architecture est celle d'une pagode et si l'aspect rutilant de sa dorure pouvait être atténué, il deviendrait peut-être, près du lac, un ornement discret et charmant. On a tellement vu ce genre de constructions dans les expositions coloniales qu'on en est venu à les associer au provisoire et même à suspecter qu'elles soient livrées en kit avec instructions pour le montage. Je ne fus pas surpris d'apprendre que le bâtiment avait été construit par les Français après que le Cambodge fut devenu un protectorat. Mais même les pagodes les plus importants et anciennes de Luang Prabang ne valent guère mieux comme constructions, bien que leur décoration soit d'une qualité supérieure.

Derrière le haut mur qui lui faisait écran, le palais était constitué de plusieurs bâtiments séparés. On pouvait tous les visiter accompagné d'un guide sauf ceux qui abritaient les appartements privés. Dans cette grappe d'édifices laqués comme des petites boîtes, dont les toits se retournaient comme s'ils avaient été brûlés par le soleil, un bâtiment de pierres présentait une solidité incongrue. C'était la maison offerte par Napoléon III à la reine Eugénie et qui fut ensuite démontée et envoyée ici comme cadeau au monarque cambodgien de l'époque. Elle ressemblait à un bureau administratif, impersonnel et prosaïque, sur un site d'exposition, écrasé entre lattes et plâtres qui après quelques mois seraient enlevés et nettoyés. La présence de cet intrus européen fournissait des indices sur le contenu des pavillons eux-mêmes.

Ils constituaient une véritable exposition couvrant les deux derniers siècles de l'histoire monarchique du Cambodge. Certains d'entre eux étaient étrangement révélateurs. Le seul bâtiment qu'on pouvait qualifier d'impressionnant était la pagode d'Argent, mais elle impressionnait surtout par son aspect curieux. Ici, pour la première fois, on se trouvait face à l'Orient des récits de voyageurs ; prodigieux, fastueux et gaspilleur. Si les rois du Cambodge n'avaient jamais ressenti le besoin de construire un Escorial ou un Caserta, ils avaient néanmoins pavé la pagode de 5000 blocs d'argent massif, et bien que l'effet esthétique ne fût guère plus sophistiqué que celui du plancher rutilant d'un cuirassé, c'était un beau gaspillage de métal précieux.

La pagode d'Argent devait abriter le trésor royal, constitué principalement d'une immense collection de bouddhas d'or, de jade et d'autres métaux précieux ; certains portaient des diamants sertis sur le front. Chaque fois qu'apparaissait un bouddha en or massif, le guide qui trottinait derrière nous citait irrévocablement le poids exact de métal coulé. Sous les rangées de bouddhas aux sourires placides, ironiques et même hautains, se trouvaient les comptoirs de prêteurs sur gage. Derrière un verre sale et rayé, on avait rassemblé les cadeaux des potentats étrangers de jadis, comme pour une inspection, avec ce qui ne paraissait être qu'un immense bric-à-brac familial.

On pouvait méditer sur des montres-bijoux immenses dont le mécanisme était d'une ingéniosité fantaisiste et déplacée ; sur des compositions victoriennes de fleurs de cire, de fruits et de coquillages sous des cloches de verre ; sur un bouddha miniature serti de diamants, d'une valeur approximative de dix mille livres, installé de façon inconfortable contre une brosse à cheveux en écailles de tortue ; sur des reliquaires cloisonnés et d'or battu ; sur un gratte-dos en ivoire, sur d'autres bouddhas ornés ; sur des œufs en porcelaine supposés inciter les poules à pondre ; sur une guirlande d'arbre de Noël et sur des boules argentées. On imaginait la reine, ou peut-être une succession de reines, faire un nettoyage complet des placards et partir vers la pagode d'Argent avec toutes les choses inutiles mais précieuses qu'il fallait bien mettre quelque part. Les photographies de famille étaient peut-être la partie la plus intéressante de ce trésor bigarré. On y voyait les rois et leur épouses en couleur sépia, les yeux fixes et la pose rigide dans des habits européens lacés juste pour l'occasion. Parmi ces prises de vue, une scène sans cérémonie et audacieuse, probablement due à un des courtisans, représentait le roi Sisowath valsant avec une dame très âgée. Et quelquefois, peut-être sous l'influence d'Edouard VII, le monarque du Cambodge se montrait en knickerbockers, habit pour le moins étrange pour un potentat oriental qui possédait, du moins on le suppose, plusieurs femmes.

Je me souviens mal du contenu des autres pagodes, mais au Musée de cire, deux choses m'ont frappé. La première est que les Français avaient envoyé au monarque régnant, avec un doux cynisme lorsqu'ils prirent le contrôle du pays, une statue de ce roi... mais c'était en réalité une statue de Napoléon III, décapitée, à laquelle on avait fixé la tête du monarque cambodgien grossièrement sculptée d'après portrait. La seconde chose qui m'impressionna était l'extraordinaire variété des insignes de la royauté, qui changeaient de style selon les circonstances. Il y avait ainsi un assortiment de couronnes, dont le nombre d'étages variait selon que Sa Majesté montât à dos d'éléphant ou à cheval ou qu'elle fût portée dans un palanquin. On avait récemment ajouté une forme nouvelle de coiffe adaptée à la voiture. Pour de telles sorties en public, le monarque portait un chapeau melon décoré d'une cocarde de diamants.

Je vis rapidement que l'enthousiaste M. Salis du Bureau de l'information, organisateur de cette visite, ne serait pas satisfait tant qu'il n'aurait pas obtenu pour moi une audience avec le roi. Comme il semblait être en très bons termes avec tout le palais, en homme qui appréciait les Cambodgiens et qui était lui-même également apprécié, j'étais presque sûr qu'il réussirait. Pourtant comme rien de définitif n'avait été organisé d'ici à ce que nous quittions le palais, je partis faire une promenade, espérant trouver une tente où l'on vendait des masques de théâtre que j'avais vus depuis la voiture la nuit précédente.

Je trouvai des similitudes entre les expériences de l'explorateur Mouhot et les miennes – ou du moins le début de ses expériences – lorsqu'il interviewa le roi du Cambodge en 1859. Mouhot venait d'arriver dans la capitale et ses bagages ne l'avaient pas suivi. Bien que fatigué et sali par le voyage, il fut convoqué par le roi. Je cite son histoire : « J'objectai que je ne pouvais me rendre auprès du roi en costume de voyage. « Oh cela ne fait rien, le roi n'a pas de costume du tout, et il sera enchanté de vous voir ». »

Lorsque, après une heure de poursuite dans Phnom-Penh, M. Salis me retrouva finalement, m'annonçant que l'interview était arrangée, il employa pratiquement les mêmes termes. La température était d'environ quarante degrés à l'ombre, je portais des shorts et j'étais couvert de poussière et de transpiration, mais cela ne faisait rien, disait Salis. Les gens au palais étaient tous *des braves gens* et ne s'attendaient guère à ce qu'un voyageur eût une apparence particulièrement soignée. Nous nous y présentâmes de suite.

Dans le compte rendu de Mouhot, l'ancêtre du roi actuel est plutôt représenté comme une de ces figures du répertoire comique dont fait partie entre autres le chef africain. « *Good brandy* », me dit le roi en anglais, les seuls mots de cette langue qu'il connût. (...) Le roi me fit alors admirer ses meubles d'Europe : des tables d'acajou couvertes de vases en porcelaine, des fleurs sous cylindres et d'autres ornements d'un goût vulgaire. Il me fit surtout remarquer deux vieilles glaces entourées de cadres dorés, un divan et des choses semblables. « Je commence seulement, dit-il ; dans quelques années mon palais sera beau. »

Le roi actuel me sembla d'un calibre bien différent.

Salis m'accompagnant, nous prîmes l'escalier menant vers l'antichambre de la pièce d'audience et il me présenta alors aux membres de l'état-major royal. A peine avions-nous échangé quelques poignées de main que le roi apparut dans l'encadrement de la porte sur notre droite. Il arborait le même sourire que sur les photographies officielles, un sourire bien moins complaisant que celui des bouddhas de la pagode d'Argent. Le roi nous serra la main vigoureusement puis nous entrâmes ensemble dans la salle d'audience et nous installâmes sur un divan.

Le roi Norodom du Cambodge assume les pouvoirs temporel et spirituel, et il incarne le possesseur, en dernier lieu, de la terre cambodgienne – qu'il distribue pourtant gratuitement sur demande ou pétition à ceux qui désirent la cultiver ; de plus, il est l'héritier de tous ceux qui meurent intestats. Lui seul à droit au parasol à six étages et, comme demi-dieu, il est au-dessus des lois ; ses privilèges incluent le droit au mariage incestueux avec une tante ou une demi-sœur. En retour de ces prérogatives, il garantit le maintien des nombreuses cérémonies anciennes encore en usage depuis les temps d'Angkor, comme les ablutions des idoles brahmaniques qui assurent le bien-être et la prospérité de son peuple. N'ayant aucune dette, et étant libre de tout crime et exempt de tare corporelle, il reçut la permission de passer son année traditionnellement due à la religion comme novice mendiant dans un monastère bouddhiste. Mes interviews précédentes de têtes couronnées étaient celles de princes arabes. En comparaison, la visite au roi du Cambodge, dénuée de tout formalisme, avait la simplicité d'une rencontre de bar. La splendeur vestimentaire du passé était réduite à l'impeccable complet de flanelle bien coupé.

Norodom, âgé de trente ans alors qu'il en paraissait vingt, passait chez certains Français pour être le plus intelligent des Cambodgiens. Il était étonnant de voir avec quelle aisance il écartait le protocole pour donner une conférence pertinente d'une demi-heure sur la politique cambodgienne. C'était un peu la même version que celle de Yem Sambaur, mais dans des termes moins directs. Les massacres sanglants évoqués par Sambaur devenaient « des incidents violents ». Il était difficile d'associer les manières douces du roi aux mots durs et intransigeants tels que « meurtre ». La thèse du roi, qu'il répétait sans cesse, soutenait que les Français étaient toujours en retard sur l'actualité. « Ils ne marchent pas à la tête des événements ; ils se laissent dépasser par le temps. » En tant que roi du Cambodge et gentleman bouddhiste, il donnait sa parole que les intérêts commerciaux français seraient sauvegardés, si seulement ces derniers voulaient bien partir – comme les Anglais l'avaient fait en Inde. La France avait manqué à ses engagements comme puissance protectrice quand elle autorisa les Japonais à envahir le pays, sans qu'on leur oppose de résistance. Les anciens traités devenaient dès lors caduques et à l'avenir le Cambodge préférait se protéger lui-même. L'expression « l'œuvre civilisatrice de la France » était une insulte à l'ancienne culture, surtout quand les paysans cambodgiens, les neuf dixièmes de la population, jugeaient de cette tâche civilisatrice au comportement de la Légion étrangère.

Quand l'interview eut duré un temps raisonnable, il y eut un certain malaise. La conversation traînait et le sourire du roi se figea quelque peu. Le temps était venu pour moi de me retirer mais j'attendais que le roi indiqua, en se levant, la fin de l'interview. Mais il devint évident que sa politesse innée l'emportait sur le protocole. J'en conclus que si je n'étais pas le premier à faire un geste, nous serions tous les deux condamnés à rester là indéfiniment, échangeant des sourires douloureux et essayant de trouver quelque chose à dire. Je me levai. Je suis sûr que Sa Majesté m'en fut reconnaissante.

Ce soir-là, le dernier passé à Phnom-Penh, j'eus une chance extraordinaire. Durant mes voyages, j'avais commencé à accepter avec résignation les contretemps de toute sorte. Le théâtre était fermé, la coutume abolie, le service interrompu, la route coupée par des bandits, le tigre invisible, la saison juste terminée – ou pas encore commencée. Mais à Phnom-Penh, j'avais de la chance. Je sortis de l'hôtel vers cinq heures du soir et me retrouvai au cœur de la célébration chinoise la plus impétueuse – la procession des Vingt-Cinq Esprits. La police avait fait de son mieux pour l'empêcher, mais elle se déchaînait maintenant, constituant un bon exemple de l'idée médiévale chinoise qui consiste à s'amuser jusqu'aux limites qu'imposent les circonstances.

Dans ces divertissements chinois, on trouve une vigueur toute nordique assez incongrue sous les tropiques langoureuses et débilitantes. La présence d'un siècle ou deux dans le Sud profond n'a ni calmé le tempérament chinois, ni développé son goût pour les affectations tranquilles de l'Indonésie. Quand les Chinois dansent, ils sautent et tourbillonnent, spectacle que j'avais déjà observé aux *comparsas* de mardi gras de La Havane. La population chinoise désirait participer et les gens apparaissaient soudain dans les rues munis de dragons. Leurs efforts auraient même étonné les noirs de Cuba aux yeux injectés de sang. Partout où résident des communautés chinoises, les célébrations comme celle des Vingt-Cinq Esprits sont écartées car elles paralysent toute vie tant qu'elles durent et produisent une exaltation qui parfois dégénère en émeute. La police avait dû intervenir pour empêcher la procession de

Phnom-Penh durant le Nouvel An chinois. Elle avait lieu maintenant, deux semaines plus tard.

Vers cinq heures les non-Chinois avaient abandonné toute velléité de travail et s'étaient résignés à un jour de vacances. Les voitures furent enlevées des rues et l'on ferma les boutiques, tandis qu'on portait les vingt-cinq esprits, incarnés en hommes ou femmes, autour de la ville, dans des palanquins, sur des trônes ou des estrades, accompagnés d'un autel et d'un objet de culte provenant des diverses pagodes. Chaque esprit était précédé d'un dragon, d'une cohue de porteurs d'étendards, d'une horde d'assistants faisant un tapage infernal avec des tambours et des gongs. Les esprits eux-mêmes ressemblaient aux pirates chinois d'autrefois, jusqu'à leur écharpe nouée sur le front. Ils hurlaient, faisaient tourner des sabres et écumaient. Parfois, un esprit particulièrement énergique sautait, s'envolait de sa plate-forme ou de son trône, saisissait un spectateur et l'embarquait dans une danse frénétique, alors que les dévots fidèles qui les entouraient frappaient des cymbales et vociféraient comme des damnés. D'autres esprits, confinés dans leur palanquin, se balançaient dans les affres d'une crise cataleptique, ne s'arrêtant que pour se mutiler légèrement avec des couteaux ou pour s'enfoncer des brochettes à travers les joues. On m'apprit que tous ces gens s'étaient drogués avec des injections hypodermiques cinq heures plus tôt ; mais maintenant, une partie de l'effet de la drogue se dissipait et, dans l'effort fourni pour soutenir les autels et les palanquins, certains porteurs s'évanouissaient. Quand cela arrivait, un esprit se trouvait propulsé dans la foule avec une violence inattendue.

A ce stade, ce furent les coolies des pousse-pousse qui commencèrent à récolter la moisson. Ils attendaient dans les rues transversales et ramassaient les victimes de syncope, de blessures auto-infligées ou de diverses crises. A la fin de la procession, ils auraient réalisé des profits exceptionnels. Cette nuit-là, la moitié des coolies de Phnom-Penh jouèrent au casino et, grâce à une infraction temporaire aux lois de la probabilité, un grand nombre d'entre eux gagnèrent. Pour la première fois de sa courte histoire, le syndicat se trouva sur la paille à la fin de la soirée. Le lendemain, les filles-croupiers qui chantaient si mélodieusement les chiffres gagnants furent renvoyées ; non parce qu'on les suspectait de tricher, mais parce qu'elles portaient malchance.

Angkor

Je pus obtenir une place sur un camion militaire français qui partait pour Siem-Reap, la ville la plus proche des ruines d'Angkor Vat. J'y arrivai sans incident – grâce à Dap Chhuon – le soir même.

Siem-Reap était une ville somnolente, où planait un léger parfum de sauce de poisson fermentée. Hommes et femmes se baignaient toute la journée dans la rivière qui serpentait à travers la ville, ombragée par des palmiers. Ils relevaient leurs habits avec une extrême pudeur et immergeaient ainsi leur corps dans l'eau couleur café au lait. Quand ils se lassaient de la baignade, ils s'asseyaient sur la berge et attrapaient de temps en temps des poissons, avec du fil de coton et des aiguilles tordues.

Les Cambodgiens, avec l'ingéniosité des gens paresseux mais intelligents, avaient conçu un système d'irrigation qui n'était pas dénué de sens comique. Des centaines de roues à eau immenses, branlantes, tournaient lentement toute la journée et versaient l'équivalent d'un verre d'eau dans des conduits qui, à leur tour, conduisaient à un réseau complexe de tubes de bambou pour finalement atteindre des jardins grands comme des mouchoirs de poche que les gens se donnaient la peine de cultiver. C'était assez inefficace, sans parler du gaspillage, car seul un quart de l'eau puisée dans la rivière parvenait jusqu'aux jardins. Certaines écopes ne contenaient que l'équivalent d'un dé à coudre, alors que d'autres étaient si mal placées sur les roues qu'elles manquaient les collecteurs et l'eau retombait dans la rivière. Malgré cela, toutes ces canalisations de bambou à ciel ouvert qui conduisaient aux jardins étaient parcourues d'un mince filet d'eau, et tant que celui-ci n'était pas à sec, personne ne s'inquiétait.

La plupart des chiens avaient l'air faméliques, telles de petites hyènes, le museau et le front ridés, presque sans poils et parfois sans queue. Chaque maison possédait son animal maigre et pitoyable qui semblait défendre un certain périmètre et s'avançait en grognant et jappant désagréablement quand quelqu'un entrait. On était ainsi accompagné de ces menaces furibondes jusqu'au territoire du chien voisin, hargneux lui aussi, sur tout le long de la rue. Cependant, les chiens n'aboyaient jamais contre les Cambodgiens.

Partout, l'air était rempli du doux grincement des roues d'irrigation mêlé au chant d'un bulbul semblable à celui du merle. Les maisons cambodgiennes sont des cabanes habituellement bâties sur des piliers, au-dessus des ordures. A côté de chacune d'elles s'élevait le même poteau soutenant le récipient pour les offrandes aux esprits errants et négligés – ceux qui n'avaient plus de descendants sur terre pour prendre soin d'eux. Les Cambodgiens étaient allés plus loin avec cette coutume que les Vietnamiens, et procuraient de petites pagodes élégantes à plusieurs étages en guise de sanctuaire à ces fantômes indigents.

Je découvris que les jeunes filles de la campagne cambodgienne étaient capables de sourire et même de répondre aux étrangers, particulièrement si leur courage se voyait renforcé par leur nombre. Elles étaient habillées de jupes semblables au sarong, de couleur unie, et de blouses qui atteignaient à peine la taille ou d'écharpes cachant juste la poitrine. Elles sortaient tranquillement des taudis les plus sales, propres et pimpantes avec un sourire épanoui de bienvenue. Il était étrange de voir tout à coup ces silhouettes radieuses se galvaniser à la vue d'une vache dans leur potager qu'elles chassaient en lui lançant des bâtons avec une adresse et une force qu'aucune femme occidentale ne pourrait espérer déployer.

Valas m'avait dit qu'à Siem-Reap il serait plus important d'assister d'abord au théâtre cambodgien avant de voir Angkor car les ruines pouvaient attendre. Mais, une fois de plus, j'étais arrivé trop tard. Les Chinois avaient reçu l'autorisation d'ouvrir un casino pour un mois et avaient investi le théâtre à cette fin. On me dit qu'il était de toute façon improbable que le théâtre rouvre un jour ses portes. Des séances de cinéma hebdomadaires allaient être organisées et qui voudrait alors s'ennuyer à voir des personnes qu'ils connaissaient déguisées en dieux ou en diables, quand ils pouvait voir un *pa-wé* pour le même prix ?

J'eus quand même un peu de chance. J'avais remarqué dans la salle d'audience du roi une décoration curieuse qui représentait une scène délicatement ciselée d'un épisode célèbre du *Ramayana*. Cette dentelle compliquée semblait, avant qu'on ne l'éclaire par derrière, avoir été découpée dans du cuivre. Mais illuminée, on voyait sa semi-transparence et elle se révélait faite de cuir traité. Le roi avait mentionné – et je fus d'ailleurs surpris qu'un souverain oriental sût apprécier l'art de son pays – que c'était un dessin symbolique, employé dans les théâtres d'ombres, et qu'on pouvait encore en trouver à Siem Reap. Or à Siem Reap, bien qu'on m'eût assuré que l'atelier avait depuis longtemps fait faillite, je parvins à le retrouver. Les artistes étaient là, accroupis par terre, travaillant le cuir, dessinant les patrons à la craie sur le sol et découpant les dessins traditionnels. Il n'y aurait plus de commandes pour le théâtre d'ombres, bien sûr, mais quelques personnes privées achetaient encore ce travail dans un but décoratif. Ils me vendirent leur pièce maîtresse, un Lokeshvara magnifique. J'appris plus tard lorsque je visitai le musée de l'Homme à Paris, que cet art se pratiquait encore à Java et au Siam, mais dans un style moins élaboré.

Bien que les origines de l'art cambodgien fussent indonésiennes, et qu'il y eût une grande ressemblance entre les motifs décoratifs du Cambodge et ceux de tous les pays influencés par l'art indien, les Cambodgiens ont sans aucun doute ajouté à leur production un éclat qui leur est propre, un style particulier, nourris de leur passé aborigène et qui enrichit les motifs de base. Malheureusement, comme le disait Henri Marchal, conservateur d'Angkor, l'aristocratie cambodgienne, seul mécène de l'art cambodgien, avait abandonné celui-ci durant la seconde moitié du siècle dernier en faveur d'importations européennes. Après la perte de l'indépendance, les riches Cambodgiens développèrent un complexe d'infériorité en ce qui concerne tout ce que produisait leur pays. Les canons européens étaient plus réels que l'épée invisible et sacrée du Cambodge ; par conséquent, tout ce qui était cambodgien n'avait plus aucun intérêt. Les mandarins renvoyèrent les orfèvres et les sculpteurs qui faisaient partie de leur maison, et s'achetèrent des miroirs dorés et du mobilier victorien.

Les deux œuvres réellement généreuses et de valeur qu'accomplirent les Français en Extrême-Orient furent probablement la création en 1930 d'un Institut bouddhique à Phnom-Penh (après que les catholiques n'eurent, en plusieurs années, converti qu'une seule personne) et l'établissement dans la même ville de l'Ecole des Arts cambodgiens. Cette dernière institution avait tenté, d'abord désespérément puis avec succès, de sauver la situation en encourageant la production d'œuvres de haute qualité artistique destinées à la vente. Le problème le plus difficile à résoudre fut de rassembler les artistes sans lesquels les traditions anciennes auraient disparu. Ils étaient retournés dans leur village et se consacraient à la culture du riz ou à la pêche. Quand on les retrouva, il s'avéra que certains d'entre eux, déjà âgés, n'avaient plus touché un outil depuis un quart de siècle. Heureusement, l'effort fut fourni à temps et les arts khmers, sur le point de disparaître définitivement, furent revivifiés et ne sont plus aujourd'hui menacés. Bien sûr, on les destine à présent à des fins commerciales, et la production concerne surtout les objets courants exigés par les touristes et l'exportation. Cependant, le fait que l'art moderne cambodgien, avec sa verve imaginative et sa technique parfaite, soit considéré par les experts comme capable de rivaliser avec celui déployé dans l'ornementation d'Angkor est une réalité stimulante. Cette faculté créatrice est maintenant accessible au grand public sous la forme de boîtes à cigarettes et de poudriers.

Selon M. Marchal, le danger actuel réside dans le fait que le Cambodgien est déterminé à suivre la mode à tout prix, et qu'il est donc enclin à tourner le dos à son propre héritage artistique, si impressionnant soit-il, et à se laisser profondément influencer par les développements européens, simplement parce qu'ils sont en vogue et prétendument audacieux.

Puisqu'il n'y avait pas de chambre à Siem Reap, je dus sortir de la ville et loger au Grand Hôtel qui accueille sporadiquement des visiteurs d'Angkor. Je retournai en ville – une promenade d'un kilomètre en plein soleil – pour des repas occasionnels. Dans tout le Cambodge, on ne trouve pas un seul restaurant cambodgien. Les vrais plats cambodgiens, comme les mets raffinés aztèques au Mexique ou les délicatesses maures en Espagne, ne peuvent être dégustés que devant les étals des marchés ou sur les trottoirs, dans les villes retirées qui sont les derniers refuges d'arts culinaires moribonds. Alors qu'à Siem Reap on n'osait se risquer à goûter, par crainte d'une infection, ces rissoles brillantes, ces étranges sacs membraneux contenant Dieu sait quels ingrédients, on trouvait toujours un restaurant servant des plats vaguement chinois. Cette nourriture est au moins légère et adaptée au climat, donc moins indigeste que ces ragoûts de viande inévitablement proposés par les grands hôtels babyloniens d'Extrême-Orient.

Le Grand Hôtel des Ruines avait connu plusieurs années difficiles. On disait même qu'un ou deux des clients avaient été kidnappés. La nécessité, il y a quelques mois encore, d'avoir une escorte armée ajoutait un élément dramatique qui cadrait assez bien avec la visite d'Angkor. Maintenant, les clients commençaient peu à peu à revenir, par avions charters en provenance du Siam, signant leur nom dans le registre qui, dès qu'on l'ouvrait, se recouvrait d'une multitude de petites mouches épuisées tombant sans arrêt du plafond. La direction ragaillardie organisait des visites guidées des ruines. Le matin, la voiture de l'hôtel se rendait à Angkor Thom et, dans l'après-midi, elle faisait ce qu'ils appelaient le Petit Circuit. Le lendemain matin ce serait encore Angkor Thom et dans l'après-midi Angkor Vat. On devait rester trois jours avant de pouvoir faire le Grand Circuit. Bien entendu, dans ces circonstances, l'hôtel s'arrangeait pour garder ses pensionnaires un maximum de temps. Même Baedeker n'aurait pas trouvé déraisonnable de passer trois jours à visiter Angkor.

Il y avait bien d'autres temples plus éloignés, comme le magnifique Banteay Srei, trente kilomètres plus loin, mais le bus ne s'y rendait pas car il semble que l'influence de Dap Chhuon ne parvenait pas jusque-là. Les forces du bandit tutélaire semblaient se concentrer sur les environs immédiats. Un terrain de sport s'étendait sous ma fenêtre et chaque matin, dès l'aube, un groupe d'hommes de Dap Chhuon y venait pour une heure de culture physique. Dans ce décor, ils n'étaient pas vraiment terrifiants, mais plutôt amaigris par les années passées dans la forêt. A chaque flexion et extension, on pouvait voir saillir leurs côtes. Au-delà des terrains de jeux et des gymnastes, s'étendait la forêt, fauve et automnale, d'où émergaient, au loin, les formes casquées des trois tours centrales d'Angkor Vat.

Angkor fut découvert par des missionnaires du 16e siècle mais ses ruines ne furent décrites dans leur totalité qu'en 1859 par Mouhot. Elles sont probablement les vestiges de constructions humaines les plus impressionnants du monde. Comme aucun Européen n'a jamais pu se satisfaire de l'attitude des Cambodgiens qui expliquèrent à Mouhot que les ruines « s'étaient faites d'elles-mêmes », la question de leur origine donna lieu à des spéculations sans fin dans les livres érudits.

A son apogée, vers la fin du 12e siècle, l'Empire khmer englobait non seulement le royaume actuel du Cambodge, mais aussi des territoires de la Péninsule malaise, de la Birmanie, du Siam et de la Cochinchine. Pour des raisons pratiques et métaphysiques, la capitale a toujours été située aux environs d'Angkor. D'importantes ruines khmères sont éparpillées dans la forêt sur un rayon de cent kilomètres. Les principaux monuments sont le mausolée colossal d'Angkor Vat, les vestiges de la cité d'Angkor Thom avec son incroyable partie centrale, le Bayon ainsi que quelques fondations et temples disséminés. Quelques-uns ont des formes pyramidales, mais tous sont construits selon un plan rectangulaire, orienté avec soin, et comportant une porte à chaque point cardinal. Des espaces vides les séparent car la notion de permanence n'était requise que pour les édifices religieux, et seuls ces derniers étaient bâtis de pierres et de briques. Tous ces bâtiments furent érigés entre le 9e et le 12e siècle.

Les savants de la fin du 19e siècle prétendirent, suivant une logique implacable, qu'il avait fallu trois cents ans pour construire Angkor Vat, alors que le chiffre généralement admis de nos jours est de trente ans. Les divergences d'opinions sur la date de la fin de la construction des autres temples portaient sur plusieurs siècles. Un conflit tout aussi acharné entre les différentes théories se déroulait autour de la fonction de ces bâtiments et l'identité des sculptures. Le temps résolut bien des énigmes et plus d'une théorie s'est effondrée par la découverte de stèles sur lesquelles des monarques de l'époque avaient enregistré non seulement leurs réalisations, mais aussi leurs objectifs. Ainsi, Udayadityavarman II précisait qu'il avait bâti le Baphuon, alors centre d'une ville antérieure à Angkor Thom, « parce qu'il s'était souvenu que le centre de l'univers était marqué par le mont Meru et qu'il lui semblait bon que sa capitale ait un Meru en son centre ».

Cette déclaration est une clé qui permet de mieux comprendre la situation. Chaque construction khmère se voyait gouvernée par un symbolisme extravagant. Le premier roi khmer, de retour de Java, se débarrassa de la tutelle de ce royaume insulaire et unifia le Cambodge sous son propre pouvoir, se déclarant lui-même Dieu. Sous les traits de Shiva, il se donna le titre de « Maître de l'Univers ». Il fut donc contraint d'ordonner son royaume, ou du moins sa capitale, selon des plans préétablis – fournis en l'occurrence par la mythologie bouddhiste. L'univers bouddhiste comprend une montagne centrale appelée Meru, entourée d'océans et qui soutient les cieux. En dernier lieu, un haut mur de rocher forme la frontière délimitant l'espace. En réalité, l'univers bouddhiste est plus complexe que ceci, mais il y avait alors des limites de construction à ce symbolisme que le roi ne pouvait dépasser. Il fit bâtir une colline artificielle, de grande douves autour de la ville, et le mur. Tout ceci contribua probablement à le convaincre qu'il était vraiment un dieu. C'était prendre ses désirs pour des réalités à l'échelle cosmique.

Ces divinités autoproclamées étaient curieusement dépendantes de l'observance du culte par leurs successeurs et leurs sujets. C'était l'amplification grotesque d'une croyance fondamentale qui d'ailleurs sous-tend beaucoup de religions orientales et selon laquelle le destin des morts est lié à celui des vivants ; ces derniers doivent présenter aux âmes des défunts des offrandes régulières pour qu'elles demeurent prospères et heureuses dans leur monde. Cette idée, ancrée dans l'esprit impitoyablement énergique des rois khmers, se traduisait par des réalisations à une échelle démesurée. Le roi érigeait des temples et consacrait des statues à ses parents divinisés, laissant derrière lui des inscriptions implorant ses successeurs à suivre son exemple. Son immortalité, avoue le roi Yacovarman sur une stèle, dépend du maintien de ce culte. Ainsi, ces divinités n'étaient pas comparables aux dieux intouchables de l'ancien monde méditerranéen. Un roi-dieu négligé sombrait dans le néant. Il n'était plus alors qu'un des innombrables esprits oubliés pour qui les gens pieux dressaient de petits sanctuaires devant les maisons.

Aussi le roi vouait-il tous ses efforts à la conservation de son immortalité précaire. La mégalomanie royale atteignit son paroxysme avec Jayavarman VII. Ta Prohm, construit pour abriter l'image et l'essence divine de la reine mère et de 260 divinités mineures, exigeait pour son entretien le service de 79 365 personnes, dont 5000 prêtres. La vaisselle d'or nécessaire pesait cinq tonnes et le temple vivait des revenus de 3140 villages. Les obligations du roi envers son père le poussèrent à construire Prah Khan. Cette fois, selon la stèle découverte en 1939, 430 divinités mineures furent inclues avec le vieux roi ; il s'agissait de nobles qui, pour services rendus, avaient reçu cette consécration et avaient été à titre posthume élevés au rang de divinité. La responsabilité de l'entretien de cette construction revint à 5324 villages, soit au total 97 840 personnes. Parmi les dépendances de Prah Khan se trouve le petit sanctuaire de Neak Pân, construit sur ces lacs artificiels rectangulaires et austères que les Khmers aimaient tant creuser et qui, selon une légende hindoue, symbolisent un lac, situé quelque part dans l'Himalaya, qui possède des pouvoirs purificatoires extraordinaires. Sa construction n'était pas le résultat de quelque vanité poétique, mais respectait une formule qui lui conférait la valeur intrinsèque du lac authentique. De cette façon, le roi khmer s'épargnait la quête insensée chère aux empereurs chinois de sites mythiques semblables.

Tout ceci n'était qu'enfantillages qui, par un petit effort d'imagination, peuvent animer des objets inertes ; pour eux un balai devenait un cheval. Mais les jeux pratiqués par les rois du Cambodge s'appuyaient sur un pouvoir monstrueux et effrayant. Neak Pân, bien sûr, n'était qu'une bagatelle pour l'époque et n'avait probablement nécessité le travail que de quelque 10 000 hommes, pendant peut-être trois ou quatre ans.

Pourtant le roi n'était – et ne pouvait – jamais être satisfait. Mû par des forces irrésistibles, il reconstruisit sa capitale de telle façon que le Baphuon – microcosme de Meru – ne soit plus le centre géométrique de la ville. Cela impliqua la construction d'une nouvelle montagne sacrée, l'extension des fossés et des murs entièrement neufs. Après seulement dix ans de règne, 13 500 villages, soit une population de 306 372 hommes, travaillaient à ce projet. La nouvelle montagne sacrée était le Bayon, le monument le plus singulier d'Angkor. Ce fut la dernière œuvre de Jayavarman – les travaux commencèrent vers 1190 – et elle marqua l'apogée de la puissance khmère, annonçant par là-même son déclin. Depuis ses tours, soixante-quatre répliques géantes du visage du roi, identifié à Bouddha, sourient avec une satisfaction sauvage vers les quatre coins du royaume. Même Pierre Loti, qui ne connaissait rien de l'histoire du Bayon, le trouva sinistre.

Avec une volonté inaltérable, servant leur folie, les rois khmers en appelaient à la population entière dans le seul but d'assurer, de façon directe ou indirecte, la continuité de leur culte insatiable. Dans les premiers temps, la base économique de cette expansion avait été assurée par la mer intérieure de Tonlé Sap, près de laquelle les capitales successives avaient été bâties et qui, aujourd'hui encore, contient tant de poissons qu'à la saison sèche, lorsque les eaux atteignent leur niveau le plus bas, les rames des bateliers s'y heurtent. La mer de Tonlé Sap fournissait de la nourriture à toute la population par l'entremise de quelques pêcheurs seulement. Le roi s'assura donc que leurs heures libres soient occupées par un travail rentable. Un peuple agricole, travaillant intelligemment un sol fertile – on se rappelle les Mayas précolombiens – peut vivre confortablement sur une base de quarante ou cinquante jours de labeur par an. Mais inévitablement un mauvais génie intervient afin que les trois cents autres jours de l'année soient consacrés à des œuvres impressionnantes mais parfaitement inutiles.

Le royaume s'étendit dans toutes les directions, se couvrit de rizières alimentées par un système d'irrigation performant et réunies par un réseau de routes avec par intervalles des relais bien équipés pour recevoir les buffles et les éléphants employés comme bêtes de somme, de même que leurs maîtres. En plus des fondations religieuses, le grand roi constructeur Jayavarman VII bâtit également 102 hôpitaux, œuvre probablement influencée par le fait qu'il était lui-même lépreux. Il ne manqua pas d'écrire sur la grande stèle de Prah Khan le catalogue détaillé des médicaments dont les hôpitaux disposaient. Cela représentait une organisation impressionnante, contrôlée par une vaste machine d'Etat qui, avec son armée de comptables munis de livres de Jugement dernier, relevait les travaux de chaque individu dans le souci d'une production maximale. On est quasiment certain qu'il y avait une force de police et que les esprits des jeunes avaient été soigneusement façonnés par les prêtres au plein accomplissement de leur devoir. L'Empire khmer n'était rien moins qu'un empire totalitaire.

Un mystère inutile perdura autour de sa chute, qui entraîna l'abandon d'Angkor. On l'a souvent attribuée à une spectaculaire action divine. Mais les faits sont bien plus simples. Ils sont rapportés par un voyageur chinois, Zhou Daguan, qui avait visité Angkor alors que sa décadence était déjà bien amorcée et que, les carrières de pierres s'épuisant, la passion de construire était retombée. Il semble que les Khmers, attaqués par représailles par les Siamois, se virent obligés d'appliquer les principes d'une guerre totale. « Ils disent, raconte Zhou Daguan, que durant la guerre avec les Siamois, tout le monde était obligé de se battre » ; on remarque que Daguan parle d'obligation et il ajoute que si certains purent échapper à la conscription, ce furent certainement les dizaines de milliers de serviteurs des temples qui maintenaient le culte royal. Si le rapport selon lequel l'armée khmère était forte de plusieurs millions d'hommes est exact, elle devait alors être, et de loin, la plus grande armée du monde à l'époque. Mais ces paysans arrachés à leurs rizières et sommés d'endosser l'uniforme devaient se battre avec peu d'enthousiasme et la guerre se prolongea jusqu'à la défaite.

En même temps, les canaux d'irrigation furent abandonnés et les rizières dont dépendait la vie d'une population entière retournèrent rapidement à la forêt. Le système hautement productif des rizières irriguées fit place à la culture du riz en bandes, fléau actuel de l'Indochine qui exige le brûlis annuel de la forêt. C'est une méthode qui nécessite un minimum de main-d'œuvre et qui était donc séduisante pour une nation en guerre, mais dont les résultats sont maigres et décroissent rapidement. Le résultat ultime fut la stérilisation du sol par son épuisement. Le déclin, une fois amorcé, ne pouvait plus être arrêté. La déconfiture fut totale lorsque le vainqueur introduisit le bouddhisme apostolique du Petit Véhicule, la religion du renoncement, de la retraite, de la tranquillité, qui effaça totalement les cultes pervertis des rois divins. Ce fut la plus subtile des paix de Carthage.

Il est possible que les ruines d'Angkor soient plus impressionnantes que la ville elle-même l'avait été à son apogée. Le temps a merveilleusement travaillé le grès qui devait paraître très agressif lorsqu'il venait d'être taillé. Le vandalisme, les morsures du soleil et de la pluie avaient contribué à adoucir cette symétrie excessive, ce symbolisme omniprésent, ces répétitions que je trouve si irritantes dans l'art oriental. A l'évidence, la magie des nombres obsédait, tout comme la manie de glorifier, sous des formes artistiques, les anciennes superstitions. Les Khmers devaient penser que s'il était bon d'ériger une statue de Vishnu ou d'une Davata, il devait être cinquante fois mieux d'en élever cinquante. Les adeptes de la magie ne semblent jamais convaincus de l'efficacité finale de leurs pratiques. La chaussée qui mène à Angkor Vat est donc flanquée, à intervalles réguliers, de couples de nagas – des serpents à sept têtes. Je ne trouve pas ces serpents particulièrement décoratifs, je préfère de loin les lions couchés qu'on trouve par centaines. Ces serpents représentent le reptile sous lequel s'était abrité le Bouddha. Ils sont donc, de nature, protecteurs et il est nécessaire d'en placer autant que possible. Le fait cependant que la majorité d'entre eux soient brisés ou manquants m'apparaît comme un avantage esthétique certain.

La chaussée conduit exactement au centre de l'ensemble architectural. Il ne pouvait en être autrement puisque toute considération architecturale est subordonnée au symbolisme ; détourner cette approche formelle, changer d'angle, aurait mis en péril l'équilibre de l'univers ou du moins du royaume, comme par un jeu de conséquences magiques. Quoi qu'il en soit, la meilleure vue d'Angkor Vat est celle que l'on a de l'autre côté des douves, depuis un des angles de ces dernières. Immédiatement, la tyrannie des paires assorties se brise. Les tours, aux étages nombreux, telles des coiffes de danseuses hindoues, se regroupent avec une douce majesté. Le Vat se forme depuis le lac et sa base est constituée d'un portique long et bas. Au-dessus, les lignes continues des toits s'élèvent, s'appuyant les unes aux autres, surmontées des tours qui sont gaies malgré l'harmonie triste des couleurs passées. Un reflet de lotus brisé s'étend sur les eaux stagnantes du lac.

Et ce seul édifice pourrait contenir tous les monuments de la Grèce antique.

A l'intérieur du Vat, d'innombrables déesses et danseuses célestes, impersonnelles et aimables, posent sur les bas-reliefs qui parcourent les murs de la galerie. Elles ont toutes exactement la même taille et la même silhouette, les mains et les bras figés dans l'une des douze positions symboliques. Comme l'art khmer n'est jamais érotique – on se souvient de La Rochefoucauld : « Là où l'ambition pénètre, l'amour revient rarement » – elles ne montrent pas le développement de la poitrine ni de la hanche si caractéristique des personnages de l'art indien.

La vie, triomphante, est représentée dans une série de sept tableaux. Le dieu ou le roi, parti à la chasse, arbore la pose figée d'un danseur tirant sur un daim, lui-même représenté avec grand réalisme. Les princes et les guerriers victorieux paradent – le succès est identifié à la vertu – avant l'ascension au ciel, leurs têtes montrées de trois quarts, et se superposent l'un l'autre, la main gauche sur la poitrine et la droite sur les hanches. Rien, pourtant, ne semblait plus réaliste que les bas-reliefs des vaincus ou des damnés, naturellement désignés pour l'enfer. Les positions de ces corps piétinés par des cavaliers et déchiquetés par des fauves proviennent d'une observation et d'une copie minutieuse de la vie. Seuls les démons avaient droit à la pose hiératique.

Mais c'est quand l'artiste donne libre cours à son inspiration et représente le citoyen ordinaire dans sa vie quotidienne qu'il nous dévoile tout son talent. La solennité processionnelle s'efface, tout comme le sourire glacé de la puissance. Les paysans et les pêcheurs présentent des membres gras et grotesques, des visages rudes et clownesques. D'une licence allègre, l'artiste peint leur bouffonnerie tandis qu'ils marchandent des tripes au marché, massacrent des cochons, regardent en minaudant des combats de coqs, rendent visite à un chiromancien. Certains ont le visage des démons que les artisans des églises médiévales ont sculptés sur des reliefs presque invisibles pour se soulager de toutes les représentations insipides de la vertu. Les gens vulgaires d'Angkor sont montrés s'adonnant à leurs plaisirs sur le Tonlé Sap – faisant des cabrioles sur le pont d'une jonque, ou courbés sur un jeu d'échecs. Habillés comme pour les grands jours, ils portent tous une veste courte. Pendant ce temps, un bateau passe avec ses passagers de haut rang, tous bien assis, très à la mode dans leur semi-nudité, qui regardent de côté et sourient avec un air de béatitude raffinée, certains que tôt ou tard ils finiront sur la liste d'honneur des dieux mineurs.

Des cormorans et des hérons y sont également dépeints, se disputant une prise avec des pêcheurs sous l'œil menaçant des crocodiles à fleur d'eau. Les Khmers usèrent abondamment de la faune et de la flore dans leurs décorations. L'aspect anarchique des arbres est soumis à une stylisation byzantine tandis que les animaux qui s'y cachent sont représentés avec un naturalisme comparable à celui de l'art rupestre paléolithique. La pulsion qui anima l'art des cavernes est plus ou moins identique à ce qui a pu produire ces kilomètres de bas-reliefs. Leur but était magique, leur effet décoratif assez accidentel. Angkor Vat était le temple funéraire de Suryavaram II divinisé sous l'apparence de Vishnu, et toutes ces sculptures représentant des êtres vivants remplaçaient les holocaustes funéraires pratiqués dans les premiers temps. Que le plaisir esthétique n'eût aucune influence semble prouvé par le fait que de nombreuses scènes sont sculptées avec un soin scrupuleux en des endroits quasi invisibles – dans le cas de Bayon, ce sont les fondations souterraines de l'édifice qui ont été gravées.

Ta Prohm, que Jayavarman VII avait construit pour abriter les cultes rendus à sa mère et qui avait nécessité le labeur de 79 000 de ses sujets, devait recevoir pendant une heure les trente touristes venus du Siam.

Le temple se dresse sur un sol plat et n'offre aucune vue spectaculaire sur Angkor Vat, ni les surprises architecturales de Bayon. Il a donc été préservé comme une réserve naturelle où le conflit prodigieux entre les ruines et la jungle perdure « sous contrôle ». Cette agression monstrueuse est le spectacle favori de la plupart des visiteurs des ruines.

Vomis par le bus de l'hôtel, les trente touristes plongeaient dans un demi-trot en direction des cavernes de ce labyrinthe rectangulaire. Pendant quelques instants, le bruit de leurs pas résonna sur les dalles, et fut absorbé ensuite dans le silence de ces immensités sombres et éclatées. Je ne les croisai plus jusqu'au moment de rentrer.

Ta Prohm est un cataclysme stoppé en plein mouvement. L'invasion de la forêt ne l'a pas brisé, mais s'y est déversée, et les nombreuses cours sont devenues des cavités, des trous dans le faux plancher de la jungle. Par endroits, les cloîtres sont très sombres, là où les fenêtres sont bouchées par de l'humus ou les racines des arbres. Sinon, ils sont éclairés d'une lumière d'aquarium, filtrée par les écrans de lianes vertes.

En entrant dans les cours, on pénètre dans un monde végétal nouveau ; non pas celui des branches et des feuilles qui nous est familier, mais celui des racines. Ta Prohm ressemble à une galerie exposant une variété infinie de coupes transversales illustrant la vie mystérieuse et souterraine des plantes. Des arbres immenses sont enracinés sur les toits écrasés, leur tronc élancé échappant à la vision ; ici, on peut étudier confortablement la trame de ces embrouillaminis secrets conspirant en faveur de leur croissance titanesque. En bas, donc, poussent les racines pâles, boursouflées et noueuses. Une certaine rudesse se dévoile à nos yeux ; une évocation des cordes de lave, une parodie des membres bouffis de monstres de foire, honteusement révélés. Les racines suivent les contours de la maçonnerie, dupliquent les piliers et pilastres, sans jamais former de pont au-dessus des fossés mais préservent toujours un contact doux et vivant avec la pierre en surface. Leur masse donne une apparence burlesque aux motifs architecturaux qu'elles recouvrent. Ce n'est que lorsque le végétal a fixé son étreinte que la lutte implacable commence. Comme les racines épaississent, leur prise se contracte. Des blocs entiers de maçonnerie cèdent alors et semblent brandis dans l'espace. Les murs craquent, en partie arrachés, maintenus en suspension comme un corps sur un gibet, sauvés de la désintégration par l'étreinte des racines. D'autres souches apparaissent soudainement, crèvent la dalle, errent sur une vingtaine de mètres comme des boas constricteurs monstrueux avant de replonger à travers la pierre. Une tour isolée résume en son sommet l'exubérance de la forêt vierge : fougères, sous-bois et figuiers géants tissent un rideau de lianes qui retombe devant les visages statuaires et laisse s'échapper une volée de perruches à l'approche d'un humain.

Le temple n'est que partiellement déblayé. On déambule dans des couloirs identiques, des cours toutes semblables – le plan en est aussi répétitif que celui d'une bibliothèque – et tout à coup s'élève un mur de dix mètres, comme un raz de marée végétal où se noient des danseurs célestes aux gestes pleins de grâce.

Quelques signes de vie existent encore dans les temples et les mausolées d'Angkor, outre la présence sinistre et nauséabonde de myriades de chauves-souris. Des gens viennent en cet endroit autrefois interdit et brûlent de l'encens devant les bouddhas, qui sont probablement des représentations idéalisées de divers membres de l'aristocratie khmère. Des groupes de bonzes déambulent parmi les ruines. Ils portent les inévitables ombrelles jaunes et parfois des appareils avec lesquelles ils se prennent en photo dans le décor sacré, pour la plus grande joie de leurs amis restés au monastère.

Je passai les dernières heures du jour près du lac de Sram Srang. Les Khmers creusaient toujours des lacs artificiels immenses. Ainsi, si les plans préliminaires avaient été correctement relevés et si temples et statues avaient été érigés conformément aux traditions autour de la rive ou sur une île centrale, le lac était déclaré purificateur. Pour cette raison, il semble que Sram Srang ait été un lieu prisé pour la baignade, avec sa voie d'accès gigantesque, ses péniches dorées et ses escaliers majestueux, flanqués d'animaux mythiques.

Maintenant les lions étaient sans visage et les nagas avaient presque tous perdu la tête. Le sévère rectangle d'antan s'adoucissait dans le tassement des berges solidifiées en de petites péninsules sur lesquelles poussaient des arbres. Des buffles, dont n'émergeait que la tête, se tenaient immobiles dans l'eau lustrale. Quelquefois, ils disparaissaient un instant sous la surface. Des martins-pêcheurs géants passaient comme l'éclair, suivis de leur reflet ; étoiles filantes gémellaires dans un firmament gris-vert. Il y a quarante ans de cela, les Cambodgiens exportaient encore le plumage de ces oiseaux vers la Chine, où il était destiné à la décoration des vestes des mandarins ; on l'échangeait contre de la poterie ou de la soie. Puis vint la mode des matières européennes et le commerce s'effondra.

Un groupe de garçons surgit de nulle part. Ils vendaient des arcs et des flèches. Ils étaient plus beaux et plus musclés que les nobles ou que le peuple représenté dans les bas-reliefs d'Angkor Vat six cents ans plus tôt. A l'époque, les gens travaillaient douze heures par jour, mais à présent ce n'est plus qu'une heure par semaine, quand ils travaillent. Trois ou quatre gamins se cachaient obstinément dans les ruines dans l'espoir naïf de vendre un jour un arc et des flèches à un touriste.

L'un d'eux me surprit car il parlait un français correct; c'était si rare que je lui demandai d'être mon guide pour un ou deux monuments que je voulais voir. Par la même occasion, je pensais le questionner sur l'existence de certaines légendes, particulièrement celle du roi lépreux, dernier souverain khmer à survivre dans la mémoire populaire. Le garçon répondit qu'il serait ravi, mais voulait savoir quand. Je lui dis cette nuit, puisque c'était pratiquement la pleine lune, et je pensai alors que je pourrais prendre un pousse-pousse à Siem-Reap pour me conduire à Angkor. Son visage s'assombrit. Il était désolé, cela ne pouvait se faire. Je demandai pourquoi. Est-ce que, la nuit, on ne pouvait pas faire confiance aux bandits reconvertis ? Oh, non ! Ce n'était pas ça ! Au contraire, ils étaient très disciplinés. Sous le commandement de Dap Chhuon, on était plus en sécurité à Angkor qu'à Phnom Penh. Bon ! Alors, qu'est-ce que c'était ? ... Les tigres peut-être ? Non, ce n'était pas les tigres non plus... Le fin mot de l'histoire était que la nuit tombée, Angkor devenait le lieu maléfique de *néak ta eysaur* et de *néak ta en* – en d'autres mots, les esprits de Shiva et d'Indra.

Ainsi se rétrécissaient, se ratatinaient, comme l'empire lui-même, les puissants dieux brahmaniques de l'Empire khmer. Ils n'étaient désormais que des *néak ta* – esprits des arbres effrayant les bébés ; guère plus importants que la *khmoo pray*, mort vile, comme celle des femmes en couches ; que les *beisac*, âmes affamées des personnes décédées de mort violente qui reviennent d'enfer implorer leur nourriture ; que les *smer*, qui perdent la raison, devenus loups-garous ; que les *srei ap*, filles magnifiques qui, se mêlant de magie noire, se transforment par maladresse en tête solitaire munie d'organes digestifs, ne vivant que d'excréments. Les dieux khmers accompagnent ainsi leurs disciples dans le déclin.

Une rumeur circulant à Siem-Reap faisait état de la survivance d'une troupe de danseurs célestes. A l'hôtel, je rencontrai un fieffé parasite, véritable mine de renseignements, qui avait appris suffisamment d'anglais avec les touristes américains pour se décrire lui-même comme maquereau fournissant les officiers. Je commençai mon enquête auprès de lui.

Sa réaction première fut d'arborer le sourire compatissant de l'homme sensible qui déteste décevoir. Il y avait effectivement des danseuses, mais elle étaient vieilles – au moins la cinquantaine – et assez laides. Perçant la nature de mon enquête, il dit qu'elles étaient non seulement vieilles, mais qu'elles faisaient payer très cher leurs services, qu'il ne savait pas où les contacter et qu'elles n'avaient pas les vêtements adéquats pour danser. Ceux-ci devaient être loués chez un Chinois, qui « ne serait pas là ». Il semblait clair que les services de mon informateur, comme intermédiaire, n'assureraient pas les arrangements les plus simples et qu'il se retirait maintenant, suivant la stratégie du calamar, derrière une effusion de réponses négatives. A ce stade, d'autres clients s'intéressèrent à notre conversation, parmi eux, un cadre anglo-américain de Bangkok qui avait vécu plusieurs années au Siam et qui se disait habitué à gérer ce genre de situations. Le problème était de trouver le Chinois... si possible, celui qui louait les costumes. Il ne faisait aucun doute que cet homme pouvait se débrouiller pour que nous puissions assister à une danse cambodgienne.

Ce type se rendit donc en ville et dénicha finalement le Chinois. C'était une de ces pieuvres de commerçant qui s'enracinent fermement au cœur des affaires d'une ville ; le genre d'hommes – il s'appelait Tes Heak, me semble-t-il – que tout le monde connaissait et que nous découvrîmes modestement assis, un crayon derrière l'oreille, sur un sac de poisson séché, entouré de ses réserves de lait en poudre, de ses peaux de cobra, de ses cercueils et de son vin algérien. Tes Heak dirigeait également le service des bus, gérait une maison de pompes funèbres – au fourgon mortuaire généreusement équipé de marionnettes miniatures – et proposait en location une voiture américaine pour les mariages, flanquée de dragons dorés sur les ailes et le toit. Evaluant la situation dans un clignement d'yeux reptilien, il énonça une série de raisons, négligées par le maquereau, qui démontraient l'impossibilité de persuader les divines danseuses de danser. Il se plaignit même de leur tempérament d'artiste, ajoutant toutefois rapidement, quand il vit que c'était sérieux, qu'un spectacle coûterait 1500 piastres, soit 27 livres.

C'était un cachet énorme pour une brève démonstration de cinq dames qu'il pourrait sûrement persuader de présenter un répertoire minimum. J'avais eu l'espoir d'arranger quelque chose d'aussi spontané et naturel que possible – peut-être dans une arrière-cour. Mais Tes Heak se révolta contre cette proposition mesquine. Un tel spectacle, pensait-il, devait se monter dans l'avant-cour d'Angkor Vat et au clair de lune. Il connaissait les touristes et cette graine habilement semée tomberait sur un sol fertile. Tout comme l'esprit d'une collectivité est plus ou moins la somme des mentalités de chacun de ses membres, le voyageur solitaire, multiplié par trente, devient le genre de touriste dont le goût se vulgarise, se couvre du vernis temporaire de l'indulgence toute grégaire qui le pousse aux extravagances. L'idée d'un spectacle dans le plus grand style fut alors acclamée avec enthousiasme.

Ayant ainsi gagné facilement le premier round, Tes Heak suggéra un orchestre local et une escorte de porteurs de torche, moyennant un léger supplément, bien sûr. Nous nous mîmes d'accord et le tout fut finalement arrangé pour 3000 piastres.

Cette nuit-là, à dix heures, le bus de l'hôtel s'arrêta au bout de l'allée d'Angkor Vat. La nouvelle du spectacle s'était répandue et, à ma grande surprise, une bonne partie de la population de Siem-Reap et des villages avoisinants s'y présenta. Il y régnait une ambiance de fête, avec des stands qui vendaient des saucisses entre deux tranches de pain, du jus de canne – pressée sur place –, de la gelée verte et des eaux minérales. En plus des deux cents porteurs de torche au crâne rasé qui, respectant l'ancienne coutume, attendaient notre venue sur la route, agitant des tissus imbibés de résine, environ cinq cents personnes de la foule empressée allumaient leur torche électrique en marchant, estompant l'effet anarchique.

Les passagers du bus, en majorité des femmes, habillées pour l'occasion dans un style savamment décontracté, se mêlaient à cette ambiance carnavalesque. Les vendeurs d'arcs, au sourire charmeur mais désabusé, bondissaient sur leurs proies et vers l'arrière, les hommes de Dap Chhuon, amaigris par le rationnement et la gymnastique, observaient l'étalage occidental avec l'air résigné et mélancolique de faucons prisonniers.

Sur la route, les porteurs de torche gesticulaient et agitaient leurs chiffons enflammés lorsqu'ils discernaient un Européen se promenant à pas feutrés parmi les Cambodgiens. Un petit groupe avait déserté son poste et descendait jusque dans l'eau où chacun, la torche en l'air, cherchait quelque chose, telle une fontaine de bronze vivante. Angkor Vat, de sa masse longue et basse, cachait la moitié de l'horizon, et la lumière de la lune perçait faiblement à travers les tours. Une certaine poésie s'en dégageait, et la marche ridicule des touristes effarouchés par leur triste escorte de vendeurs d'arcs en faisait également partie.

Au moment où nous atteignîmes l'avant-cour, les Cambodgiens avaient déjà pris les plus belles places, grimpant sur les lions muets, perchés sur les cous des serpents décapités. Les porteurs de torche se séparaient maintenant et se dépêchaient d'avancer, telle l'arrière-garde d'une marche triomphale. Quatre lampes à acétylène illuminèrent un amphithéâtre blanc de visages impatients, et un joueur s'assit derrière un xylophone en demi-cercle, entamant un tintement disharmonieux.

Bien que je n'aie aucune référence pour en juger, la danse me sembla dénuée de toute vie – telle une succession de positions momifiées. Seules quatre danseuses étaient apparues, et deux d'entre elles – comme on nous avait prévenus – n'étaient effectivement plus dans la fleur de l'âge. Quoique leur interprétation de la bataille entre Hanuman et le Roi Démon fût probablement tout à fait correcte, on pouvait difficilement s'attendre à ce que ces deux dames dans la cinquantaine nous galvanisent par l'impétuosité d'un combat qui, selon l'épopée, se menait principalement à coups de tonnerre, de javelots aériens et de flèches de vent. Mais si ces dames manquaient de vigueur, leurs jeunes élèves ne montrèrent guère qu'elles savaient maîtriser des exploits aussi élémentaires que de se balancer sur une jambe pendant certains longs passages, l'autre jambe pliée derrière elles à angle droit. Il y eut quelques vacillements périlleux et à un moment l'une des dames anima d'une grimace peu classique son masque de poudre aux traits figés.

Mais des jeunes filles arrivèrent seules ensuite, après avoir déposé leurs lourdes couronnes de plusieurs étages et troqué leur grossière parure de location contre des blouses et des sarongs. Rejointes par d'autres jeunes filles et par d'autres partenaires venus du public, elles offrirent une démonstration éclatante du *lap ton*. C'était une danse qui faisait preuve d'un certain humour – chose extraordinaire dans ce pays – en particulier dans la version de la scène de ménage, mélange de grâce orientale et de vigueur occidentale. Il n'y avait pas de symbolisme morbide ici, ni de trace de rituels destinés à accroître les moissons. Les interprètes s'amusaient royalement, sautillaient, tournaient leurs mains, soulagés, libérés du carcan d'une tradition antédiluvienne. C'était les cabrioles du peuple représenté sur la jonque du bas-relief... et il sembla évident que le public n'était venu voir que cela.

Pays de bandits

Une jeune Américaine intrépide résidait à l'hôtel. Elle ne faisait pas partie du groupe de touristes venus du Siam mais elle était arrivée jusqu'ici sans qu'on la remarque, depuis Tokyo, via Macao, Saigon et plusieurs autres ports de la mer de Chine aux noms lointains et évocateurs. Elle vivait d'une petite pension alimentaire bien gérée, semblait ne jamais cesser de voyager et écrivait. Ses relations avec le *Des Moines Register*, journal le plus important de sa ville natale, semblaient motiver ses errances précaires. Sa tâche consistait à rechercher les citoyens originaires de Des Moines résidant en Extrême-Orient et à fournir aux habitants restés au bercail un récit généreux et sensible sur leurs faits et gestes. Jusque-là, elle n'avait trouvé qu'un seul exilé de Des Moines en Indochine.

Elle était courageuse et infatigable, douée d'un certain goût de l'exploit. L'esprit qu'elle incarnait, avec son avidité d'expériences de toutes sortes, évoquait plus les années vingt que les années cinquante. Je la rencontrai souvent dans les ruines, son livre de voyage à la main, repoussant d'un geste les guides qui l'approchaient. Elle voulait dénicher les sculptures les plus obscures (« Dites, vous avez vu Indra sur un éléphant à trois têtes ? ») et les temples isolés, à demi submergés par la jungle, que les autres touristes négligeaient. Elle était aussi obsédée par la numérologie que les Khmers eux-mêmes, vérifiant le nombre exact des dieux et des démons et s'émerveillant, tels les grands rois, des soixante-quatre façades des temples aux seize images, toutes taillées dans un superbe grès.

Ayant digéré tout ce que pouvait lui offrir Angkor, cette fille déterminée avait continué vers le Siam, sans retourner sur Saigon pour prendre un vol de ligne régulier. Elle pensait traverser le pays d'une manière ou d'une autre jusqu'à la frontière siamoise, à quelque cent kilomètres, et prendre un train pour Bangkok. Il existait, en fait, une route vers Sisophon qui rejoignait la ligne du chemin de fer et la longeait jusqu'à la ville frontière siamoise. Mais aucun train ne circulait de ce côté-ci de la frontière à cause de plusieurs bandes d'Issarak qui ne s'étaient pas encore rendues. Selon certains rapports, la route n'était guère plus sûre ; pourtant, elle avait persuadé l'armée française, toujours ravie de rendre service dans de telles affaires, de la prendre avec le premier convoi qui partirait.

Je mentionne tout cela parce qu'il était temps pour moi de retourner assez rapidement à Saigon, soit pour faire une expédition vers les territoires occupés par le Viet-minh, soit pour prendre l'avion pour le Laos. J'appris par ailleurs que si je voulais retourner à Phnom Penh par la bonne route – celle gardée par Dap Chhuon – qui longe la rive orientale du grand lac, je devrais attendre plusieurs jours un moyen de transport. Il existait cependant une autre voie plus rapide, bien que plus risquée, en coupant plus bas, sur la route à l'ouest du lac. Des bus de la compagnie de Tes Heak partaient de Siem Reap aux premières heures et l'empruntaient. Il me vint à l'idée que si la jeune journaliste américaine se sentait prête à tenter sa chance dans une voiture militaire, il n'y avait pas de raison pour que je ne prenne pas le même risque sous les auspices de Tes Heak. Un homme possédant un tel sens des affaires avait sans doute des arrangements avec les bandits dont on traversait le territoire.

Le bus pour Phnom Penh quitta la ville à quatre heures du matin. Comme tous les bus asiatiques, il était surchargé de passagers et je n'obtins l'un de ces jolis billets vendus par Tes Heak. couverts d'idéogrammes rouges, qu'en payant le double du prix normal. Dans le bus, je reçus la place d'honneur à la droite du chauffeur, obligé de jouer des coudes avec moi chaque fois qu'il changeait de vitesse. Trois notables de Siem-

Reap était coincés à sa gauche et une rangée de bonzes en robes jaunes étaient assis, impassibles, juste derrière. Bien qu'ils vouassent leur vie à l'abnégation, ils gardaient quelques manières bourgeoises qu'on ne leur avait pas interdites, dont le port de lunettes de soleil qu'ils arboraient comme tous les autres passagers dès que l'aube se levait.

Les passagers transportaient avec eux, comme ils l'auraient fait de sandwichs, des poissons séchés qui étaient suspendus à portée de main et qui emplissaient le bus d'une odeur forte et piquante de marée. Dès que nous fûmes sur la route, un des bonzes, gêné par son ombrelle, se pencha en avant et l'accrocha sur le pare-brise. Les autres firent de même en privant le chauffeur de la moitié de sa visibilité. Ce handicap ne le dérangea pas ; de toute façon, il était impensable de les critiquer.

Il n'était guère rassurant d'être assis à côté du chauffeur. Avec quelques notions de mécanique, on ne pouvait s'empêcher de remarquer certains défauts du car. Dans ces pays, on conduit ces engins au-delà de leur limite. Ils sont ingénieusement rafistolés avec des moyens de fortune, puis remis sur la route où on les tire encore, bon an mal an, jusqu'à ce que leurs cylindres elliptiques, leurs essieux usagés, leur carcasse abîmée, leur transmission estropiée, leurs valves brûlées, leurs ressorts aplatis ne leur permettent plus de faire un kilomètre. Pendant tout ce temps, et jusqu'à la désintégration finale, les chauffeurs les conduisent avec confiance et énergie.

Le moteur semblait donc flotter sur le châssis tandis que les pédales se trémoussaient, indépendantes, sur le plancher. Le chauffeur était contraint de maintenir celle des freins relevée avec son pied et de conduire la main posée sur le levier de vitesse afin d'éviter que l'embrayage ne saute. Le volant tournait librement sur environ quatre-vingt-dix degrés avant que la direction ne soit influencée et les phares s'éteignaient chaque fois que nous rebondissions sur les dos d'âne. Ces inconvénients ne semblaient pas inquiéter le moins du monde le chauffeur, petit Chinois âgé qui conduisait le bus avec une détermination tranquille. Quoi qu'il advînt et quelle que fût la condition de la route, il filait toujours à la vitesse maximale, dans un long mugissement, à cinquante kilomètres à l'heure. Il me sembla que nous avions pris un raccourci à travers le pays, évitant les villes que je m'attendais à traverser ; d'une façon ou d'une autre, nous avions raté Sisophon. Quelques kilomètres plus loin, sur notre gauche, nous aurions dû apercevoir les berges du grand lac qui, bien qu'étendu sur quatre-vingt-dix kilomètres de long et vingt de large durant la saison sèche, triplait sa surface et noyait plusieurs kilomètres carrés de forêt par forte saison de pluies. Cette inondation annuelle coïncidait avec la fraie d'où un accroissement considérable du nombre des poissons, à tel point que lors de la décrue, on pouvait les attraper à la main plutôt qu'en les pêchant. Mais en cette saison, le niveau était au plus bas (et pouvait se dérouler cette pêche exterminatrice) et l'eau s'était retirée sur dix ou quinze kilomètres, laissant derrière elle des prairies poissonneuses semées de routes et de villages provisoires où poussaient quelques légumes. Le lac lui-même, toujours invisible, était cerné d'une frange de villages flottants qui se déplaçaient vers l'avant ou vers l'arrière selon l'expansion ou le retrait des eaux. Dès le lever du soleil nous nous retrouvâmes sur la route principale. On pouvait voir qu'il s'agissait d'une route principale car, malgré sa surface plus défoncée qu'une piste de brousse, on y croisait des ponts et des villages permanents. L'un de ces ponts que nous empruntâmes avait été construit sur d'anciens vestiges khmers ; il s'appuyait sur les restes d'une balustrade ornée d'un long serpent à sept têtes. En quelques endroits, des ruines déchiquetées sortaient du sol.

Au petit déjeuner, nous fîmes une halte dans un village, demi-cercle de cabanes couleur ardoise dont les poteaux de soutien avaient été fraîchement plâtrés, comme pour annoncer la venue d'un cirque, avec des affiches du Nouvel An chinois. Quelques Cambodgiens rêveurs s'appuyaient à ces poteaux ; dans les rues, on trouvait une belle collection de chiens à tête de hyène que notre chauffeur évitait soigneusement.

Puisque manger dans des endroits bizarres constitue la moitié du plaisir des voyages en Asie, les passagers ficelèrent les poissons séchés au dossier de leur siège, descendirent et se dirigèrent vers la cahute sombre qui tenait lieu de café. Deux des bonzes les plus âgés s'assirent ensemble à une table. L'un prit une plume et commença à écrire une lettre, l'autre sortit un casse-croûte d'une gamelle américaine.

Les quatre autres bonzes s'alignaient maintenant le long d'un ruisseau, par ordre de grandeur, une bassine à la main. Ils avancèrent de quelques pas pour arriver devant la première maison, ils s'y arrêtèrent et firent un demi-tour à gauche. Une femme en sortit, parée d'un bol et d'une louche, comme avertie par une prémonition. Elle regarda la ligne de face, un peu comme un sergent inspectant la parade, s'accroupit ensuite puis porta un instant le bol à son front. Elle se releva et se dirigea vers le bonze de tête, remontant la file avec zèle, et déposa une louche pleine de riz dans chaque bol. Le rituel accompli, les bonzes firent un demi-tour à droite et se dirigèrent vers la maison voisine, toujours en file indienne.

Comme j'avais un penchant pour la décoration de ces endroits, je préférai entrer directement dans le sinistre café plutôt que de rester assis dehors. Je fus récompensé par une photographie de Sun Yat-Sen (Chiang Kai-Shek avait complètement disparu de ce genre de lieu et Mao Zedong n'était pas encore arrivé), une peau de tigre mal traitée, une collection de fausses cornes de rhinocéros et une publicité pour la loterie nationale khmère constituée de quatre dessins illustrant la vie familiale cambodgienne. La première scène, laconiquement titrée « Souffrance », décrivait un foyer ordinaire, avec les membres de la famille accroupis sur le sol de leur maison, ne faisant rien de particulier, comme on pouvait s'y attendre. La seconde affiche montrait le mari, une bulle flottant au-dessus de sa tête lui suggérant d'acheter un billet de loterie. Malgré leur pauvreté, les Cambodgiens semblent trouver l'argent nécessaire. Dans le troisième dessin, la famille gagne, et quand on lui annonce la grande nouvelle, elle exprime sa joie avec les gestes des danseurs de temple. Le quatrième dessin, sous-titré « Bonheur », est raffiné et paisible. L'épouse porte un pull rouge, une jupe courte et des pantoufles. Son homme a revêtu un manteau à revers, une chemise à col et une cravate. Normalement, sous ce climat, ils auraient dû mourir de chaud ; mais la loterie se charge aussi de cela. Ils sont assis devant un ventilateur électrique.

J'étais de plus en plus embarrassé par mon incapacité à communiquer. Dans les contrées reculées d'Indochine, il est bon, pour le confort et la sécurité, de connaître quelques mots d'une langue principale : le vietnamien, le cambodgien, le laotien ou même le chinois. Mais la première et la dernière présentent de grandes difficultés dans leur système tonal. On doit savoir chanter autant que parler. Le cambodgien, bien que pauvre en vocabulaire abstrait, est étonnamment riche par d'autres aspects. Par exemple, dix-sept verbes différents remplacent le verbe « porter », selon que l'on porte sur la tête, le dos, les épaules, la hanche, dans les bras, suspendu à une corde, etc. Il existe également sept formes pour s'adresser à quelqu'un, reflet, je suppose, de l'ancien ordre social khmer qui prenait en compte l'état moral et social de l'interlocuteur. C'est une offense grave que de se tromper de forme d'adresse. Il ne s'agit pas simplement d'utiliser la forme polie latine. Les différences sont si importantes qu'elles divisent presque la langue en plusieurs dialectes.

Pour demander de la nourriture, il ne reste plus qu'à dessiner ce qu'on désire (mon esquisse d'oiseau ne conduisit pas à des ailes de poulet mais à deux moineaux frits à la broche), à montrer du doigt ce que les autres mangent – l'habituelle soupe chinoise où flottent des tentacules de poulpe. Cela amuse grandement les autres clients, malgré le carcan de leur civilisation millénaire, les Indochinois se contrôlant trop pour éclater de rire comme le ferait un Africain. Dans ce cas-là, on alla chercher le chef qui, avec de dignes révérences, m'invita à la cuisine, antichambre de l'enfer de Dante, où je choisis de la viande hachée teinte de couleur vive qu'on me servit – façon hongroise – enveloppée d'une feuille de laitue. Le sel est toujours rare et précieux. Dès lors, on s'attend à tremper sa nourriture dans des sauces rances ou à grignoter du poisson salé entre deux bouchées. Ce café-là, pourtant, mettait à disposition ce qui était décrit en anglais sur l'étiquette de la boîte comme de la « Poudre de Gourmet Ve-Tsin », une épice jaune et piquante qui, abondamment servie, produisait un léger effet de sel.

Une sorte d'état d'urgence avait été proclamé dans les environs et plusieurs membres de la Garde nationale flânaient, cherchant un endroit pour dormir. L'un d'eux s'affala sur une chaise à ma table et son fusil tomba sur le sol. Il se baissa, le ramassa, se pencha au-dessus de la table et mit une fleur dans le canon. C'était une arme désuète à la goupille rouillée, mais il avait gravé la crosse avec goût, d'un dessin compliqué de feuilles à travers lesquelles un cavalier, en armure, chargeait, l'épée à la main.

Quand il fut temps de repartir, le chauffeur fit le tour du village pour chercher chaque passager, localisant avec difficulté ceux qui, voulant profiter de l'excursion, s'étaient éloignés pour admirer le paysage. Nous laissions derrière nous quelques compagnons de route que remplacèrent des femmes cambodgiennes aux effets rangés dans des paniers magnifiquement tressés. Leur fière allure était altérée par leur détermination à afficher la plus grande sérénité. Les cheveux des jeunes filles étaient coiffés en chignons épais, mais les femmes plus âgées les avaient coupés très court, ce qui était, tout à fait par hasard, la mode en Europe cette année-là.

En quittant le village, nous traversâmes un pays plat. De chaque côté s'étendaient des bourbiers laiteux aux eaux profondes couleur jaune d'œuf, dans lesquels pataugeaient des buffles gras comme des asticots. Le ciel gris fer couvrait une terre en friche. Pour la première fois, je vis des ibis, curieusement accompagnés d'aigles, barbotant maladroitement dans les marais. Ici, et sur une courte distance, les villages semblaient assez différents. On avait dressé devant chaque maison une sorte de totem avec un coq sculpté au sommet. Les manières de vivre étaient informelles. Lors d'un arrêt dans un hameau, une dame exquise sortit de sa maison en culotte noire et, nous tournant le dos, devant une grande jarre en terre, commença sa toilette matinale. Décemment, les bonzes détournèrent leurs yeux. De l'autre côté de la route, les travaux avaient débuté sur un nouveau bâtiment – une entreprise qui mobilisait tout le village et qui durerait trois ou quatre jours – et l'on fêtait le moment solennel de l'installation du pilier central avec fifres et tambours, en arborant la bannière rouge.

Nous continuâmes notre voyage. Dans ce paysage dangereusement doux et ensoleillé, le chauffeur semblait « sentir » son chemin avec perspicacité, s'arrêtant parfois pour demander des renseignements à un paysan, puis faisant un détour dans cette vaste contrée blanche pour éviter un village douteux. Le bus subissait un châtiment terrible. Des problèmes d'électricité se manifestèrent et, sans ralentir, le conducteur envoya son compagnon les réparer. Le bus bondissait sous lui. Il rampa sur le capot, pieds nus, jusqu'à l'avant, ouvrit un côté du moteur puis l'autre, maniant ses tenailles pour démonter et remettre les fils, isolant les connexions avec de l'adhésif qu'il avait collé sur ses jambes. Sur les bords de la route, les gens qui voulaient monter essayaient de nous arrêter. Le chauffeur ignorait les civils, criait des excuses polies aux bonzes et s'arrêtait pour les militaires.

En début d'après-midi, il y eut encore une pause. Nous entrâmes à nouveau dans un restaurant chinois et l'on put voir la famille, avant qu'elle ne soit envahie par les passagers du car, faire la sieste sur les tables au fond. C'était une affaire qui marchait bien, probablement sous nouvelle gérance. La nourriture fut servie dans des bols superbes aux bords dorés, décorés de lettres chinoises. Des coqs stylisés et des libellules ornaient les cuillères. Cependant, malgré ces raffinements, le restaurant ne refusait pas que les clients apportent leur propre nourriture. Tandis que j'étais occupé avec mes crevettes salées, un des passagers, un Cambodgien frugal, s'assit à ma table, commanda un verre de thé et, déballant une feuille de banane, sortit un petit oiseau apparemment frit dans la panure et, le tenant par le bec, le mangea en deux bouchées. Quand nous eûmes terminé tous deux notre repas, il se leva, sourit et m'invita à le suivre. Nous fîmes quelques pas et il me désigna une maison, ou plutôt une structure supportant des portes sculptées. Il n'y avait pas de murs. Dès que nous arrivâmes, le résidant, couché sur une natte protégée d'un parasol, se leva, ouvrit l'une des portes et descendit de son échelle jusque dans la rue. D'après ses habits, un épais pull-over noir et un casque colonial, je pensai que c'était un homme important. Mon compagnon fit une grimace et dit *pirate*.

Ce village se trouvait sur une berge de la rivière et son marché vendait beaucoup de poissons. J'y découvris une race particulière que je voyais pour la première fois mais que je ne cessai de rencontrer par la suite. Cette espèce avait ceci de remarquable qu'elle était toujours vendue vivante ; les poissons étaient alignés sur des feuilles de bananier, le prix écrit sur des cartons en équilibre sur leur tête plate, entre les yeux. Parfois, le poisson qui, je l'appris plus tard, vivait encore trois heures après avoir été pêché, se déplaçait maladroitement sur ses nageoires ventrales devenues palmes. Cela se produisait surtout quand un chien le harcelait. Il pouvait ainsi parcourir un mètre avant d'être repris puis gentiment rangé par la jeune Cambodgienne responsable. Quand la vente avait lieu, le poisson était attaché à une fine tige de bambou, avec un joli nœud, et emporté par l'acheteur au bout du doigt. Les seuls poissons morts étaient de bonne taille, les mâchoires grandes ouvertes, une crevette propitiatoire fourrée dans la gueule. C'était un village qui aimait les animaux et qui laissait libre cours à deux buffles immenses et roses – espèce qui porte chance ; ceux-ci s'étaient arrêtés au marché pour se régaler de légumes tandis que les vendeurs les regardaient d'un air admiratif.

Il se produisit alors un incident de mauvais augure. Trois soldats qui avaient voyagé avec nous s'élancèrent tout à coup, bousculant le groupe de passagers qui attendaient à l'ombre du bus le signal du départ. Se précipitant dans le bus, ils jetèrent leurs affaires par les fenêtres puis sautèrent dans la rue – perturbant ainsi une pyramide de paniers à poules. Ils filèrent ensuite, traînant bandoulières et ceintures.

Un gloussement d'excitation se répandit parmi les passagers dont certains, suivant l'exemple des soldats, essayèrent de décharger leurs bagages. Ils furent retenus par le conducteur qui, abandonnant son flegme habituel, agitait ses bras comme une oie menant sa horde. Il les ramena dans le bus. Quand j'essayai d'y monter, on me barra l'accès et le conducteur m'expliqua, peut-être en chinois mandarin, la difficulté survenue. Heureusement, ses arguments étaient soutenus par les traductions en cambodgien des passagers qui parlaient avec la lenteur et la clarté exagérées de ceux qui sont certains que cela va compenser une ignorance totale de leur langue. Le vieux bonze se joignit au groupe et retira respectueusement ses lunettes de soleil avant de commencer son exposé d'une voix basse et posée dans une *lingua franca* universitaire que je ne comprenais pas – probablement du pali. L'homme du restaurant sortit, se hissant pour se frayer un chemin jusqu'à l'avant et dit *pirate* à nouveau, mais cette fois avec un triste sourire d'excuse. L'une des personnes du marché, appelée pour faire l'interprète, demanda « toi parler français ? » Mais quand je répondis oui, elle secoua la tête de confusion et, ayant épuisé son vocabulaire, reçut la permission de partir.

Une fois de plus l'homme du restaurant revint, déterminé à nous faire sortir de l'impasse, tandis que le chauffeur tiraillait furieusement la manette de départ. Comme j'entendis le mot *pirate* à nouveau, je désignai en haut de la rue la maison squelettique dont je soupçonnais le propriétaire d'avoir pris sa retraite et de vivre des revenus du brigandage. Celui-ci était remonté en haut de son échelle et était maintenant étendu sur sa natte. Mais l'homme secoua la tête. Il leva ses deux bras, visa le long d'un fusil invisible pointé dans ma direction, appuya sur une détente fantôme et fit de sa langue un claquement sec, un clic concluant. Ensuite il mit ses doigts sur ses paupières qu'il referma, soupira profondément et poussa une dernière respiration, comme s'il repoussait quelque chose, une âme peut-être. Les passagers, tous regroupés autour de nous à côté du bus, furent très impressionnés par cette improvisation théâtrale et hochèrent la tête avec sympathie.

Le chauffeur avait maintenant fait démarrer son moteur et gesticulait impatiemment, mais mon ami persévéra. Avec d'autres gestes, pour certains universels – comme celui de joindre les paumes de la main sous la tête pour représenter le sommeil – il fut convenu que, puisque des bandits aller croiser notre route, je passerais la nuit dans ce village, car s'ils me trouvaient ils me tueraient. Cela ne me parut pas être une bonne idée. Je pensai que si les bandits apprenaient ma présence dans le village, ce qu'ils feraient probablement, ils viendraient me chercher et je serais alors seul. Tandis que si je prenais le bus, au pire, je pourrais être protégé par ce qu'on appelait la compassion humaine, ces liens de voisinage, même infimes, qui se créent entre compagnons de voyage, surtout dans ces circonstances. Je réussis donc à dire clairement que je voulais participer au périple.

Dès que ma détermination à continuer fut agréée, le chauffeur, aidé de quelques passagers, réorganisa les bagages à l'arrière du bus. Ils les empilèrent, formant une sorte de trou dans l'ouverture duquel je me glissai comme un bernard-l'ermite, refusant de me cacher totalement, au cas où surviendrait une urgence.

Suivirent alors deux heures de suspense durant lesquelles rien ne survint, et au bout desquelles je me trouvai à moitié anesthésié par l'odeur des ballots de poissons séchés. Le bus s'arrêta de nouveau. Nous avions rejoint un ferry et le chauffeur m'invita à sortir de mon trou. Le passage dangereux semblait dépassé. Nous étions sur le point d'embarquer quand surgit un jeune homme vêtu d'un uniforme américain de G.I. Malgré son air autoritaire et sans peur, il semblait désarmé. Passant de passager en passager, il fit une collecte. Mon tour arrivant, je souris et refusai d'un signe de tête. Le jeune homme répéta ce qu'il avait dit mais je ne compris pas et secouai la tête à nouveau. Légèrement embarrassé, il abandonna et partit. *Pirate,* me dit mon compagnon du restaurant, inclinant la tête dans sa direction.

Trois jours plus tard, je rejoignis Saigon, juste à temps pour prendre place sur le vol pour le Laos.

Le Laos

À 10 000 pieds d'altitude, le Laos ressemblait à une écume grise et verte vue à travers une brume de chaleur et faisait penser à une vitrine sale. Alors que nous approchions de Vientiane en fin d'après-midi, la brume s'était épaissie et le pilote perdit de l'altitude comme pour chercher des repères au sol. Durant la dernière demi-heure, des ballots de chiffons semblaient passer à côté de l'avion. C'étaient des vautours, qu'il était judicieux de ne pas heurter à trois cents kilomètres à l'heure. Nous atterrîmes avec des rebonds dans une brume opaque, on distinguait comme des feux de joie tout autour de la piste et le disque jaune diffus du soleil. Comme la porte de la cabine s'ouvrait, une bouffée de chaleur entra.

De la plupart des voyages subsiste le souvenir des jours de découragement, lorsque l'enthousiasme fléchit sous le poids des petits inconforts physiques. Ma découverte du Laos baignait dans cet état d'esprit. C'était le paradis terrestre dont tous les Français avaient rêvé ; un pays qui fut jadis un immense Tahiti, conduisant ceux qui y étaient envoyés en mission à mener ensuite une vie plutôt dissolue. Pour être juste, je vis le Laos à la pire saison – à fin mars – quand l'air s'alourdit présageant des orages, et que le paysage s'emplit de tristesse automnale. Bien que le soleil fût enveloppé jusque tard dans la matinée d'une brume oppressante, la chaleur régnait comme un interdit sur Vientiane. A certaines heures, dans cette tranquillité, un vent chaud se levait et balayait les rues, déclenchant une animation brève et factice, projetant des feuilles géantes au visage des passants à moitié désincarnés par la poussière tourbillonnante dans laquelle ils flottaient comme des esprits. Quelquefois, le ciel gris et lourd pressait de rares gouttes de pluie.

Je logeai dans la pension familiale gouvernementale, une villa à l'européenne – puisqu'elle avait deux étages – mais à l'apparence indigène avec ses dragons en terre sur le toit. Des frelons avaient commencé des constructions cellulaires autour des volets et des armées de cafards défilaient résolument sur le plancher. De l'eau rare et précieuse était apportée dans un grand pot laissé dans un coin de la pièce où, en maniant une gourde trouée au fond, on pouvait prendre une douche. L'avantage de ce récipient d'eau était d'attirer à sa surface une couche de moustiques qui se contentaient de demeurer là sans menacer, sauf si on les dérangeait. Depuis la fenêtre, on avait vue sur le Mékong, une bande d'eau olivâtre au milieu d'un lit blanchi. Cette sécheresse influençait peut-être le système électrique de la ville, car le filament de l'ampoule ne consentait à rayonner faiblement que par intermittence, et jamais la nuit. Dès que le vent chaud se levait, agitant les arbres autour de la maison, des feuilles sèches, grandes comme des assiettes, volaient et s'écrasaient avec un bruit très particulier sur celles qui jonchaient déjà le sol. C'était le râle morbide de l'année qui, au Laos, expire dans une sénilité rauque, pour renaître dans les orages dévastateurs qui allaient exploser d'un instant à l'autre.

Vientiane est un centre religieux, l'une des deux anciennes capitales du Laos. Elle regorge de pagodes, la plupart désertes et en ruines ; des bouddhas colossaux, au sourire à demi effacé par la poussière, trônent au milieu des briques écroulées.

A cette époque de l'année, la terre étant sèche, il n'y a pas de travail. C'est donc la saison des *boun*, les festivals laotiens. Chaque pagode a le sien, et bien qu'on tente d'éviter qu'il y ait deux *boun* simultanément, les pagodes sont si nombreuses qu'on ne peut empêcher quelques doublements. Ainsi, chaque nuit, durant plusieurs semaines, le ciel de Vientiane rayonne de mille feux tandis que le bruit du carnaval se propage à la ronde. Les *boun* commencent vers 23 heures et durent toute la nuit.

La nuit suivant mon arrivée, j'allai à un *boun* que je découvris en suivant la foule. C'était à environ deux kilomètres du centre de la ville. En chemin, je dépassai plusieurs pagodes où des charpentiers travaillaient à la lumière des lampes pour préparer un prochain festival.

Une enceinte avait été construite autour de la pagode où toutes sortes de lumières brillaient, de la lampe-tempête aux tubes fluorescents, créant une luminosité aveuglante. On avait loué un générateur pour l'occasion. L'entrée était libre, mais des jeunes filles, les yeux baissés, échangeaient des offrandes contre une bougie, un petit bouquet de lilas japonais ou deux bâtons d'encens dans un bol de bambou. Parmi les nombreux divertissements il y avait une représentation gratuite qui durait plusieurs heures, que seuls des experts auraient pu distinguer du théâtre siamois. Les acteurs restaient sur scène durant des périodes interminables, avançant ou reculant parfois de quelques pas. Pendant ce temps des nourrissons jouaient à leurs pieds alors qu'un machiniste interrompait parfois le spectacle pendant quelques secondes pour faire remonter la pression des lampes-tempête.

Sur une plate-forme proche, on dansait le *lap ton*, l'une des principales attractions. Mais comme au Laos il est incorrect de danser en public, l'organisation religieuse avait engagé des hôtesses venant du Siam, de l'autre côté de la rivière. Les filles étaient payées pour trois nuits et logeaient dans un bâtiment proche. Il en coûtait une piastre de cabrioler en leur compagnie autour de la scène pendant quinze minutes. Elles étaient habillées de robes hideuses qui leur descendaient jusqu'aux genoux, et certaines semblaient s'être fait faire des permanentes. Les jeunes filles laotiennes, en retrait, élégamment parées d'écharpes de soie, de jupes brodées, la taille marquée de fils d'or et d'argent, le chignon orné de nombreux bijoux, ne pouvaient paraître que mélancoliques. Comme j'arrivais, les organisateurs eurent des problèmes avec un micro – accessoire indispensable à toute manifestation sociale en Extrême-Orient. Un jeune homme chantait une mélodie douce et nasale qu'on ne pouvait entendre qu'à l'intérieur de l'enceinte du *boun*. Mais soudain, les électriciens réussirent leurs manipulations et tout Vientiane fut inondée d'un gigantesque aboiement. Les électriciens s'embrassèrent, enchantés du vacarme et le public glissa du théâtre à la piste de danse.

Autre attraction très populaire: « la cour des amants ». Des tables avaient été placées en carré, à l'abri de toits en chaume soutenus par des poteaux décorés en bambou tissé de représentations animales, de symboles phalliques et d'armes. Les filles étaient assises autour des tables à l'intérieur du carré, les courtisans en face. Entre les couples, on avait placé des offrandes de nourriture apportées par les filles. A l'origine, cela représentait le tribut payé aux anciennes déesses de la fertilité, Vénus thaïlandaises primitives. Les offrandes seraient remises le lendemain aux bonzes. Les blagues graveleuses, les chants et les vers improvisés dureraient toute la nuit, accompagnés des sifflements d'accordéon du *kène*, instruments faits d'une calebasse percée de trous et qui semblait dater de l'âge de la pierre laotien. Parfois, grâce à l'heureuse défaillance du courant électrique, les basses et les haut-parleurs hoquetaient soudainement. On entendait alors la ruche bourdonner d'amour communautaire, les *kène* et la voix du bonze qui présidait à la soirée, prêchant sans cesse dans une langue archaïque et incompréhensible de la cage d'osier qui l'enfermait. La cage symbolisait la protection de sa religion contre toutes ces distractions terrestres. Dès que l'inspiration venait à manquer, d'autres orateurs attendant leur tour le remplaçaient.

Les cours d'amour sont les préliminaires usuels à la consommation amoureuse, qui – malgré la certitude européenne que l'Occident a inventé l'amour romantique – est accompagnée au Laos de la composition de vers et de douces frustrations volontaires. Quand, par exemple, une femme remarquée pour sa beauté est courtisée, une sérénade est organisée sous sa véranda afin de mettre au concours les talents poétiques et musicaux de chacun des prétendants. On laisse une liberté totale avant le mariage, mais en maintenant une réserve tout extérieure. Il y a un temps et un endroit pour tout. Il est incorrect, par exemple, de saluer dans la rue une dame avec laquelle on se trouve particulièrement en bons termes. Au Laos, ces choses suivent un protocole hérité d'une société très organisée aux traditions encore extrêmement vivantes.

Le charme de Vientiane réside dans la vie et les coutumes de ses habitants. Si l'on n'est pas amateur de pagodes et d'architecture, il y a peu de choses à voir. Les Laotiens préfèrent travailler le bois plutôt que la pierre. Leur art, en grande partie limité à la décoration religieuse des portes, piliers et intérieurs, dépérit dès lors rapidement. Hors de la ville, un *stupa* immense, gris, à moitié en ruines, contiendrait un cheveu du Bouddha. Il est entouré d'un cloître renfermant un bon millier de représentations du Bouddha, collection dont les habitants de Vientiane sont très fiers. Mais même ici, où la religion se pratique pourtant dans sa forme la plus pure, on trouve quelques déviances, un léger écart par rapport à la haute conception philosophique ; ainsi certaines pratiques magiques viennent l'entacher. Choisissant parmi les nombreuses images une divinité qu'il fera sienne, le dévot la détourne suivant une pratique semblable à celle qui a cours en Europe méridionale envers les saints. Dans ce cas-ci, la principale fonction de l'image est de guérir, et quand le malade est rétabli, il se précipite vers la pagode pour appliquer des feuilles d'or sur la partie du Bouddha correspondant à celle qui le fit souffrir. De cette pratique, je déduisis que la population de Vientiane souffrait de nombreux maux de tête – probablement ceux qui accompagnent la malaria.

Dans un coin du sanctuaire se dressait une statue ancienne, ithyphallique, vieille divinité hindoue, sans doute érodée dans ses parties intimes par l'adoration millénaire de nombreuses femmes. On dit que les femmes de la colonie française qui désirent un enfant imitent la « laosisation » de leur mari en venant ici secrètement présenter leurs respects. Je me demandai si ce tribut clandestin ne pouvait s'étendre aux bouddhas afin de solliciter leurs pouvoirs curatifs et, si tel était bien le cas, ce que l'on pourrait en déduire sur les maladies courantes chez les Européens qui vivent ici.

Le musée de Vientiane, que je visitai dans l'espoir de mieux connaître l'art vivant du pays, n'a guère plus à montrer que sa collection de bouddhas. Il y a une tranquillité, un laisser-aller dans le bouddhisme hinayaniste du Cambodge et du Laos – très différent de la déformation névrotique apportée par les derniers rois khmers – qui ne favorise pas le développement de l'art religieux. En comparaison avec la vie du Christ, on ne trouve ni violence ni drames dans celle de Bouddha ; de plus les Laotiens refusèrent les épopées indiennes, les considérant par trop prosaïques. Il suffisait de sculpter des bouddhas, *ad infinitum*, en cherchant peut-être à multiplier les vertus magiques de chaque image. Le conservateur faisait le guide, commentant les positions caractéristiques – sept ou huit – que l'on pouvait facilement assimiler en cinq minutes. Après quoi, on pouvait observer des différences infimes sur le physique et la physionomie qui révélaient les influences de l'Inde, de Java, du Tibet et de Ceylan. C'était tout.

D'ici à ce que les musées se tournent vers l'art populaire, les animaux grotesques de bambou, les figurines sculptées et articulées, si obscènes aux yeux des Européens, seront réduits à la fonction d'une offrande pour le feu païen des *boun* – et il sera trop tard. Le microphone est le signe infaillible de ce qui adviendra. Rien ne survivra à l'ère du matérialisme ambiant.

Telles ont été les visites à faire à Vientiane avec, en outre, un spectacle très populaire chez les Européens, qui vivent en retrait, isolés, dans des conditions difficiles, et qui ont tendance à s'enfermer dans le giron protecteur des personnes en exil.

Ce spectacle est constitué par un abattoir en pleine activité. Je ne sais s'il est illégal d'abattre des animaux selon la loi laotienne, mais c'est certainement un acte honteux et la boucherie des animaux destinés aux Européens est effectuée en pleine nuit, dans la banlieue. Les abatteurs sont obligés de travailler à la lueur des flambeaux, ce qui procure, selon les Français, un effet pittoresque. Il n'est pas considéré comme correct d'assister à la mort même des animaux mais de se présenter juste après, lorsque les carcasses sont suspendues aux crochets pour être découpées et que les ouvriers en pagnes, généreusement éclaboussés, pataugent dans une mer rouge de sang. Les voitures sont garées à bonne distance pour éviter les vapeurs malodorantes ; on nous recommande d'apprécier le tableau comme un nu dans une galerie d'art, c'est-à-dire vidé de toute réalité, une peinture abstraite dans laquelle primerait la couleur.

J'allais rapidement épuiser les possibilités offertes par Vientiane. Thao Nhouy, le ministre de l'éducation laotien, me prêta donc sa jeep pour visiter les villages alentour, mais les routes étaient si mauvaises que la voiture tomba en panne après cinq kilomètres. Il me suggéra ensuite de voir le spectacle de l'école de danse des jeunes filles. Lorsque je répondis que j'en serais ravi et que je demandai la permission de prendre des photos, il renvoya les filles chez elles, à bicyclette, pour revêtir leurs plus beaux atours. Une heure plus tard, elles revenaient au compte-gouttes, portant leurs bijoux et ceux de leur mère, ainsi que des fanfreluches de soie empaquetées. Quand elles furent prêtes, elles produisirent le plus brillant effet. Une fille portait une écharpe ornée de fil d'or qu'elle disait valoir 50 livres sterling. Elles dansèrent, supervisées par un professeur que j'avais croisé dans un *boun* et qui était un acteur professionnel. Celui-ci intervenait parfois si une fille omettait d'exhiber une partie de son savoir-faire, comme de replier, par exemple, ses doigts vers l'arrière, jusqu'au dos de la main.

Toutes ces filles, habillées en princesses, vivaient dans des cabanes dans la forêt. Chacune possédait sa bicyclette – toujours équipée d'une dynamo pour le phare et quelquefois de trois vitesses. Il semble qu'une des motivations essentielles du travail du Laotien soit d'offrir un vélo à sa fille. Travailler plus que nécessaire est considéré comme irréligieux et de mauvais goût. Le père de famille cultive un lopin de terre qu'un bonze expert en la matière estime suffisant pour ses besoins. Si la famille compte six membres, elle cultivera six portions égales de terre. Si un enfant naît, la famille défrichera et travaillera une nouvelle parcelle. Lorsqu'un membre de la famille meurt, aïeul ou bébé, la culture de sa parcelle est arrêtée. La production suffit juste à couvrir les besoins de la famille et à fournir un léger surplus vendu au marché – *avec l'approbation du bonze* – pour acheter quelques objets nécessaires, limités aux stricts besoins, comme une écharpe en soie ou une bicyclette pour la fille. Les assurances sociales n'existent pas, les nécessiteux non plus. Les vieillards et les malades sont pris en charge par les jeunes ou, lorsque ces derniers se trouvent seuls et sans ressources, par la communauté. Les bonzes donnent alors des instructions pour que la terre nécessaire soit cultivée pour eux. L'accumulation de richesses non employées à des buts bien définis et approuvés est mal vue par les voisins : un processus parfaitement inverse à ce qui se passe en Occident. La principale différence entre le bouddhisme en Indochine et le christianisme – mis à part leurs mérites respectifs – réside dans le fait que le premier est, dans une très large mesure, vraiment mis en pratique.

C'est une réflexion stimulante pour un millionnaire occidental, obsédé par le besoin d'amasser des fortunes colossales pour sa réussite sociale – qu'il n'arrivera d'ailleurs pas à consommer lui-même – que de penser qu'il atteindrait le même rayonnement personnel dans l'ordre social laotien et bouddhique par l'austérité sacerdotale – en embrassant la forme de pauvreté la plus rigoureuse mais qui confère le plus grand prestige.

Peut-être est-ce pour cette raison que le couple de missionnaires n'a converti personne. Comme tous ceux qui ont vécu parmi les Laotiens, ils en subissent les charmes, même s'ils sont déçus par leur aveuglement. Ils déplorent en l'occurrence leur immoralité.

En ce qui concerne les conversions, les évangélistes n'eurent pas plus de succès que les Portugais, les Espagnols ou les Français qui les avaient précédés. Comme les Laotiens se montrent peu doués pour l'abstraction, que ce soit dans leur langue ou dans leur religion, ils ne comprennent pas la subtilité des concepts religieux occidentaux. Ils prennent passionnément toutes choses au pied de la lettre. Le premier commandement du christianisme comme du bouddhisme étant « Tu ne tueras point », ils ne peuvent supporter d'exceptions comme la peine capitale ou la guerre « juste » ; la casuistique les rebute. De plus, le bonze, chef spirituel des paysans parmi lesquels il travaille et vit, en vertu de l'observance rigoureuse des principes de sa religion, possède toute la considération qu'aurait, en Occident, un champion de boxe. Le bonze donne l'exemple de la renonciation la plus complète et inspire, par respect, l'abnégation des villageois. Les Laotiens, donc, bien que tolérants à l'extrême, ne se montrent guère impressionnés par la valeur d'un soi-disant chef spirituel qui se présente à eux riche en possessions matérielles. Cette attitude négative s'amplifie et devient aversion lorsque, et c'est souvent le cas, les hommes d'Eglise occidentaux passent la majeure partie de leur temps à la chasse dans un pays où les animaux devraient mourir de vieillesse. Je crains que, là où les dominicains austères et les jésuites échouèrent, il n'y ait pas d'espoir pour les évangélistes. Pourtant, les missionnaires étaient loin de se décourager. Les Méo de la montagne, non loin de Vientiane, tout comme les Moï des plateaux vietnamiens, n'avaient pas rejeté l'évangile. Dans ces contrées, les peuples montagnards primitifs semblaient donc promis à l'évangélisation. Parmi de joyeux amateurs de grand air comme les Méo, aucun risque de manquer une conversion en chassant ! Et si le missionnaire possédait plus de biens terrestres, c'était le signe d'un *ai* (esprit) plus fort, il était donc avantageux de l'imiter. Avant que les Méo puissent s'occuper de religion ou d'abnégation, ils doivent encore forger une civilisation confortable et prospère. Mais la cime de leurs montagnes n'offre pas la moindre chance d'assouvir une quelconque soif de richesses.

Le missionnaire s'était rendu chez les Méo et était très satisfait de leur accueil. Les Méo, disait-il, étaient des enfants merveilleux. A ce stade de développement, les tribus étaient très accueillantes et se pliaient facilement aux lubies de l'étranger complaisant ; tout le village s'était rassemblé pour l'écouter attentivement tandis qu'il prêchait. Il me sembla que si le missionnaire avait parlé en méo, c'eût été un geste important et je lui demandai s'il l'avait fait, ou s'il s'était contenté du laotien que la plupart des Méo comprenaient.

— Ni l'un, ni l'autre, dit-il, j'ai prêché en anglais, et d'après la façon dont mes mots furent reçus, je crois avoir semé quelque chose là-haut.

En traitant si témérairement la barrière de la langue, en l'escamotant, on peut douter que l'évangéliste ait réussi à communiquer aux Méo quoi que ce soit d'un point de vue chrétien. Mais sa performance n'était autre que la *reductio ad absurdum* d'une situation remontant aux premiers missionnaires jésuites. Le fossé entre les langues, la pensée et la tradition était trop large et trop profond. Le père Buzome, par exemple, premier missionnaire envoyé en Indochine par la Compagnie de Jésus à Macao, se montrait, était-ce possible, encore moins efficace. Il avait prêché en s'aidant de phrases que lui avaient préparées à l'avance les interprètes du bateau qui l'avait amené et il célébra quelques baptêmes. Ce ne fut que par hasard, alors qu'il assistait à un spectacle burlesque dans lequel on jouait son rôle, qu'il découvrit à son grand désarroi que les convertis n'avaient aucune idée de ce que signifiait le christianisme. L'un des acteurs, habillé pour figurer le prêtre, avait un immense estomac artificiel. Un garçon l'assistait. Le jeu consistait à demander au garçon « s'il voulait entrer dans le giron des Portugais ? » Le garçon répondait favorablement et l'acteur l'engouffrait alors dans l'estomac artificiel, répétant la scène plusieurs fois, pour le plus grand amusement des spectateurs.

Avec horreur, le père Buzome comprit que l'invitation à entrer dans le ventre des Portugais reprenait précisément la phrase dont il usait quand il demandait aux convertis potentiels s'ils acceptaient la chrétienté. Ainsi, par ce jeu linguistique, le père n'avait fait qu'enfermer la religion dans un ridicule secret. Les Méo, au moins, ne ressentirent probablement qu'un léger étonnement face au discours inintelligible de l'évangéliste.

Le Laos, disait-on à Saigon, était par chance exempt de tous ces désordres rendant tout voyage en Indochine hasardeux. La seule difficulté était d'y accéder. Une fois sur place, tout marchait et rien n'empêchait quiconque d'aller et venir à sa guise dans le pays.

Cette impression se révéla cruellement fictive. On quittait Vientiane comme on y parvenait – par avion. Ou alors, on attendait indéfiniment un convoi militaire qui devait approvisionner Xien Khouang, au nord, ainsi que les postes intermédiaires – îlots entourés de mers périlleuses. L'unique façon de joindre Luang Prabang, deuxième capitale du pays, éloignée de 480 kilomètres au nord du Mékong – soit 400 kilomètres à travers le pays – était d'emprunter une des rares pirogues motorisées. Il me restait maintenant à découvrir dans quelle mesure il était possible de voyager ainsi.

Je trouvai un interprète chinois – les pirogues, évidemment, leur appartenaient – et je descendis vers la rivière. Après un kilomètre de marche le long des berges, on atteignit un endroit où le bras principal débordait sur le côté siamois, formant de petites mares d'eau stagnante, vaguement reliées entre elles. Dans l'une d'elles, se trouvait une pirogue, craquant sous le soleil, en apparence abandonnée. C'était une embarcation laide et sans attrait, une petite jonque dont le pont était entièrement couvert d'une sorte de baraquement ; les voyageurs y étaient confinés dans une semi-obscurité puante pour toute la durée du trajet. Des écrans grossièrement tressés, qu'on abaissait sur les rares ouvertures des côtés, stoppaient l'air et la lumière. Quelques personnes étaient étendues sur le rivage ; l'interprète, soulevant le chiffon qui recouvrait un visage, réveilla l'une d'elles. Une conversation absurde s'engagea, compliquée par le refus de l'interprète d'utiliser un autre moyen que le « pidgin » français.

N.L. — C'est lui le propriétaire du bateau ?

L'interprète. — Oui.

N.L. — Dis-lui que je veux aller à Luang Prabang.

L'interprète (au propriétaire du bateau). — Lui content aller Luang Prabang.

Le propriétaire du bateau (en français). — *Oui.*

L'interprète. — Lui dit oui.

N.L. — Demande-lui quand il pense partir.

L'interprète. — Oui, possible toi partir. Lui dit.

N.L. — Je sais, mais quand ?

L'interprète. — Quand ? Ha ! Aujourd'hui, demain. Peut-être toi content partir. D'accord.

N.L. — Pourriez-vous lui demander ?

(L'interprète déterminé à ne pas perdre la face en parlant un seul mot de chinois, traduit ceci en un galimatias interminable de créole. Le propriétaire du bateau répond de même.)

L'interprète. — Lui dit moteur pas bon. Malade. Bientôt il guérit.

N.L. — Quand ?

L'interprète. — Aujourd'hui, demain, peut-être. Toi content partir – toi partir.

N.L. (converti au créole). — Combien de temps voyage prend ?

Le propriétaire du bateau (en français). — *Dix nuits.*

L'interprète. — Quinze nuits.

N.L. — Pourquoi tu dis quinze ? Lui pas savoir ?

L'interprète. — Dix nuits continues. Arrêts aussi.

(Un autre Chinois arrive et fait au mieux pour semer la confusion. Il se décrit comme un Anglais de Hong Kong.)

L'Anglais de Hong Kong (en anglais). — Ce bateau bon. La grande classe. Vous revenez demain, quand hier est parti. D'accord ?

N.L. — Pourquoi revenir demain ?

L'interprète (intervenant soudainement dans la conversation de A.H. et désignant le propriétaire). — Lui pas dit partir. Lui frère reste.

N.L. — Lui frère où ?

L'interprète et A.H. — Lui frère parti.

N.L. — Quand lui venir ?

Le propriétaire du bateau. — Aujourd'hui, demain, environ.

L'interprète. — Environ.

La route pour Xien Khouang

Cette lutte verbale avec les hommes de la pirogue, dont je craignais déjà qu'elle ne devînt quotidienne, fut interrompue brusquement par l'annonce d'un convoi partant pour Xien Khouang. Mieux encore, il y aurait un siège de libre dans la voiture qui quitterait le convoi une fois tout danger écarté et qui continuerait jusqu'à Luang Prabang. C'était la jeep d'un fonctionnaire français qui s'appelait Dupont, un personnage haut en couleur à la Barberousse que j'avais souvent vu passer en trombe dans les rues de Vientiane. Dupont avait été en mission dans cette ville et retournait maintenant chez lui, à Luang Prabang.

Il arriva le lendemain à la villa, vers trois heures du matin, comme une tornade soulevant l'épais amas de feuilles mortes. Il était accoutré de vêtements comme un chauffeur de Panhard-Levassor. On l'apercevait à travers les branches nues des frangipaniers, klaxonnant sans arrêt et agitant ses bras dans une excitation frénétique à la pensée de toutes les choses qu'il avait peut-être oubliées. Sur une plate-forme entre les sièges du passager et du conducteur, un chien était inconfortablement perché. Dupont dit que cette race ne se trouvait que chez les Méo. A l'arrière de la jeep, son chauffeur laotien était assis, englouti par les bagages. Il dormait et, à chaque virage, sa tête roulait d'un côté de l'autre, comme la tête d'un pendu qu'on viendrait juste de détacher.

Jusque-là, j'avais rencontré des intellectuels, des soldats, des politiciens français, mais Dupont était un homme d'action, bien que ses actions semblaient n'avoir ni motivation ni pertinence. C'était un corsaire d'une autre époque ; un aventurier en voie d'assimilation et dont le Laos calmerait et dompterait les ardeurs. Dupont avait épousé une femme laotienne à Luang Prabang et disait qu'il ne retournerait jamais en France. Ses enfants seraient probablement élevés dans la tradition bouddhiste et, d'ici là, Dupont observerait sans doute lui-même, sans grande rigueur, les rites. En attendant, il en était à adopter, le cœur léger, toutes les superstitions occidentales ou orientales. Mais il demeurait parfois perplexe lorsque ces superstitions entraient en conflit, comme le vendredi treize : en Indochine, les jours impairs sont porteurs de chance, et le vendredi est justement le jour le plus heureux de la semaine. Il promenait un bâton de sorcier laotien, gravé de symboles et de signes lui permettant de faire rapidement son horoscope, mais en réalité, il ne prenait en compte que les verdicts qui allaient dans le sens de ses propres décisions. Dupont voulait arriver à Luang Prabang dans les plus courts délais car sa femme était enceinte et il craignait qu'elle ne se blessât à bicyclette, bien qu'il eût démonté celle-ci et en eût caché les parties essentielles. Nous devions voyager avec le convoi jusqu'à Xien Khouang où se trouvait le croisement des routes, à une centaine de kilomètres de Luang Prabang. Mais Dupont dit que si je n'y voyais pas d'objection, nous partirions seuls au plus vite, à la première occasion. Il se lança ensuite dans des considérations fatalistes sur la mort et la prédestination.

Au point de rassemblement du convoi, nous trouvâmes une belle démonstration de discipline. Des officiers aux lèvres pincées marchaient de long en large, examinant les pneus, vérifiant les fusils et les munitions. Les chauffeurs se rassemblèrent et écoutèrent un sermon sur la discipline à tenir lors d'un convoi. L'épouse laotienne d'un soldat, enceinte, n'eut pas le droit de voyager. Cinq ou six camions transporteraient l'escorte d'infanterie, les autres les provisions. Une douzaine de jeeps furent placées au centre de la caravane, gardée à l'avant et à l'arrière par une voiture armée. Dupont fut repoussé lorsqu'il tenta de se placer en début de colonne, derrière la première voiture armée, d'où il avait espéré filer à l'anglaise à la première occasion.

Bien que l'aube ne fût pas encore levée, nous attendîmes le départ dans une Vientiane encore en pleine activité. Roulant dans les rues, nous passâmes un *boun* très animé, avec ses danseurs de temple voltigeant sur la scène et les pleurs amplifiés d'un chanteur de charme noyés dans le rugissement des pots d'échappement. Les rues étaient remplies d'une foule portant des torches.

Dès que nous eûmes quitté la ville, la poussière, libérée de la couche de feuilles mortes, s'envola dans un brouillard qui cachait tout. Inutile de se rebeller, de tenter d'y échapper, de se cacher le visage ou de se couvrir la bouche d'un mouchoir ! Il n'y avait rien à faire. La poussière, soulevée en nuages d'apparence solide, était projetée par les roues des voitures. Après une heure, nous ressemblions à des meuniers. L'aube me révéla un Dupont étonnamment tranquille sous un masque jaune. Notre conducteur laotien dormait paisiblement et la poussière s'était accumulée dans tous les orifices de sa tête penchée en arrière. Le chien méo secouait parfois sa fourrure d'un violent spasme, éternuant sans arrêt et nous éclaboussant de sa salive. Dupont réconforta le chien en laotien, affirmant qu'il comprenait cette langue ainsi qu'un peu de chinois.

A travers le rideau de poussière que le convoi soulevait, la forêt prenait vaguement forme, ou plutôt, révélait une anarchie de feuilles. Les souches, les troncs et les fleurs, s'il y en avait, se couvraient d'une carapace de feuilles grises. Une ou deux fois, un faisan argenté, au plumage atténué par la légère obscurité, passa au-dessus de nos têtes et plongea dans le feuillage. Ce n'est que lorsque nous fîmes une halte que le brouillard ocre se stabilisa lentement et que la couleur revint doucement animer le paysage. Quelque part au-delà du mur d'arbres, le soleil s'était levé et le hurlement morbide des singes l'accueillait. De petits oiseaux mornes s'étaient réveillés dans les buissons et émettaient une seule et unique note mélancolique. Les soldats, par groupes éparpillés, nettoyaient la poussière de leurs oreilles, se rinçaient la bouche avec du café et semblaient, en vrais professionnels, pessimistes quant à l'issue de l'expédition. Dupont s'était arrangé avec les conducteurs qui le précédaient pour gagner deux places dans le convoi. Il venait de trouver un ruisseau dans lequel il allait lancer le chien – d'ailleurs terrifié par l'eau – quand l'officier en chef siffla le départ du convoi.

Jusqu'à la mi-journée, nous roulâmes, patinant et rebondissant, sur la piste emmurée par la forêt monotone. Enfin le paysage s'éclaircit, la forêt se réduisit à quelques buissons, devint brousse puis savane d'herbe drue. Tapies parmi des blocs de pierre cyclopéens, quelques huttes de bambou tressé formèrent le premier village. Nous y pénétrâmes bruyamment, secouant notre enveloppe de poussière et zigzaguant afin d'éviter les bambins nus et les chiens séniles. Des vautours, effrayés par les véhicules, s'envolèrent et restèrent comme suspendus au-dessus de nous.

C'était la pause du déjeuner. Nous avions déjà avalé de la poussière durent huit heures, à une moyenne de dix kilomètres à l'heure. A cet endroit, des problèmes pouvaient surgir, mais je dis à Dupont qu'il n'y en aurait pas. Qu'importait le nombre d'attaques subies par le convoi, il n'y en aurait pas d'autres tant que j'y participerais. Pour une fois, je trouvai quelqu'un tout à fait d'accord avec moi. Voyager par convoi semblait à Dupont une perte de temps ridicule. On ne risquait pas de croiser plus de bandits sur cette route que sur la Nationale 7. De toute façon, si l'on craignait réellement ces mauvaises rencontres, pourquoi ne pas voyager uniquement de nuit, lorsque les bandits – particulièrement les Laotiens – dormaient. A son avis, nous devions sérieusement réfléchir aux moyens de prendre la poudre d'escampette, car les risques d'avaler de la poussière infestée de germes étaient mille fois plus élevés que ceux d'arrêter une balle perdue en faisant la route seuls.

Dupont, qui refusait les rations militaires s'il y avait possibilité de trouver des repas cuisinés, poursuivit son chemin jusqu'à un taudis sombre, tenu par des Chinois et tenant lieu de restaurant. Il commanda trois bols de soupe chinoise dont un pour son chien qui, à son grand désarroi, était parti quand la nourriture arriva. Le Chinois, privé par son isolement des produits nécessaires à son commerce, s'excusa de la mauvaise qualité de sa soupe. Il promit de nous trouver des grenouilles arboricoles afin d'en enrichir le goût si nous lui accordions une demi-heure. Mais à cause du temps imparti par le commandant du convoi, nous refusâmes son offre, déclinant aussi la proposition de choisir un poisson vivant pour le faire griller.

Le patron n'avait pas été trop modeste : la soupe était vraiment mauvaise. Nous buvions tranquillement notre café au goût terreux d'herbes amères quand un bruit bizarre nous tira de notre torpeur. Nous précipitant dehors, nous vîmes le chien de Dupont occupé à ronger une charogne dans le champ tout proche, entouré des vautours auxquels le cadavre était destiné. Les cris d'horreur de Dupont furent interrompus par le sifflet du commandant du convoi qui, cette fois, signalait à tous les officiers de se rassembler autour de lui. Il leur dit que dix-sept Issarak avaient été signalés et qu'ils nous attendaient pour nous tendre une embuscade au kilomètre 115 – quelque trente kilomètres plus loin. Ils étaient bien armés et vêtus d'uniformes américains. Au kilomètre 115, une piste traversant le pays du Siam au Viêt-nam croisait notre route. Nous pensâmes, Dupont et moi, que si ce rapport datait de quelques heures, il semblait peu vraisemblable que les Issarak fussent encore au même endroit. Pourtant, l'officier soutint qu'ils n'avaient probablement pas bougé de plus de cinq kilomètres dans notre direction. Ordre fut donné à l'escorte d'infanterie de descendre des camions au kilomètre 110 et de nous précéder à pied sur cinq kilomètres. L'officier supposait que les Issarak, s'ils changeaient de position, s'approcheraient inévitablement de nous plutôt que d'aller dans la direction opposée ; une fois arrivés au kilomètre 115, il nous déclarerait hors de danger et l'infanterie réintégrerait les camions.

Nous entrions maintenant dans un pays de plaines et de collines nues, un paysage blanchâtre animé de buffles à la peau rose qui vagabondaient de-ci de-là. Des îlots de végétation dense et splendide jaillissaient des creux du sol – des flamboyants, arrangés comme par un jardinier, avec des fougères géantes et des bambous en plumeaux. Des paons faisaient la roue dans des rizières abandonnées et des cigognes, battant des ailes à notre approche, pataugeaient dans des étangs jaunes. La végétation était sensible à la moindre variation d'altitude. Les fonds des vallées étouffaient dans un maquis de bambous, de cannes minces et segmentées, entortillées de belles-de-jour bleues, qui se courbaient comme des fouets de cocher et nous effleuraient au passage. Ici, les fossés bordant la route étaient remplis de papillons morts qui semblaient avoir perdu la vie alors qu'ils buvaient. Mais quelques centaines de mètres plus loin cette profusion disparaissait ; passé le rideau de lianes, les premiers pins surgissaient.

L'état de la route empirait au fur et à mesure que nous approchions du kilomètre fatidique. Elle était juste assez large pour nos véhicules à six roues et les crevaisons devenaient de plus en plus fréquentes. Chaque fois qu'un véhicule était hors d'usage, on le poussait sur le bord de la route, l'abandonnant à son propre sort. Les ponts, érigés en début de la saison des pluies et prévus pour ne durer que jusqu'au retour du beau temps, faisaient systématiquement problème. On testait les plus branlants avec une jeep, puis avec un camion sans charge. Si l'on négligeait cette précaution, un camion plein de marchandises passait au travers et tombait dans la rivière. Cela signifiait un passage pénible à gué pour le reste du convoi. Plusieurs véhicules coincés devaient d'autre part être hissés. Chacun de ces incidents fournissait l'occasion idéale pour une attaque.

Le chien méo souffrait autant de la chaleur que son propriétaire. Sa langue pendait et, la tête sur nos genoux découverts, il nous bavait dessus. Il ne supportait pas la poussière et nous aspergeait de ses perpétuels éternuements.

Quelques conducteurs montraient des signes de fatigue, probablement dus à la tension nerveuse. Notre moyenne baissait. Une fois de plus, nous nous retrouvions dans une forêt de bambous et la route suivait une corniche autour du flanc de la colline. Sur notre droite s'ouvrait un précipice, mais la végétation était si dense qu'on n'avait aucune idée de sa profondeur. Dupont, profitant des aléas de la tête de file, traçait maintenant une voie vers une position juste derrière le premier camion. Nous faisions lentement le tour de la colline, attentifs aux trous de la route provoqués par les affaissements du terrain, quand soudain le camion partit sur le côté. Doucement, il glissa parmi les bambous. Il resta sur ses roues jusqu'au moment où il sortit de notre champ de vision, derrière un écran de végétation. A l'intérieur, les soldats s'étaient à peine levés de leurs sièges et semblaient tendre les bras plus pour dire au revoir que par inquiétude.

Après quelques instants, l'infanterie descendit des camions et commença sa marche en file indienne le long de la route. Cette manœuvre me sembla non seulement inutile mais dangereuse, puisque rien n'aurait été plus facile pour des hommes embusqués que de laisser les soldats passer leur chemin et détruire ensuite les véhicules sans défense. Imitant ceux qui sifflent dans l'obscurité pour se donner du courage, les voitures de tête ouvraient parfois le feu de leur mitrailleuse ou de leur canon de vingt millimètres, provoquant, au grand dam des voitures qui suivaient, de petits incendies de forêt. Nous ne sûmes jamais si l'ennemi avait été autre qu'imaginaire. A cinq heures de l'après-midi nous entrions lentement dans le village de Vang Vieng, n'ayant parcouru qu'une trentaine de kilomètres depuis midi.

Vang Vieng ressemblait au village où nous avions mangé notre soupe de midi, mais il se trouvait dans un décor inimaginable. Une chaîne de montagnes – pas très haute, puisque les sommets atteignaient à peine 2500 mètres – le surplombait, mais qui ne ressemblait en rien à ce que j'avais vu auparavant. Aucune colline basse n'annonçait la présence de ce massif. C'étaient soudain des murs de roc prodigieux qui s'élevaient à 1000 ou 2000 mètres, raides, plantés dans une plaine parfaitement plate. Il semblait que nous étions surplombés par un immense chaos céleste qui, à sa base, se perdait dans la brume. Dupont me prévint que nous passerions ces montagnes cette nuit même.

C'est à Vang Vieng que Dupont avait le projet de filer. L'ordre donné au convoi de passer la nuit sur place, prétextant la présence de Viêt-minh que l'infanterie devait nettoyer dans un village distant de quinze kilomètres n'ébranla que peu sa résolution. Cependant, comme tous les hommes étaient éreintés, on repoussa l'opération au lendemain matin. Déterminé à ne pas passer la nuit dans cet endroit, Dupont hésitait quand même à désobéir aux ordres du commandant. Quand finalement il se décida, il agit par étapes plutôt que par insubordination flagrante. L'explication de sa soudaine aversion pour Vang Vieng fut que toutes les places pour dormir étaient prises et que nous n'allions trouver nulle part où nous étendre confortablement.

Nous étions encore sales après le voyage, trempés de sueur et couverts d'une poussière jaune vif où la transpiration avait coulé en filets réguliers. Toujours selon son plan, Dupont suggéra de prendre d'abord notre repas puis de demander l'autorisation de nous baigner dans la rivière, douze kilomètres plus loin, où nous serions encore à trois kilomètres du village occupé par le Viêt-minh. Dupont me décrivit cette rivière comme si elle avait des propriétés magiques. Elle sortait d'une caverne proche, disait-il, et son eau était glaciale. J'acceptai le projet et nous nous dirigeâmes vers le restaurant, évidemment chinois, dirigé par un certain Sour Hak. Notre arrivée le surprit car il se trouvait à court de nourriture. Pourtant, comme ces villages sont isolés pendant les six mois de la saison des pluies, il y avait toujours des rations de secours. Il chercha en haut de son armoire et trouva un reste de venaison *boucané*, enleva la poussière et nous le présenta. Cette viande, préparée à la façon des gauchos argentins, était noire, d'une texture semblable au fromage, sans odeur, avec un léger goût de réglisse. Selon les usages de la vie en brousse, il en coupa quelques tranches au canif. Par chance, Sour Hak se rappela qu'il possédait, assez mystérieusement d'ailleurs, un stock de bordeaux premier cru ; sans doute acheté par méprise pour du vin algérien. L'optimisme soudain de Dupont faiblit pourtant lorsque Sour Hak refusa de lui vendre une perruche verte qui était un jour entrée dans la maison et ne l'avait plus quittée. Depuis que l'oiseau avait goûté à la civilisation, rien ne pouvait le faire déployer ses ailes à nouveau, même si, tel un vrai Laotien, il se régalait de promenades à bicyclette. Avec son assimilation, Dupont avait également contracté cette lubie de collectionner les animaux. La perruche le mordit plusieurs fois, mais il fut prêt à offrir n'importe quoi pour l'avoir – même une Citroën usagée qu'il gardait à Luang Prabang – mais rien n'y fit.

Quand nous quittâmes le restaurant de Sour Hak, il n'y avait personne dans la rue. Dupont me dit que les officiers étaient probablement en train de dîner. Alors pourquoi les déranger ? Nous partirions tranquillement sur la route, prendrions notre bain, et ensuite, nous verrions. Nous conduisîmes donc très lentement, faisant semblant de nous intéresser à la vue et nous réussîmes enfin à sortir du village ; nous passâmes devant la dernière sentinelle, la dernière maison, la dernière Laotienne accroupie sur son palier, regardant dans le vague ; nous entrâmes dans l'amphithéâtre splendide et merveilleux du paysage, seuls, mais invulnérables grâce au bordeaux ingurgité.

La rivière était là, comme l'avait promis Dupont, et nous y nageâmes durant une bonne demi-heure tandis que le chauffeur laotien, assis sur un pont de bûches, tenait la Sten entre ses genoux. Les gens racontent beaucoup d'histoires sur les dangers qui peuvent survenir dans ces eaux – les sangsues, les parasites – mais jusqu'à preuve du contraire, la rivière Song – affluent du Mékong – ressemblait à n'importe quelle rivière du sud de l'Angleterre. L'eau déferlait, vive et noire, tourbillonnant sous les ponts et autour des rochers. Elle était froide et de longues algues plates ondulaient sous la surface. Comme nous entrions dans l'eau, de grandes taches moutarde s'étalaient autour de nos corps, se déchiraient puis disparaissaient. Le chien méo aboya en guise de protestation mais fut tout de même lancé plusieurs fois à l'eau.

Dupont dévoila alors la suite de son projet. Puisque tout se passait si aisément, pourquoi ne pas faire un tour du côté du village voisin de Pha Tang, à cinq cents mètres de la route, en contrebas de la rivière. On demanderait alors la permission d'y dormir. De cette façon nous pourrions au moins passer une nuit confortable. Ensuite, le lendemain matin – si bien sûr nous le désirions – nous pourrions tout bonnement rejoindre le convoi.

Pha Tang était un agglomérat de palmes et de toits de chaume qui se détachait sur un fond de montagnes translucides. A notre arrivée, un vol de grues déserta la rizière. Dupont ordonna au chauffeur d'attendre pendant que nous entrerions dans le village. Converti à la vie laotienne, il se souciait énormément de l'étiquette locale et savait qu'il ne fallait vraiment pas se présenter armé. Nous ne trouvâmes aucun signe de vie, ce qui le déconcerta. Nous nous efforçâmes de repérer un fil blanc en travers du chemin ou une case décorée de fleurs rouges. Dans un cas comme dans l'autre, cela signifiait que le village était interdit aux étrangers ; soit à cause d'une mort violente ou d'une épidémie, soit parce que la fête de l'esprit tutélaire était en cours. Pour des raisons de tabous périodiques, les villages laotiens n'étaient jamais situés sur le bord de la route, même si on les y construisait le plus près possible. Les endroits où nous nous étions arrêtés ce jour-là n'étaient donc pas d'authentiques villages laotiens, juste des postes militaires autour desquels des marchands, la plupart chinois, s'étaient regroupés.

Dupont ne trouva aucun signe particulier d'un tabou et se sentait mal à l'aise de ne voir personne nous accueillir. Si l'on désirait passer la nuit dans un de ces villages, il fallait à tout prix rencontrer le chef et obtenir sa permission. Sans cela, il n'était pas question d'entrer dans une maison. Dupont souligna que, bien que les Laotiens fussent tolérants, hospitaliers et civilisés, il y avait des règles incontournables à respecter. Comme nous flânions dans les rues désertes, il me submergea d'informations ; il décrivit même la position correcte pour dormir ; le corps étendu à angle droit du mur où se trouve la porte, les pieds pointés vers celle-ci. Quand je suggérai de trouver une hutte vide et d'y dormir, il resta stupéfait. Même si les villageois pouvaient tolérer quelques entorses aux usages, celle-ci serait d'après lui très grave, les obligeant à purifier la hutte par une cérémonie coûteuse, avant sa réutilisation.

Je n'osai plus faire de suggestion. Nous rencontrâmes finalement une femme apeurée qui nous apprit, dès que Dupont parla laotien, que le chef était parti sans que personne n'attende son retour. De toute évidence, nous n'étions pas les bienvenus. Dupont décida qu'il valait peut-être mieux, après tout, ne pas dormir ici. En y repensant plus tard, j'en conclus que les villageois n'avaient pas osé nous accueillir parce qu'ils étaient incapables d'assurer notre sécurité face aux bandes d'Issarak et de Viêt-minh de la région. Je m'attendais à ce que Dupont se résigne et veuille retourner à Vang Vieng, mais il me convainquit de continuer notre périple. Ce qui lui déplaisait le plus dans ce convoi, disait-il, c'est qu'il nous interdisait tant de choses autrement possibles. Plus haut, sur la montagne, se nichaient les villages méo où il voulait absolument se procurer un autre chien. Ils étaient rares et difficiles à trouver mais il connaissait un chef qui lui rendrait ce service. Voyant que j'étais prêt à tenter l'aventure, Dupont me parla de ce village méo comme s'il m'eût emmené faire la foire. Un dernier village nous séparait encore de ces plaisirs, éloigné de trois kilomètres. Une fois passé, il n'y en avait plus jusqu'au poste militaire de Muong Kassy, cinquante kilomètres plus loin, de l'autre côté des montagnes. Dupont suggéra finalement de rester où nous étions jusqu'à la nuit tombée, puis de filer discrètement une heure plus tard jusqu'au village de Pha Home en roulant tous phares éteints. Nous les allumerions ensuite pour voir s'il n'y avait pas de barrières, puis nous traverserions très vite.

Vers vingt heures trente, heure à laquelle Dupont était persuadé que Pha Home et ses visiteurs viêt-minh dormiraient paisiblement, nous partîmes. S'approcher du village sans faire de bruit n'était pas facile car la route montait sans discontinuer. Dupont stoppa et tenta de réduire le bruit d'échappement en fermant le bout du tuyau. Cela ramena le son du pot d'échappement à un reniflement étranglé mais il s'y produisait alors des cliquetis que rien ne pouvait empêcher. Dès qu'on éteignit les phares, on ne put éviter les trous et les gros cailloux sur lesquels on s'achoppait sans cesse. Heureusement, le village était situé à une centaine de mètres de la route. Malgré l'heure, il était illuminé et très animé. Comme nous le passions furtivement, nous aperçûmes un grand feu entouré d'une grappe de silhouettes qui ne semblèrent pas remarquer notre passage.

Nous atteignîmes Muong Kassy quelque deux heures plus tard et dormîmes dans une sorte de grange immense, construction de bambous et de chaume qui servait de mess aux officiers. Les insectes avaient travaillé le bois et le moindre geste emplissait l'air d'une poudre qui avait l'effet d'un tabac à priser. La bâtisse oscillait sous chaque pas, mais pas plus fortement lorsqu'on était deux ou une vingtaine comme nous le serions le lendemain.

Muong Kassy était le quartier général d'une compagnie d'ingénieurs dont le travail consistait à entretenir les ponts. Ils habitaient ici, inconfortablement isolés au sommet d'une colline émergeant de la forêt et qui offrait une magnifique vue panoramique que personne ne remarquait plus. On n'y trouvait pas de médecin, aussi les blessés et les malades devaient attendre parfois des semaines un convoi partant dans la bonne direction. Durant la saison des pluies, quand les routes et les ponts disparaissaient, la garnison était consignée à la caserne pour cinq ou six mois. A l'extérieur de l'enceinte s'égrainaient les colliers habituels de huttes éparpillées, laotiennes ou chinoises, avec des bars vendant du *shoum*, une eau-de-vie de maïs. Tout arrivait par convoi en quantité limitée, sauf le *shoum* qui était la spécialité locale. Les marchands avaient aussi des stocks de ce que l'étiquette qualifiait en anglais de « fruit tonic ». Le tonique de fruit provenait du Siam et était probablement un produit industriel. La garnison avait découvert que boire un mélange de *shoum* et de tonique avait plus d'effet. Ils s'étourdissaient dès le matin par une bonne rasade, et l'ennui de la journée était ainsi supporté plus facilement. Un « *shoum* et tonique » détendait aussi les nerfs. Ce fut après avoir testé ce breuvage que Dupont changea ses projets. Oubliant sa femme enceinte et la bicyclette qu'elle aurait pu reconstituer, il décida que nous y passerions la journée et partirions le lendemain matin.

Nous prîmes un guide et partîmes nous baigner à la rivière. A un kilomètre en amont, il y avait un endroit sans algues et sans pierres. Une fois encore, l'eau était très froide mais vivifiante. Nous nagions depuis une heure quand nous remarquâmes quelques jeunes filles laotiennes qui se promenaient. Elles ne faisaient pas attention à nous et flânaient çà et là, parlant entre elles. On en compta bientôt douze. Dupont, à l'abri dans l'eau, les appela et demanda si nous les dérangions d'une quelconque manière. L'une des jeunes filles lui fit une révérence en regardant ses pieds ; c'était l'heure habituelle de sa baignade, mais il ne fallait pas se presser, bien sûr. Et elles s'éloignèrent de quelques mètres, formant un cercle préoccupé tandis que nous sortions de l'eau. Nous nous habillâmes rapidement et nous éloignâmes sur le chemin du village. Après quelques mètres, nous regardâmes en arrière. Toutes les filles, nues, pataugeaient dans l'eau. A cet instant, deux bonzes qui déambulaient tranquillement sur la berge passèrent à côté d'elles ; mais les filles les ignorèrent. Les bonzes étaient enveloppés de la mante de l'invisibilité sainte.

Quand nous arrivâmes au village, Dupont demanda consciencieusement à voir le chef, prétextant qu'il voulait visiter la pagode. Le chef semblait en bons termes avec la garnison, il la fournissait même en main-d'œuvre. Il avait l'air digne et possédait une maison raffinée, meublée à l'européenne. Pieds nus, il était cependant vêtu d'un costume français. A la suggestion d'un soldat, il descendit ses pantalons et exhiba ses jambes qui, des chevilles aux cuisses, portaient des tatouages suivant la coutume locale, donnant l'impression qu'il avait des bas. La *boun* annuelle venait d'être célébrée dans la pagode commune et un bonze s'affairait à balayer les ex-voto qui recouvraient le sol de la cour. Un grand nombre d'objets de vannerie, tels des éléphants, des buffles, des paons et des tigres, jonchaient le sol. Le genre de créations produites par Picasso quand il ne peint pas, mais peut-être mieux faites. J'y trouvai un grand intérêt artistique. Je demandai au chef s'il était possible d'en emporter puisque le bonze les détruisait implacablement de son balai. Mais le chef secoua la tête avec regret. Dans ces provinces reculées, le bouddhisme avait dégénéré ; il était maintenant habité des esprits des revenants. Ces objets dédiés aux *phi* devaient être brûlés par un feu rituel. Je remarquai que les *phi* recevraient également l'essence consumée d'une peinture immense, obscène, sans doute porteuse d'une valeur magique.

Pendant que le bonze piétinait le fruit de plusieurs mois de travail, un groupe d'Issarak ou de Viêt-minh, coordonnant son action avec l'arrivée du convoi à Muong Kassy, avait bouté le feu à la forêt juste au sud du poste. Une brise régulière soufflait en cet endroit et le feu, large d'un kilomètre, s'avançait lentement en direction du fort.

Des berges de la rivière, nous mîmes quelques temps à réaliser la situation. Il y avait de la brume ; mais il y en a toujours au Laos, bien qu'à cette heure-ci, elle aurait dû s'éclaircir et non s'épaissir. Puis nous entendîmes un craquement ponctué de coups brefs, comme des coups de fusil lointains. En réalité, c'étaient de grosses branches de bambou qui explosaient à la chaleur. En levant la tête, nous vîmes un écran de fumée couvrant Muong Kassy, nuage blanc vers le haut et noir à la base, parfois zébré par les pointes des flammes, encore distantes de deux kilomètres.

Nous nous précipitâmes vers la voiture. Il fallait démarrer et tenter de conduire sur la route en direction du feu. Dupont était heureux comme lors d'un Quatorze Juillet. Après une cinquantaine de mètres, nous nous mêlâmes au convoi et nous dûmes abandonner la voiture sur le bas-côté pour partir en courant. Le feu, tel un rideau en lambeaux, progressait, irréversible comme une coulée de lave. Une fumée noire le précédait, de telle sorte que les flammes restaient d'abord invisibles ; mais quand elles surgissaient, elles s'élevaient à soixante mètres – deux fois plus haut que le plus grand arbre. Le front avançait en zigzags précipités, mangeait tout sur son passage, avalait les bambous qui s'embrasaient comme des puits de pétrole. Une colonne incandescente se détacha du front principal et, courant sur le flanc de la colline, atteignait déjà le fort. D'immenses pans de forêt verte restaient à l'arrière, étaient encerclés puis consumés sans peine alors que le feu traversait les bambous. Les flammes attrapaient les lianes, dévorait les arbres en banderoles flamboyantes comme des décorations de Noël. Le bruit des bambous qui explosaient devenait assourdissant et dans le ciel caché par un immense nuage, des fragments de cendre noire flottaient comme des épaves charriées sur des eaux diluviennes. De l'autre côté de la route, je remarquai cependant que seules certaines cimes d'arbres avaient pris feu.

On donna l'ordre d'évacuer le fort. Une grande quantité de munitions ainsi que plusieurs milliers de litres de pétrole y étaient stockés dans des tonneaux de fer et les soldats s'agitaient comme des fourmis, les entassant dans la rue avant de les charger sur les camions. La confusion tourna au chaos avec l'arrivée d'une bonne moitié du convoi qui bloquait la route et empêchait les camions de sortir. Avant de procéder à l'évacuation, il fallait détourner le convoi vers le village, mais la moitié des chauffeurs avaient disparu. Ils étaient partis admirer le feu et avaient emporté les clefs.

Pendant ce temps, les Laotiens et les Chinois, sortant précipitamment de leur maison avec lit et literie, empilant les provisions de leur commerce entre les roues des voitures, rendaient impossible toute manœuvre rapide, même quand les chauffeurs étaient là. Une famille s'affairait même à démonter sa maison.

Après une heure de tumulte effréné, le convoi traversa enfin le village et se rangea de l'autre côté, en toute sécurité. Des centaines de caisses et de boîtes de conserves furent chargées sur les camions, le vent tourna et la barrière de feu nous manqua de cinq cents mètres. Quelques ramifications incandescentes se dirigèrent vers nous et se consumèrent parmi les bambous puis tout fut terminé.

Le lendemain matin, nous partîmes avant l'aube. Alors que la lumière du jour augmentait, le soleil restait invisible. Pendant des heures, nous montâmes et descendîmes, épousant les formes brumeuses de la montagne. Nous voyagions entre 1000 et 1500 mètres. Pas de broussailles à cette altitude, seuls quelques arbres grimpaient à flanc de coteau, habillés de bourgeons épars, floraison printanière d'un verger. Comme la brume se dissipait, le sommet des montagnes, couvert d'une herbe jaune, apparût. Dupont y vit le travail des Méo et déclara que nous entrions dans leur pays. Bientôt nous nous arrêterions dans un village et tenterions d'acheter un chien.

Au pays méo

Dans un certain sens, les Méo sont le peuple le plus mystérieux des douze ethnies principales d'Indochine puisqu'on ne sait presque rien d'eux. D'origine mongole, ils vivent au-dessus de mille mètres, au nord du 21e parallèle. Ils sont absolument incapables de supporter, même pour une période courte, un climat autre que froid ou tempéré. Comme ils ne dépendent que d'eux-mêmes, ils descendent rarement aux marchés des plaines et des villes et lorsqu'ils sont obligés de cultiver la terre au-dessous de mille mètres d'altitude, ils remontent toujours au village pour y passer la nuit.

Les aspirations territoriales des Méo sont purement verticales. De par leur méthode de culture dévastatrice qui épuise complètement les sols en quelques années, ils ont été contraints de descendre vers le sud, quittant ainsi la Chine. Durant leurs migrations, comme par exemple en 1860 lorsqu'ils ont pénétré en Indochine, ils traversent les plaines, guerroyant sauvagement, pour se disperser ensuite dans les montagnes. La carte ethnographique de l'Indochine du nord est ponctuée de petits groupes méo. Depuis 1860, ils se sont déplacés de 600 kilomètres et progressent lentement vers le sud le long de la chaîne Annamite où, de temps en temps, un nouveau groupe est répertorié au sommet d'une montagne. Les forces du Siam du Nord les auraient récemment attaqués, mais il semble que rien moins qu'une extermination en règle n'enrayera leur mouvement lent et silencieux à travers les montagnes. Les Européens qui les ont étudiés superficiellement pensent qu'ils sont d'origine esquimaude ; cette théorie expliquerait l'aversion méo pour les climats chauds. Ces spécialistes rapportent que certaines légendes méo mentionnent des neiges éternelles, des jours et des nuits arctiques. Mais la courte description publiée en 1906 par le commandant Lunet de Lajonquière ne mentionne rien de cela et aucun autre rapport scientifique les concernant n'est paru.

En plus de leur préférence pour les sommets, les Méo ont également d'autres particularités. Ils vivent en complète autarcie et sont plutôt téméraires. Leur passion pour la liberté les oblige à vivre dans des villages minuscules et, à l'exception de quelques événements rares comme la migration de 1860, ils ne tolèrent aucun chef. Lorsqu'ils sont contraints à demeurer dans des régions moins élevées, ils tombent rapidement malades et meurent. Ils sont habituellement pacifiques, mais si on les pousse à se battre, ils se montrent tout à fait capables de manger le foie de leurs ennemis.

Bien qu'ils en admettent l'existence, les Méo sont le seul peuple d'Indochine à ne pas se sentir concerné par les esprits maléfiques. Leur indifférence totale à l'égard des fantômes et des démons qui hantent leurs voisins leur a valu un prestige énorme auprès de ces derniers, prestige qu'ils prennent bien soin de cultiver. Ils aiment à encourager la croyance, très courante chez les Thaï, qu'ils sont des loups-garous et qu'ils ont le pouvoir de se métamorphoser en tigre. Ils n'ont pas de culte funéraire, mais les obsèques – et tout autre événement qui leur en donne le prétexte – sont célébrées par des beuveries. Maris et femmes restent propriétaires de leurs biens. Les enfants sont élevés très librement et la promiscuité sexuelle avant le mariage – même avec les étrangers – est généralisée. Il existe des « bosquets sacrés » – à Dong-van, dans le Tonkin, il y en a de célèbres – où les jeunes filles méo s'offrent librement à tous les passants. Il paraît qu'on peut trouver des cartes où sont scrupuleusement répertoriés tous ces bosquets, documents très prisés par les garnisons françaises dans le Tonkin. Les Méo élèvent de beaux chiens blancs et sont experts dans le dressage de singes et d'oiseaux, en particulier les mainates auxquels ils apprennent un vaste répertoire de sons et d'imitations. Ils ne se séparent de leurs animaux qu'à un prix exorbitant, payable en pièces d'argent qu'ils transforment tout de suite en bijoux massifs.

Le premier village après Muong Kassy, perché sur une colline dénudée et auquel on accède laborieusement par un chemin escarpé et sinueux, n'appartenait pas aux Méo mais aux Thaïs noirs – appelés ainsi à cause des vêtements particuliers que portent leurs femmes. C'était un peu comme si on grimpait jusqu'à un nid d'aigle pour y trouver des corbeaux, mais une espèce rare de corbeaux. En vérifiant sur la carte ethnographique, je vis que c'étaient les seuls Thaïs noirs au Laos, bien que l'on pouvait suivre leurs traces depuis la frontière de Yunnan d'où ils étaient venus, par des taches isolées de couleur. Les Thaïs forment le groupe ethnique dont sont issues les nations siamoise et laotienne, mais les Thaïs noirs sont la seule tribu qui aime la montagne, avec sa vie dure et sa liberté.

Leur village était une vraie retraite d'ermite. Une quinzaine de huttes étaient regroupées sur le sommet plat de la colline dont la silhouette émergeait de la brume blanche, visible de partout. A dix pas, les pentes plongeaient vertigineusement et disparaissaient dans la masse cotonneuse. Une ligne flottante de sommets traversait le ciel. Quelques corbeaux voletaient autour des toits de chaume et des bambins nous épiaient à travers les palissades, pleurant avec effroi à notre vue.

Le chef nous reçut dans sa hutte qui marquait le centre du village. Il était vêtu à la chinoise, d'une étoffe rugueuse et noire, et portait un turban, noir également. Il fumait une pipe très longue dont le fourneau avait la taille d'un dé à coudre. Nous aperçûmes quelques chiens blancs sautillant dans le village et Dupont, parlant laotien, demanda s'il pouvait en acheter un. Le chef envoya quelqu'un voir s'il y en avait un à vendre et, tandis que nous attendions, il nous présenta un plat généreux de poulet rôti découpé à la chinoise. Cela provoqua un échange de politesses si long que le poulet fut froid avant que Dupont n'eût poliment fait signe de manger. En échange, il offrit des rations militaires au chef, ce qui déclencha une nouvelle série d'offres réitérées et de refus feints. A la question de savoir si des cérémonies se déroulaient en ce moment dans les environs, le chef mentionna un mariage dans le village thaï voisin, mais qu'il fallait, pour l'atteindre, traverser une barrière de montagnes.

Voilà une coutume très répandue dans les tribus montagnardes dispersées en hameaux isolés ; elle est pratiquée par les Méo comme par les Thaïs. Une fois par an, des jeunes filles et des célibataires choisis se rassemblent en un point convenu et, chacun à leur tour, filles ou garçons, décrivent en vers, accompagnés de la musique des *kène*, leurs richesses, leurs actions et leurs vertus. Il en découle quelques offres de mariages formelles et, d'après les témoins, la forme poétique ne limite en aucune façon le catalogage le plus banal des articles qui figureront sur la liste de mariage.

Nous étions encore en train de manger quand le messager revint avec le seul chien qui restait à vendre. C'était un pauvre animal amaigri, souffrant probablement de quelque maladie et pour lequel on demandait un prix énorme.

Comme il n'y avait pas d'autre animal disponible par cette filière, il ne restait plus qu'à remonter à la source, même si cela signifiait encore une escalade à pied. Au carrefour de la route principale, au lieu de tourner à gauche vers Luang Prabang, nous prîmes à droite vers Xien Khouang et, bien que cela nous détournât de notre chemin, nous plongeâmes directement au cœur du pays méo, au Laos. Très vite, nous rencontrâmes une famille méo qui grimpait péniblement la colline, chargée comme un âne du poids de ses possessions. Les Méo jetèrent leurs paquets à terre et nous dévisagèrent avec un étonnement amusé. L'un d'eux, celui qui portait des couettes, pour nous montrer qu'il était le chef de famille, s'approcha, coupa le meilleur morceau d'une canne à sucre et nous l'offrit avec un grand éclat de rire. C'était un comportement typiquement méo. Le Méo est reconnaissant envers les étrangers qui l'amusent avec leurs visages de clown et leurs habits ridicules. Son impulsion première est de chercher autour de lui quelque chose à leur donner. Criant de joie, les enfants sautèrent dans la voiture d'où le père allait tenter de les extraire. La femme qui, si elle avait été thaïe ou laotienne, serait restée de côté les yeux baissés, se pencha pour examiner les sandales de Dupont. Elle portait plusieurs kilos d'argent massif de bijoux autour du cou et venait d'avoir la tête rasée.

Les parures méo sont celles qui sont colorées de la façon la plus extravagante de toute l'Indochine. Les femmes se tiennent raides dans leurs broderies, sous les chaînes et les colliers massifs, à demi écrasées par des turbans qui ressemblent à des lanternes chinoises. Mais, comme le chef s'empressa de l'expliquer à Dupont, cette famille portait ses habits de travail. Ils étaient partis une semaine cultiver les champs d'opium et revenaient maintenant pour un bref séjour. Dupont demanda s'il y avait un chien. Comme il ne savait pas qui restait au village, le chef de famille nous invita à venir voir par nous-mêmes.

Même si les Méo sautillant à nos côtés ne semblaient pas remarquer la pente et leurs charges énormes, la montée jusqu'au village fut longue et lente. L'herbe drue laissait maintenant place à des broussailles épineuses, héritage habituel de leur présence. Sur des kilomètres autour du village, rien ne poussait sauf cette végétation austère. Le village avait atteint le dernier stade avant le déménagement. Les champs cultivés étaient à présent si éloignés que les villageois vivaient dispersés dans des abris temporaires sur leur lieu de travail. Bientôt, ils seraient trop loin pour retourner chez eux et ils migreraient alors de dix à quinze kilomètres au sud, laissant derrière eux l'herbe des prairies et des broussailles. Il suffirait que les Man viennent ici du Tonkin – les Man pratiquent une culture semblable à celle des Méo, entre 300 et 1000 mètres – pour réduire le Laos à l'état de désert qu'on voit en Chine du Sud.

Le village méo n'était rien d'autre que quelques cabanes décrépites. C'étaient les plus basses et les plus rudimentaires habitations humaines que l'on pût trouver. Pourquoi les Méo possédaient-ils les plus élégants vêtements mais les pires maisons du pays ? Ils avaient un artisanat superbe mais ne voulaient tout simplement pas se soucier de leur foyer ni de l'endroit où ils dorment. Il n'y avait pas d'obligations : pas de dieu du logis – comme chez les Moï – avec de hautes exigeances d'ordre et de propreté ; pas de canons esthétiques ou de raffinement qui se diffuseraient lentement d'une aristocratie oisive vers le peuple, puisque tous les Méo travaillaient dur; pas d'esprit d'émulation bourgeois, puisqu'il s'agissait de démocratie intégrale; aucun modèle à imiter. Les Méo n'ont à faire plaisir qu'à eux-mêmes; le résultat était l'anarchie.

Nous fûmes conduits dans un taudis où gisait le contenu des poches d'un garçon en âge d'aller à l'école: des bouts de ficelle, un couteau cassé, des boutons, un miroir, des boîtes, des bouteilles et des ampoules électriques grillées. Ici s'entassaient pêle-mêle les trésors du kleptomane, les objets de pacotille rutilante qui étaient tout ce que le Méo demandait de la civilisation alors qu'il refusait strictement la civilisation elle-même. Quel peuple généreux mais idiot que celui des citadins!

L'épouse de notre hôte, une enfant de quinze ans, était couchée avec son bébé sur un grabat, dans un coin. Le bébé était malade, disait-elle, mais la seule chose à faire était de l'éloigner autant que possible de la lumière et de l'air. La plupart des bébés méo meurent durant leurs deux premières années. On se demande ce qui adviendrait de la terre fertile d'Indochine s'ils survivaient tous...

Un fusil traînait dans un coin, le genre de fusil que l'on chargeait par le canon et qui demandait deux ans de travail à un Méo pour le fabriquer. Copiés sur les premiers fusils apportés par les jésuites aux Chinois, ils étaient produits selon un procédé extrêmement laborieux qui demandait qu'on perce dans le sens de sa longueur une barre de métal en le travaillant avec du fer chauffé à blanc. Leur forme était extrêmement longue, comme celle d'un vieux fusil arabe. Quand Dupont remarqua l'arme, le Méo proposa de lui en montrer le maniement. Nous sortîmes, il le chargea de poudre et tira. Cela prit cinq bonnes minutes. Avant d'appuyer sur la détente, il nous pria de nous tenir bien à l'écart, à cause de la déflagration. La cible était une petite feuille de bananier accrochée à un tronc à vingt pas. Il y eut un « bang » infernal mais la feuille resta intacte. Il vitupéra contre l'alcool de maïs que nous venions de boire mais fut ravi quand Dupont manqua également la cible avec sa carabine américaine.

On ne trouva pas de chien au village. Ils étaient tous en bas, dans les champs de pavot avec leurs propriétaires, dit le Méo.

On arriva à Luang Prabang par une longue descente sinueuse. Le chemin traversa ensuite des bosquets de bambou enfumés sur les rives du Mékong. La ville était construite sur une langue de terre formée par la jonction du fleuve et d'un affluent ; une petite Manhattan somnolente et sanctifiée. Une route principale formait l'axe des ruelles qui partaient vers les berges de chaque côté. Tous les quelques mètres se dressait une pagode au toit reluisant, aux portes et aux piliers sculptés et couverts de dessins dorés. Partout on sentait une sensibilité innée aux couleurs, avec ce mélange de vieil or, de turquoise et de plusieurs gris ; cependant, à cause des bonzes qui travaillaient continuellement, peignant et sculptant pour restaurer, tout semblait un peu trop neuf (chose extraordinaire au Laos), un peu trop pimpant, sentant trop l'odeur du vernis frais. Le toit brillait de sa mosaïque toute neuve, faite de porcelaine et de verre. Les vieilles silhouettes érodées des lions et des dragons étaient régulièrement nettoyées. On peignait les dents d'un blanc immaculé et, au besoin, on remplaçait les yeux par du verre couleur émeraude. Quelques années de négligence pourraient bien améliorer Luang Prabang.

Malgré le zèle avec lequel les lieux saints étaient entretenus, le silence de Luang Prabang n'était perturbé que par le bruit lointain de groupes de bonzes chantant en pali et la nonchalante sonnerie des gongs. Cette ville aurait pu être le lieu d'origine de la sieste et l'*Ultima Thulé* de tous les Français partis en Extrême-Orient pour fuir la réalité du monde. Ces Européens y acquirent très vite un comportement typique. Ils développèrent des voix douces, une expression tranquille et une attention soutenue, généralement accompagnées de l'insouciance déterminée du noceur à la veille du Nouvel An. Ce comportement recherché était exhibé comme on l'eût fait d'un faux nez ou d'un chapeau de carnaval. Les Français laotisés montraient les effets caractéristiques d'une lobotomie réussie – sans problèmes et gentiment libidineux. Ils pimentaient leur conversation de sentences laotiennes qui exprimaient un point de vue unanimenent négatif. *Bo pen nhang*, qu'on entendait sans cesse, ne disait rien de plus que « ce n'est pas grave ». Cependant, en laotien, cette expression prenait l'emphase d'une profession de foi. Les étrangers célibataires épousaient rapidement des femmes laotiennes, les rendant heureuses en leur offrant une superbe bicyclette couverte de mascottes et de petits drapeaux, avec des bouquets de fleurs artificielles autour des moyeux. Quelques peintres s'étaient retirés ici pour échapper au monde et peindre de rares et paisibles tableaux, mais Luang Prabang cherche encore son Gauguin.

Le lendemain de notre arrivée, Dupont me convia chez lui pour faire la connaissance de son épouse dont la bicyclette était encore en morceaux. Le couple vivait dans une des maisons charmantes de type méditerranéen coincée entre les pagodes. Elle était remplie d'animaux, dont une belle et grande chèvre apprivoisée qui adorait se cacher derrière les meubles et charger les invités que ne se méfiaient pas.

Mme Dupont était jolie et gaie, plutôt grande pour une laotienne et, évidemment, aussi proche du type européen que possible. Ils semblaient très attachés l'un à l'autre. Dupont m'assura que la jalousie était inconnue au Laos et que sa femme, non seulement s'attendait à ce qu'il eût des aventures lorsqu'il était absent, mais de plus l'avait enjoint de prendre quelques précautions. Il ne savait pas si elle se permettait les mêmes libertés, mais il pensait que c'était probablement le cas. De toutes façons, il ne voyait pas comment il pourrait se montrer moins tolérant qu'elle à ce sujet. J'étais désolé de ne pas comprendre un mot de ce que disait son épouse, excepté l'inévitable *bo pen nhang* répété plusieurs fois. Dans un effort poli pour me mettre à l'aise, Mme Dupont apporta un album de photos de famille que nous regardâmes ensemble. Il y avait une ou deux photos, apparemment prises par son mari, de dames pas complètement habillées qui n'étaient pas Madame. Elle me les montra avec un petit rire gentil.

Après le dîner, un officier arriva accompagné lui aussi d'une femme laotienne. Chuchotant incroyablement bas, ce militaire m'apprit qu'elle était princesse – membre de la famille royale – et avait droit à un parasol à cinq étages. Il admit assez franchement que Luang Prabang ne manquait pas de princesses, toutes authentiques. Ils étaient amis depuis quinze ans, me souffla-t-il, bien qu'ils ne se soient jamais mariés... il ne savait pas pourquoi. C'était pourtant facile. Dupont fut d'accord sur ce point, mentionnant le cas d'un de ses subordonnés.

— A six heures, marmonna Dupont, le jeune homme exprima le souhait de se marier. Mon épouse partit chercher une jeune fille convenable et revint vers six heures trente. A sept heures les bonzes arrivèrent et firent la cérémonie de mariage qui dura une demi-heure. A sept heures trente, nous ouvrîmes la bouteille de champagne et bûmes à la santé des mariés. Vers huit heures, ils étaient déjà au lit.

La soirée se termina par l'habituelle visite à la fumerie d'opium locale qui, probablement à dessein, semblait délabrée et aussi sinistre qu'un musée de cire. Nous ne restâmes que quelques minutes dans ce lieu mélodramatique, tout illuminé de vert, mais ne pûmes pas échapper aux bouffées de fumée stérile. Chacun dut faire une petite démonstration de sa propre descente aux enfers.

Je fus logé chez le *Conseiller de la République*, officier supérieur français pour le Nord du Laos, un certain monsieur Leveau. Le conseiller était un homme dont la timidité et la réserve masquaient l'hospitalité extraordinaire. Par exemple, il ne donnait jamais d'invitation officielle à un dîner, mais préférait annoncer d'un air décontracté, un « Bien sûr, vous dînerez à la maison ce soir ». M. Leveau était marié à une Laotienne à qui je ne fus pas présenté. L'immense bâtiment officiel semblait toujours étrangement vide. Nous dînions en tête à tête à chaque extrémité d'une table seigneuriale astiquée, noire et brillante. Parfois, un serviteur laotien entrait à pas feutrés dans la pièce et apportait les plats, drainant avec lui les bruits domestiques de la cuisine, immédiatement étouffés par la fermeture de la porte, et nous replongeant ainsi dans un silence monastique. Comme nous mangions, quelques ampoules s'éteignirent à différents endroits de la pièce et furent rapidement remplacées. A Luang Prabang, le courant électrique est branché à l'instant où l'eau est coupée, à sept heures trente. Mais le résultat ne fut guère plus spectaculaire qu'une faible lueur sur le filament. Ainsi, la lampe de ma chambre à coucher éclairait-elle bien plus faiblement qu'une bougie. M. Leveau avait partiellement résolu le problème en utilisant des lampes au voltage moins élevé mais qui ne duraient pas longtemps.

Après le dîner, le conseiller se détendait une heure et acceptait alors, parfois, d'évoquer certaines de ses difficultés. L'inquiétude permanente causée par les Issarak et le Viêt-minh le minait. A l'ouest de Luang Prabang, la frontière avec la Birmanie était souvent franchie par des irréguliers birmans. Des trafiquants d'opium chinois avaient un commerce régulier avec les Méo et se métamorphosaient en pirates quand les affaires allaient mal. Cependant, maintenant que les communistes contrôlaient le Yunnan, le trafic montrait quelque ralentissement. Les Méo eux-mêmes passaient comme l'éclair à travers les montagnes. Leveau avait pour ambition de changer leur pratique agricole. Si l'on pouvait les persuader de descendre de trois cents mètres, il leur donnerait des rizières irriguées à cultiver et leur offrirait des buffles pour faire le travail.

Je soulevai le problème des Kha, aborigènes du Laos, en fait des Moï sous un autre nom. Il y avait plusieurs centaines d'années, ils avaient été conquis et réduits à l'esclavage par les Laotiens. Aujourd'hui, les Kha erraient dans les marchés citadins ou ruraux du Laos. Ils étaient complètement brisés, dégénérés, sans espoir, comme les vestiges pathétiques des tribus autrefois puissantes du nord de l'Amérique. Je demandai s'il était vrai que les Laotiens avaient encore des esclaves kha. Leveau sourit à la manière laotienne, tolérante et sceptique, et répondit que tout dépendait de ce qu'on entendait par esclavage. L'esclavage des plantations antillaises n'existait pas en Extrême-Orient. A cause de leurs superstitions, les peuples d'Indochine y regardaient à deux fois avant d'opprimer autrui. Il fallait compter avec les esprits des ancêtres qui, si on allait trop loin, pouvaient se révolter et se venger grâce aux moyens occultes mais efficaces qu'on prête ici à tout étranger. Il cita le cas bien connu de la mauvaise conscience collective des Vietnamiens qui se prêtaient à des sacrifices particuliers et qui versaient des allocations symboliques aux esprits inconnus des indigènes qui les avaient envahis. Leveau pensait que l'esclavage existait ponctuellement, mais que cela prenait plutôt la forme d'une aristocratie ethnique qui maintenait un peuple sujet dans un état de soumission. Le fait qu'un travailleur ne reçoive pas de salaire pour ses services n'entrait pas vraiment en considération, puisqu'il ne s'agissait pas d'une société basée sur l'argent et que personne au Laos ne travaillait plus que le nécessaire pour assurer son minimum vital.

Leveau mentionna, et je l'avais déjà entendu, qu'avant d'être envahis, les Kha possédaient un grand sens artistique. Il me montra pour preuve un grand tambour en bronze. Il était identique à celui du musée de l'Homme, décrit comme étant utilisé par les Karen de Birmanie pour le rituel de la pluie. Une pièce semblable illustrait le livre de Maurice Colli *The First Holy One*, également présentée comme tambour de guerre chinois de la dynastie Han. L'instrument, fabriqué par la méthode de la cire perdue, était décoré avec une profusion anarchique de dessins qu'on retrouvait parfois sur les miroirs chinois en métal. Ce tambour illustrait en détail les activités des peuples primitifs vivant de la chasse, de la pêche et des rizières. On y voyait des processions conduites par des danseurs munis de sortes de castagnettes et accompagnés de musiciens jouant du *kène*. Leurs maisons longues ressemblaient à des bateaux en forme de croissant, remplies de guerriers aux coiffes emplumées, portant des arcs, des javelots et des haches. Les oiseaux et les animaux y figuraient à profusion et les espèces étaient reconnaissables. Selon Victor Goloubew de l'Ecole Française d'Extrême-Orient, ces tambours ont été retrouvés en grande quantité dans un cimetière du Tonkin et datent de la domination chinoise, deux mille ans plus tôt. Il affirme également que l'art en question provient des Dayak et des Batak de Sumatra, alors que la technique de travail est chinoise. Ces peuples, avec les Moï, les Kha et les Karen, formaient donc peut-être à l'âge du bronze une culture homogène, fortement influencée par la Chine et qui était probablement d'un niveau de développement plus élevé qu'aujourd'hui.

Il faut ajouter que ces tambours, maintenant possession des citoyens de Luang Prabang, sombrèrent dans une triste et symbolique décadence. De leur fonction rituelle originelle, ils étaient devenus aujourd'hui de simples tables de salon.

Il me semblait normal qu'à Luang Prabang, on ne ressente plus le même enthousiasme pour le voyage. Même les convois n'y parvenaient pas. Des patrouilles infortunées partaient parfois relever des postes isolés, n'y accédant qu'après trois semaines de marche à travers la jungle. Un DC3 effectuait des allées et venues hebdomadaires entre Luang Prabang et Vientiane mais il était complet bien à l'avance.

Plus bas, sur la berge de la rivière, l'histoire était la même qu'à Vientiane. Des pirogues devaient faire des voyages réguliers mais personne n'était disposé à fournir des informations positives et concrètes. Quelqu'un m'apprit même qu'il était hors de question de voyager vers le nord en pirogue car les eaux du fleuve étaient trop basses en cette période de l'année. Je remerciais mon interlocuteur lorsque le moteur de ce qui ressemblait à une carcasse de navire abandonnée, couchée dans une mare d'huile, se mit soudainement en marche. Un membre de l'équipage annonça qu'ils partiraient dans une demi-heure. Pour où ? Vientiane ? Non... Xien Khong – pour le nord où l'on ne pouvait naviguer, bien sûr. Tout le bateau était réservé pour un groupe d'ex-pirates qui avaient changé de camp et qui auraient demandé à se battre contre leurs précédents alliés.

Tandis que j'assemblais lentement les bribes d'informations en créole, les patriotes fraîchement convertis embarquèrent ; c'étaient des hommes à l'air apathique, standardisés par un uniforme qui leur allait mal, privés de toute identité, de toute individualité par un facteur commun de pauvreté, une tradition de stoïcisme inexpressif. En silence, ils montèrent en file indienne la passerelle et s'entassèrent dans l'intérieur sombre de la pirogue. Il m'était difficile de croire qu'ils croyaient à ce qu'ils faisaient au fond de leur cœur et je plaignais l'officier français qui les commanderait.

M. Leveau dit qu'il y aurait une autre pirogue partant vers le sud dans un jour, et pour m'épargner d'être pris dans les jeux du chat et de la souris des Chinois, il envoya chercher le propriétaire et lui demanda quand le bateau devait partir. Avec une douce satisfaction, le Chinois répondit que le moteur était en panne. M. Leveau s'attendait à cette réponse comme moi et dit qu'il enverrait un mécanicien inspecter le moteur. Le Chinois rétorqua que la réparation avait déjà commencé et qu'elle s'achèverait approximativement le lendemain. (L'expression utilisée par les Chinois pour boucler une argumentation est *cha bu duo,* ils n'ont que ce mot à la bouche.) Et après ça ? demanda le Conseiller. Le Chinois réfléchit et déclara qu'il lui faudrait faire des essais avec le bateau. Cela prendrait environ un jour. Et ensuite ? Il devrait organiser le chargement d'une cargaison qui, après tout, ne dépendait pas de lui. Secouant la tête tristement, Leveau le renvoya. Quelque chose d'indomptable émanait de cette détermination à ne pas partager les idées occidentales sur l'organisation et la notion de temps. Leveau le pria de venir tous les jours faire un rapport sur les progrès en cours. Mais les jours suivants, chaque difficulté résolue s'accompagnait d'impondérables, puis enfin surgit sournoisement la carte maîtresse : le niveau de l'eau qui menait aux rapides était trop bas, ce qui empêcherait probablement d'aller jusqu'à Vientiane. Il était évident que rien ne forcerait cet homme à tenir sa promesse.

D'autres difficultés s'ajoutaient maintenant, notamment celle de l'argent. La stabilité artificielle de la piastre à deux fois et demie sa valeur réelle rendait l'Indochine très onéreuse. Plus on s'éloignait de Saigon, plus cela devenait cher car tous les approvisionnements se faisaient par un transport lent et laborieux. A Luang Prabang, la mauvaise bière qui coûtait à peu près deux pence à Saigon, valait le triple à 1500 kilomètres au nord du Mékong. Tous les prix suivaient cette proportion. J'allais ainsi me trouver à court d'argent et je craignais d'être coincé plusieurs semaines avant que le destin ne pousse le propriétaire chinois de cette pirogue à partir pour Vientiane. Même si la date était fixée, et à supposer que ce fût rapidement, il y aurait des restrictions à faire durant le voyage. Si tout se passait bien, il faudrait cinq jours – ou cinq nuits, comme on dit en Indochine – pour descendre le fleuve. Mais si une panne survenait, cela pouvait prendre deux ou trois fois plus de temps. Dupont m'avertit qu'il serait impossible d'acheter quoi que ce soit dans les villages laotiens : jusqu'au nombre d'œufs pondus, tout était calculé pour que la production ne dépasse pas le strict nécessaire.

L'autre problème était ma santé qui déclinait lentement, progressivement, presque imperceptiblement ; perte d'énergie et paralysie sournoise de la volonté. En comparant mon activité avec celle du jour précédent, je pouvais mesurer ma léthargie croissante. Quand je me rappelais mon état et ce que j'étais capable de faire le mois d'avant, comment, à Angkor, j'avais marché des kilomètres dans les ruines sous un soleil mordant, je pouvais juger à présent de mon déclin. Soudainement, mes forces s'étaient épuisées. Je ne pouvais marcher que lentement et attendais avec impatience l'heure de la sieste. Celle-ci mangeait une part de plus en plus importante de la journée et avait maintenant tendance à durer tout l'après-midi. Elle était devenu aussi essentielle que les repas et je ne pouvais imaginer me défaire de cette habitude, même à mon retour en Angleterre.

J'avais d'abord mis cette apathie sur le compte de la chaleur particulière à laquelle même les autochtones ne s'accoutument jamais, et qui a profondément influencé leur histoire. Les peuples des montagnes, attirés par la vie facile et abondante des vallées chaudes, étaient descendus s'y installer. Puis, grâce à l'aubaine merveilleuse que constituait le temps ainsi libéré, ils avaient construit, tandis que leur énergie durait encore, de ces civilisations brillantes et fantasques qui n'eurent jamais la chance de se développer. Rapidement, ils sombrèrent dans une décadence tranquille, adoptèrent des religions qui convenaient à ce déclin et qui l'alimentaient même. Ils sont devenus des experts du sommeil. Après l'heure du déjeuner, Luang Prabang est en léthargie. Pas un être vivant ne bouge en cette saison jusqu'à cinq heures du soir.

Je commençais à me dire que le problème n'était pas uniquement la chaleur. Une colline s'élevait abrupte au milieu de la ville, et à son sommet trônait une pagode étincelante. La montée, longtemps différée, fut si fatigante qu'elle épuisa toutes mes forces. La pagode, quand j'y parvins enfin, me sembla très petite. Elle abritait une collection de bouddhas en bois qui s'effritaient. Comme les bonzes n'avaient pas eu le courage de monter jusque-là pour les restaurer, une grande partie des peintures et des dorures avait disparu, au plus grand bénéfice des sculptures. Il semblait cependant qu'il y avait eu un nettoyage récent, peut-être en vue d'une prochaine rénovation. Les tableaux trop abîmés avaient été cachés dans les niches du rocher. Dans l'une d'elles se trouvait une grande affiche jaune que je pris pour une image religieuse mais qui, en fait, était une publicité pour un fabricant chinois de feux d'artifice. Elle montrait un soldat chinois nationaliste faisant le V de la victoire. Le principal intérêt de la pagode était ses parois intérieures gravées d'éléphants, de danseurs et de feuillages élégants. A l'extérieur, on pouvait contempler, à travers les branches nues de frangipaniers entourant la pagode, un paysage chinois de montagnes et de fleuves enveloppé dans la brume. Plus bas, les pentes étaient ombragées d'arbres, resplendissant de ces fleurs qu'on appelle « fleurs dorées de Birmanie ».

Après la descente, je sentis le besoin de me reposer avant le déjeuner. Quelque peu inquiet, je demandai conseil à une connaissance française. Il me recommanda d'aller voir un médecin sino-vietnamien reconnu, disait-il, pour ses soins quasi magiques. Cette promptitude à croire en l'efficacité de la médecine exotique est l'une des étapes de l'intégration. J'avais déjà vu cela en Amérique centrale où les gens d'origine européenne étaient prêts à se faire soigner par un *shiman* indien, excusant leur attitude par un « on ne sait jamais, il y a peut-être quelque chose derrière tout ça, finalement ». Dans mon cas, ma conviction intime était que j'avais contracté une dysenterie amibienne. Tandis que cette affection épuise toute la vitalité du sujet, elle ne produit pas toujours des symptômes clairs. Si telle était l'opinion du docteur, j'espérais, juste pour l'expérimenter, qu'il me soignerait selon la méthode cambodgienne qui nécessitait un extrait de l'écorce de l'arbre *pon*, réellement efficace que lorsque le patient coupe lui-même l'écorce un peu au-dessus du niveau de son nombril.

Le médecin sino-vietnamien pratiquait dans une hutte construite d'un seul tenant, avec un jardin de bonne dimension et une vue sur le fleuve. Les arbres du jardin étaient décorés d'offrandes aux esprits des eaux, naturellement prédominants dans une région fluviale comme Luang Prabang. Les offrandes étaient placées dans des bateaux minuscules, tressés de feuilles de bananiers, dont la proue et la poupe s'élevaient très haut, bien plus haut que celles des pirogues locales. Et comme les esprits laotiens avaient un sens artistique développé, on leur offrait aussi des fleurs rouges. Des coquilles d'œuf étaient glissées dans les cavités des arbres, peut-être pour des génies de la terre. A moins que cela ne soit l'œuvre d'un domestique, j'imaginais que le docteur avait lui-même jugé bon de respecter les usages locaux en faisant des offrandes.

Le Dr Nam Tuan Thanh me reçut dans son coin de travail, lieu séparé du reste de la hutte par un rideau, décoré de fleurs disposées dans des vases en cuivre, de photos de famille en couleur et de plusieurs diplômes encadrés. Il était habillé avec un conservatisme extrême dans une robe de soie bleu foncé ornée des caractères chinois de la longévité. Quelques poils blancs distingués garnissaient la pointe de son menton et les commissures de ses lèvres.

Les manières du docteur étaient sympathiques et doucement autoritaires. Prenant mes deux poignets, il palpa rapidement les dix-huit pouls reconnus en Chine, chacun correspondant à un organe ou groupe d'organes. Suivit un bref examen des ongles ; après quoi le docteur me déclara être l'exemple classique d'un excès chronique du yang sur le yin – les humeurs corporelles positives et négatives – le tout compliqué d'une obstruction mineure du *qi*, ou fluide vital. Cette état provenait du foie – organe le plus proéminent et yang, qui influençait pourtant à travers le système nerveux les organes yin lui correspondant, la rate et le pancréas. L'obstruction de *qi*, disait le docteur Tuan Thanh avec une pointe de dédain, était d'origine nerveuse ou psychologique et partirait d'elle-même. En ce qui concernait le manque d'équilibre entre le yin et le yang, cela demandait un traitement important. Il se contenterait de me donner quelques points de repère en guise de référence pour l'avenir. Je devrais éviter soigneusement les remèdes *pou, sheng, san, biao* et *yao*, me limiter aux médicaments connus comme *jiang* qui comprennent les sels minéraux et les huiles végétales. De plus, je devais me rappeler que j'étais dominé par le chiffre neuf et la direction cardinale ouest. L'esprit devrait être apaisé aussi souvent que possible par la contemplation de fleurs blanches. Et je devrais finalement me sentir beaucoup mieux dès l'automne.

En attendant, dit-il, cela pouvait aider si, à titre de mesure provisoire, on me faisait un peu d'acupuncture, même si ceci serait peu efficace à cause du ciel trop chargé. Il m'invita à me coucher sur le côté, prit de petites aiguilles de métal dans une boîte laquée, les regarda avec affection et, m'ordonnant de tousser, les lança dans le gras de chaque cuisse. Je reçus ensuite une dose d'un produit qui avait le goût de sels d'Epsom et le docteur, examinant à nouveau les dix-huit pouls, m'affirma que je me trouvais mieux ; ce qui, grâce à la stimulation naturelle des circonstances, était vrai.

D'un certain côté, je trouvai que le docteur suivait les usages occidentaux. Au Cambodge, de toute façon, le prix pour un traitement réussi – aucun honoraire n'est exigé si le traitement échoue – est une pièce de calicot, quatre feuilles de bétel, une noix d'arec, quatre pleines poignées de riz cuit et une bougie de cire collée sur une tranche de bambou. Le docteur convertit ce payement en une simple somme de piastres indochinoises.

Le lendemain, M. Leveau mentionna qu'il avait obtenu des nouvelles d'un avion militaire qui allait parachuter des vivres à un poste, quelque part au nord, et qui s'arrêterait probablement à Luang Prabang sur le chemin du retour vers Vientiane. Au quartier général, on me dit qu'il n'était pas certain que l'avion se pose ici, mais que si c'était le cas, il devrait arriver vers trois heures de l'après-midi. Le contact radio n'avait pu être établi, mais il est certain qu'aucune tentative d'atterrissage ne serait faite après cette heure-là à cause de la brume qui s'épaississait. De plus, Luang Prabang était niché dans une dépression au cœur des montagnes, ce qui rendait le décollage encore plus difficile.

Je commençais à ressentir une horreur irraisonnée à la perspective de rester oisif et ces nouvelles me remplirent d'espoir. Mais à quinze heures, il n'y avait pas d'avion et, comme on n'avait toujours rien entendu vers seize heures, tous mes espoirs s'envolèrent. Le soleil avait de nouveau disparu, étouffé par la brume épaisse, et les contours de la ville s'adoucissaient dans la lumière pâle et jaune. On était prisonnier de l'air comme d'un bain de vapeur. Respirer relevait de l'effort.

A dix-sept heures une vibration croissante emplit le ciel. En quelques minutes, l'avion était au-dessus de nous et semblait, toujours invisible, amorcer une lente descente en spirales. Rapidement, la jeep rouge de Dupont déchira la brume. Il dit que l'avion allait atterrir, mais que s'il devait décoller à nouveau, ce serait immédiatement. Je lançai mes affaires dans la jeep et fis un geste d'au revoir à Leveau. Celui-ci pensait qu'il était trop tard pour que l'avion décolle et dit qu'il m'attendrait pour le dîner. Dupont, grand amateur des situations d'urgence, fonçait vers la berge du fleuve, klaxonnant et gesticulant pour appeler le ferry. Lorsque nous fûmes sur l'eau, nous vîmes l'avion juste au-dessus de nous, à quelques mètres d'altitude, et quand nous atteignîmes le champ, il venait d'atterrir ; c'était un ancien Junker JU51, secoué de convulsions tandis qu'il avançait pesamment sur la piste, les hélices tournant paresseusement.

Il était maintenant six heures moins le quart. Dans une heure, la brume étouffante aurait fait place à une nuit noire. Les *droppermen* voulaient rester, mais le pilote était déterminé à repartir pour Vientiane. Dans un bruit de tonnerre, nous décollâmes par-dessus la chaîne invisible des montagnes. Le pilote n'avait aucune idée de la situation à Vientiane. La radio ne marchait plus et nous n'avions guère le temps de gagner de l'altitude en décrivant un cercle. Nous allions plutôt voler au plus court, suivant les gorges du Mékong. Aussi longtemps que nous verrions le fleuve sans être forcés de trop perdre d'altitude et de rencontrer les courants descendants, tout irait bien. Ainsi, nous continuâmes, fonçant au cœur des montagnes généralement voilées à nos yeux mais qui, parfois, surgissaient devant nous, grises et laides dans la brume. Des gouffres et des sommets se creusaient ou surgissaient soudainement, se renversaient et disparaissaient quand le pilote tournait ; nous vîmes un sanctuaire d'assez près, perché sur un rocher, presque suspendu dans les airs. Enfin, un *dropperman* regarda sa montre et annonça que nous avions passé les montagnes. Presque immédiatement, la lumière s'éteignit. Nous étions comme enfouis dans les ténèbres du métro londonien.

Nous atterrîmes à Vientiane alors qu'un orage monstrueux ouvrait avec fracas la saison des pluies. Les éclairs déchiraient le ciel sans discontinuer, jeux de lumière fabuleux grâce auxquels on distinguait, comme dans les feux d'un projecteur, la chute prodigieuse de la pluie qui, en quelques jours, nettoierait les cieux du Laos et laverait ses routes.

Le Viêt-minh

De nombreux hommes politiques cultivent un penchant certain pour leur propre mise en scène. Ce goût pour les situations dramatiques tirées de modèles fictifs complique inutilement la vie.

Dès mon retour à Saigon, on me proposa un rendez-vous avec un agent qui arrivait juste des quartiers généraux de Nguyen Binh, le général en chef des armées viêt-minh du Sud. Il se porta garant de mon sauf-conduit jusque dans les territoires occupés par le Viêt-minh. Le lieu choisi pour la rencontre semblait inspiré d'un roman d'espionnage.

Je suivis les directives d'un message déposé à l'hôtel et me rendis dans un dancing de Cholon où je croisai mon amie hôtesse. Elle s'excusa auprès des personnes avec qui elle se trouvait puis me rejoignit. Elle me remit un bout de papier sur lequel on avait griffonné une adresse. Je devais m'y rendre à onze heures du matin sans demander personne. Elle avait reçu ce billet, c'était là tout ce qu'elle savait.

Je découvris que l'adresse correspondait à une clinique, dans une ruelle encombrée de Cholon. Juste après mon arrivée en Indochine, cette humanité bourdonnante et bruyante m'aurait ébloui ; les enfants jouaient avec des bouteilles, les coolies boitaient sous leur fardeau, les hommes riches arboraient un vêtement cossu, les chiens et les mendiants erraient ; mais maintenant j'étais immunisé et endurci. Je m'interrogeai sur l'authenticité de l'adresse. Il y avait une pagode d'un côté de la rue et un café en face, mais aucun signe de maison privée.

J'entrai et me retrouvai dans une salle d'attente où des patients étaient alignés le long du mur. C'était probablement la première fois qu'un Européen entrait dans cette pièce et je me sentis bizarre et déplacé, mais comme d'habitude, personne ne leva les yeux. Quelques minutes plus tard une porte s'ouvrit au fond de la pièce, une femme portant un bébé en sortit. Un médecin en blouse blanche se tint dans l'encadrement, attendant le patient suivant. Il ne sembla pas me voir. Une autre femme s'avança et la porte se referma derrière elle.

Il ne restait plus qu'à attendre. Je m'assis sur une chaise libre au bout d'une rangée lorsque tous les patients furent décalés d'un siège. La porte s'ouvrit à nouveau. La femme qui venait d'entrer en sortit. J'aperçus dans l'entrebâillement un arsenal rutilant. Maintenant, le médecin viendrait à nouveau et me verrait. J'avais déjà un quart d'heure de retard sur mon rendez-vous. Quand la silhouette sévère et âgée reparut, je fis un geste discret qui fut ignoré. Le patient en bout de file se leva et entra, nous nous décalâmes tous d'un siège. Je commençais à croire que j'avais reçu la mauvaise adresse et imaginais la situation ridicule qui surviendrait lorsque mon tour de pénétrer dans la salle de soins serait venu. Quelques passants entrèrent pour bavarder avec des amis, entraînant avec eux la rumeur grondante de la rue. Un mendiant aveugle portant un splendide chapeau tonkinois et démodé se faufila ensuite, suivi d'un vendeur de jus de canne glacé et d'un colporteur de poissons rouges. Un coucou en porcelaine *marque Jazz* sonna la demi-heure et quelques patients commencèrent à déballer leurs provisions en regardant l'heure. La porte du médecin s'ouvrit à nouveau. A ce moment, le jeune homme assis à côté de moi m'adressa la parole.

— Etes-vous l'étranger qui veut se promener dans le pays ? demanda-t-il.

Je répondis par l'affirmative. Il se présenta sous le nom de Dinh, nom d'emprunt, assura-t-il avec un sourire forcé. Je remarquai que pour un Vietnamien, il avait un faciès qui ressemblait peu au type mongolien. Ses lèvres étaient minces et cadavériques, l'espace entre ses pommettes inhabituel. Il n'aurait peut-être pas pu passer pour un Français, mais pour un Slave, oui. Il était frappant que ces traits caucasiens caractérisaient également d'autres intellectuels ou révolutionnaires vietnamiens que je rencontrai. Je me demandai si une quelconque mutation physique avait gommé ces particularités mongoliennes, effacement compensé par l'émergence de traits plus occidentaux exprimant l'agressivité, l'impatience ou le goût pour l'action.

Dinh m'informa que tout était en règle pour mon voyage et qu'on me mènerait en territoire viêt-minh, partout où je le souhaitais. La seule difficulté serait de traverser les lignes. Il ne pouvait pas dire exactement quand il serait prêt à partir.

Une jeune fille qui était assise en face de nous se leva et vint nous rejoindre. Dinh la présenta sous le nom de Nguyet, précisant que cela signifiait « rayon de lune ». Elle répliqua à cette indiscrétion par une grimace et s'excusa pour ce nom si vieillot. Elle était la plus belle jeune fille que j'aie jamais vue en Extrême-Orient et avait seize ans. Dinh expliqua qu'elle allait voyager avec moi. Elle avait été blessée et avait reçu la permission de venir à Saigon passer sa convalescence avec ses parents. Comme j'avais toujours cru que les femmes ne se battaient pas dans l'armée viêt-minh, je lui demandai comment elle avait été blessée. Elle répondit que des parachutistes l'avaient capturée pendant qu'elle donnait un spectacle de propagande dans un village. Son costume l'avait empêchée de fuir. On l'avait abattue et laissée pour morte. Comme elle réalisa qu'on parlait de son propre enterrement, elle rampa pour s'enfuir la nuit venue. De toute évidence, elle était très fière de son aventure et semblait pressée de retourner au front. Son mépris pour les frivolités de Saigon était incommensurable.

— Dans le maquis, nous mangeons deux fois par jour, disait-elle avec une satisfaction austère. Un peu de poisson avec du riz ! Certains de nos frères et sœurs, habitués à trop d'abondance, trouvent cette vie difficile au début, mais ils s'y habituent vite. Notre vie est très saine. Nous commençons la journée à cinq heures par de la gymnastique. Et bien sûr, la course à pied et la randonnée sont très appréciées. Tout est bon pour la santé. Les gens sont très joyeux. Ils sourient toujours. Dans les territoires libérés, on entend beaucoup de musique. Tout le monde doit jouer d'un instrument. Mais pas de la musique décadente, bien sûr ! Beethoven et Bach, oui ! Nous les apprécions beaucoup.

Elle continua son exposé sans même reprendre son souffle. Il visait à raviver une foi tout asiatique. Dans ces pays, la tendance était à l'ultrapuritanisme. L'interdiction de fumer (« certains de nos camarades le font en cachette dans les jonques »), de jouer, de boire, de se maquiller, l'habit rude et uniforme, les loisirs communs, les sports obligatoires, la culture forcée (« Nous passons volontiers notre temps libre à éduquer les paysans »)... tout allait à l'encontre des habitudes occidentales de liberté et d'individualisme . Mais l'ingérence de l'Etat dans l'existence du citoyen était déjà chose courante sous les gouvernements paternalistes vietnamiens précédant l'arrivée des Européens. A côté du Viêt-nam de Gia Long, dernier des grands empereurs, l'Etat communiste moderne semble libéral.

L'enthousiasme de Dinh était plus raisonné que celui de la fille, et quand celle-ci partit, il se permit même une réflexion légèrement amère. Je demandai de façon détournée si les pertes viêt-minh étaient lourdes. Il répondit que pratiquement tous ceux qui étaient dans le mouvement au départ avaient été tués.

— Tous sauf les intellectuels, ajouta-t-il ensuite. Les intellectuels ne se laissent pas tuer.

Je lui demandai pourquoi le Viêt-minh autorisait des actes terroristes mineurs à Saigon, comme les grenades lancées la nuit dans les cafés et les cinémas. Il dit que les cibles étaient les propriétaires qui n'avaient pas payé leur contribution aux fonds viêt-minh et que les attentats avaient valeur d'avertissement à la population. D'une certaine manière, cela montrait la désapprobation du Viêt-minh face à ces lieux d'amusement alors qu'on était en guerre. Il me dit que ce genre de besogne était confié à des « exécuteurs » sélectionnés, et en utilisant ce mot, il fit une grimace dégoûtée.

Les tentatives d'organisation aboutirent. Malheureusement pour moi, c'est ce moment que choisit le Viêt-minh pour lancer simultanément plusieurs offensives, les plus sérieuses se déroulant à Tra-vinh, à quelque trente kilomètres de Saigon. Tant que la bataille faisait rage, on ne pouvait rien faire.

Après quelques jours, je rencontrai à nouveau Dinh, une fois encore dans la salle d'attente du médecin. Il me semblait que je pourrais attendre des semaines avant de pouvoir visiter officiellement le Q.G. du général sur la plaine des Joncs et je décidai alors de demander si l'on ne pouvait m'organiser quelque chose de moins ambitieux. Je mentionnai une entreprise dont j'avais entendu parler et qui, bien que travaillant pour le compte des Français, circulait en fait librement à travers le territoire viêt-minh. Les ingénieurs roulaient quotidiennement sur la route en voiture privée, même là où un véhicule blindé français n'eût pas osé s'aventurer, et les soldats viêt-minh s'approchaient quelquefois pour les regarder travailler. C'était un exemple de ces nombreux arrangements privés, telle l'importation de nourriture par les Chinois depuis les régions viêt-minh jusqu'à Saigon. Dans ce cas, le travail de construction était toléré parce que le Viêt-minh pensait qu'il en profiterait un jour.

Comme je connaissais les ingénieurs et qu'ils étaient d'accord de m'emmener, je demandai à Dinh s'il n'était pas possible de pénétrer en territoire viêt-minh par ce biais et s'il ne pouvait pas obtenir pour moi un sauf-conduit permettant de s'y déplacer librement. Mais les Vietnamiens sont traditionnellement formalistes et bureaucrates. Ils vénèrent le mot écrit, le document timbré et contretimbré, le mot de passe, l'ordre signé et contresigné. Comme les Vietnamiens furent gouvernés durant plusieurs siècles par un fonctionnariat objet de toutes les ambitions, ils respectent, de ce fait, toutes les contraintes qu'un tel système impose. Derrière l'écran de ses excuses, j'étais persuadé que le problème réel de Dinh était qu'il devait laisser la décision à une plus haute autorité.

L'objection qu'il formula fut que cette région était coupée du corps principal du territoire et que j'allais ainsi manquer les choses les plus intéressantes : la station de radiodiffusion, les usines d'armement, les filatures de coton, les écoles, les obusiers de 105 mm capturés récemment aux Français et, le plus important, les centres de « rééducation ». Je lui dis que mes fonds n'étaient pas intarissables et que je n'allais pas pouvoir rester beaucoup plus longtemps en Indochine, en voir peu serait donc mieux que rien. Il accepta de se renseigner et me promit une réponse dans deux jours.

Les deux jours passés, la bataille de Tra-vinh continuait. Le Viêt-minh avait capturé un grand nombre de postes défensifs et, au lieu de se retirer comme d'habitude avec le butin, il demandait des renforts et attendait les contre-attaques françaises. Des embuscades furent tendues aux troupes françaises dépêchées d'autres régions, et des opérations de diversion lancées dans les provinces voisines. Ni les Français, ni Dinh, ne savaient si ces affrontements allaient dégénérer en offensive générale. Le Viêt-minh l'avait pourtant promise avant la fin de la saison sèche. Il fut donc convenu que j'irais avec les ingénieurs jusqu'à Tra-vinh où j'attendrais dans un hôtel qu'on vienne me chercher. Au pire, j'y passerais la nuit et serais ramené à Saigon par les ingénieurs le lendemain. Les troupes viêt-minh et les partisans stationnés en ville seraient prévenus de ma présence.

Le lendemain après-midi, je quittai Saigon dans la voiture du directeur de l'entreprise. J'étais conduit par un nouvel employé arrivé fraîchement d'Europe; il n'était pas Français et ne savait rien de la situation politique. Il avait impressionné les Français grâce à une rencontre avec une patrouille viêt-minh : il se baignait tranquillement dans une rivière et la patrouille l'avait trouvé là, alors qu'il sortait de l'eau. Suivit une conversation plutôt amicale et, lorsque la patrouille découvrit qu'il était étranger, ils échangèrent une poignée de main et se quittèrent. Mon ami, qui ne faisait toujours pas la différence entre Viêt-minh et Viêtnam, croyait que sa nationalité serait une sorte de talisman qui le garderait de tous les dangers. Je lui suggérai qu'aux yeux des Vietnamiens, tous les Européens se ressemblent, mais il refusa de me croire. Il était convaincu que son dix pour cent de sang méditerranéen serait universellement reconnu.

Après le Laos, la Cochinchine paraissait rude et intense. C'était comme si la terre avait rouillé en fin de saison sèche. Parfois, sous les rayons du soleil les tuiles d'une tombe scintillaient comme le cristal. Des buffles grimpaient sur la terre desséchée, leurs cornes en forme de croissants brillaient. Les lagunes s'étaient assombries avec l'évaporation des eaux stagnantes et les paysans, cherchant le poisson à tâtons, étaient maculés de boue, si bien qu'à distance leurs chapeaux circulaires semblaient flotter sur l'eau comme des disques d'or. Des jonques voguaient sur les canaux et les rivières, et seule leur voile en forme de nageoire de requin se distinguait à travers les plaines. Une voiture blindée se faufila derrière un bosquet de palmiers où quelques Teutons aux cheveux blancs et à la face écarlate, membres de la Légion étrangère, s'abritaient du soleil.

La ville ne comptait qu'un petit hôtel sordide mais pittoresque. On y entrait par un café, sous un plafond de poissons séchés, puis on montait un escalier étroit dans une obscurité totale. Les chambres avaient des portes battantes, comme dans les saloons. Le lieu avait dû cependant connaître un certain faste car chaque chambre possédait une baignoire dans une alcôve. Une Chinoise prenait un bain dans la mienne, mais elle s'habilla prestement. Nous nous sourîmes et inclinâmes la tête lorsqu'elle sortit. Les radios semblaient fonctionner à pleine puissance dans toutes les chambres, chacune réglée sur une fréquence différente. Peu après mon arrivée, le propriétaire monta et me demanda de régler la note. Il avait apporté une bouteille de cognac et m'offrit un verre. Une petite femme de chambre asiatique rapporta la monnaie. Assise sur le bord du lit en cuivre, elle chantait tandis qu'elle comptait des billets incroyablement sales, espérant que, dégoûté, je les lui laisse en pourboire.

Quelques minutes plus tard, le propriétaire revint accompagné d'une Vietnamienne d'environ douze ans qui, disait-il, était venue me chercher pour me conduire à la maison d'un ami. Je suivis l'enfant et me retrouvai dans une rue dérobée et lugubre. Dans un petit palace, je fus invité à m'asseoir sur une chaise sculptée trônant sur une estrade. Puis je restai seul. Quelques minutes passèrent. La petite fille revint avec un verre de limonade et un bol de noix. Les dragons et les licornes qui se contorsionnaient sur la surface des meubles garnis de perles furent peu à peu absorbés par l'obscurité. La nuit s'installa.

Je somnolais lorsque Dinh arriva. Il était accompagné d'un jeune homme au menton fuyant et qui portait des lunettes. Il s'appelait Trang et semblait joyeux et nerveux à la fois. Tous deux étaient habillés de combinaisons et armés de Sten. Dinh avait apporté une paire de bottes en caoutchouc qu'il me pria d'enfiler mais elles étaient trop petites. Il parut inquiet quant à ma chemise blanche et mes pantalons. Quand nous sortîmes, un rayon de lune étincelant nous éclaira, mais l'habit ne fit aucune différence. Ils étaient plus voyants que moi dans leurs vêtements noirs se découpant sur les grandes surfaces blanches des murs et de la route.

Les rues étaient plutôt désertes. Les troupes de Bao Dai tenaient deux tours de guet de l'autre côté de la ville, mais Dinh affirma qu'elles avaient reçu l'ordre de ne jamais quitter leur poste après le coucher du soleil. Nous entendîmes plusieurs tirs distants auxquels répondirent des aboiements de chiens qui se transformèrent en hurlements. Les chiens avaient probablement reçu des coups de pied pour qu'ils se taisent. Nous marchâmes à l'ombre d'un mur ; Dinh passa devant, je le suivis, Trang ferma la marche. En quelques minutes, nous sortîmes de la ville et descendîmes à quatre pattes vers la berge, le long d'une rizière. Nous étions sur un terrain proche de la rivière, nous faufilant à travers des marais argentés. La brume traînait sur les rives, à fleur d'eau. Au clair de lune, la surface semblait curieusement solide. Quand nous pataugions dans les flaques, une phosphorescence irradiait autour de nos bottes. Un énorme hibou s'abattit sur nos têtes, nous inspecta et passa son chemin avec un cri étrange et retentissant.

Nous atteignîmes un canal où nous attendait un sampan caché dans les palmiers. Deux soldats sur le bateau nous tendirent les mains pour nous aider à embarquer. Eux aussi portaient des combinaisons noires et des chapeaux de brousse australiens. Nous nous assîmes au fond du sampan tandis que les deux hommes, à chaque extrémité, se mirent à ramer au moyen d'une longue pale fixée au bout d'une perche. Après une courte distance, l'un d'entre eux s'arrêta et tenta de faire démarrer le moteur. Ce fut très difficile. Dinh tenait une torche tandis que l'autre mettait le carburateur en pièces. L'essence était de très mauvaise qualité. On l'achetait surtout aux Chinois qui la mélangeaient généralement à de la paraffine. Finalement, le moteur démarra. Son système pour amortir le bruit s'avéra très efficace. D'après Dinh, ils l'avaient bricolé eux-mêmes. On percevait bien quelques cliquetis mécaniques, mais aucun bruit assourdissant.

On ne pouvait entendre grand-chose à cause du coassement des grenouilles qui, dès que nous tournions dans des canaux plus étroits, plongeaient devant nous par centaines. Nous tournions dans un labyrinthe aquatique. Les moustiques, insupportables, me piquaient même au travers des trois paires de chaussettes que je portais habituellement dans cette partie du corps qui semble être leur région favorite, les chevilles. Ils se nourrissaient aussi gloutonnement du front, du cou et des poignets. Nous passâmes des bosquets de palmiers où des lucioles nous offrirent un spectacle étonnant, tissant des banderoles lumineuses à travers les feuilles, ondulant comme la ligne soignée d'une écriture victorienne. Nous arrêtâmes le sampan et éteignîmes le moteur, tandis que les soldats écoutaient le son du mortier et de la mitraillette qui semblaient, en tenant compte de l'effet de l'eau, être à deux ou trois kilomètres de nous. Un peu plus loin, nous stoppâmes à nouveau. Une forme sombre, esquissée par la lune, se profilait devant nous. L'un des rameurs alluma sa petite lampe et de grands oiseaux aquatiques s'envolèrent avec fracas des buissons et des roseaux. L'objet sombre était un sampan glissant sur l'onde. Nous approchâmes lentement, mitraillettes pointées, mais l'embarcation était vide et presque remplie d'eau. Plus bas, nous rencontrâmes un autre obstacle, un tronc en travers du chemin. C'était l'équivalent d'un barrage routier. Après un échange de mots de passe avec des gardiens invisibles placés sur la berge, il fut retiré pour nous laisser un passage.

Peu après, un avion passa en rase-mottes. Il lança une fusée éclairante loin de nous dont le reflet tremblant eut de la peine à s'imposer dans le clair de lune. Les bruits de mitraillette et de mortier recommencèrent. Dinh dit en anglais, « Exciting ! ». C'était l'un des trois adjectifs anglais qu'il prononçait parfois ; les autres étant « captivating » (pour décrire toute vie en territoire viêt-minh) et « regrettable » (réservé aux Français et à leurs actes).

Nous nous arrêtâmes à nouveau à proximité d'un sampan chargé de paysans. Ils reçurent l'ordre d'amarrer. Un soldat, qui semblait être officier, les harangua d'une voix fâchée. Dinh me dit que le camarade officier les blâmait pour avoir désobéi aux ordres du couvre-feu ; cette courte critique était la mesure disciplinaire la plus bénigne. Quelle était la suivante, demandai-je ? Une arrestation suivie d'un blâme public, répondit Dinh, bien que personne ne voulût se montrer dur pour des délits mineurs. Je mentionnai l'ancienne et simple punition vietnamienne de trente coups de canne de rotin ; Dinh me dit que tout le monde la préférerait au blâme public bien moins digne. Il n'y avait pas de honte à être battu car l'offense était punie sur-le-champ. Par contre, il fallait beaucoup de temps pour se remettre d'une critique publique. Les gens en parlaient peu à peu. « Un tel a été critiqué publiquement. » Les méthodes psychologiques étaient moins barbares mais bien plus efficaces. Une offense typique qui entraînerait une telle punition, disait Dinh, serait, par exemple, de n'avoir pas construit, après avertissement, des toilettes extérieures convenables pour la famille.

Nous accostâmes et, en file indienne, suivîmes un chemin à travers les palmiers. La lune se couchait et le bruit des coups de feu lointains avait cessé. Les deux camps semblaient avoir décidé tacitement de limiter les combats nocturnes à la première moitié de la nuit. Même le coassement implacable des grenouilles s'était apaisé. A quelques mètres du bord de l'eau, nous vîmes des huttes de branchages et de feuilles de palmiers. C'était le Q.G. militaire local.

Dinh expliqua que l'unité, établie ici en permanence, s'occupait principalement d'observer les mouvements de l'ennemi, mais que tous les hommes étaient parfaitement entraînés à des tâches plus combatives en cas d'urgence. C'était un poste parmi d'autres dont l'ensemble formait un écran extérieur relié par radio et renvoyant les informations au Q.G. de l'armée cantonné au centre de la plaine des Joncs. Les observateurs partaient d'ici munis d'un système de communication portable ; ils observaient alors par tranches de vingt-quatre heures les mouvements des troupes sur un territoire déterminé. Les informations étaient régulièrement transmises au centre des communications de l'armée puis recoupées avec d'autres pour que, théoriquement, un tracé complet puisse être établi de tous les mouvements des patrouilles ou de groupes opérationnels français, depuis le moment où ils quittent leurs casernes jusqu'à leur retour. On insistait sur la nécessité d'informations extrêmement précises sur le nombre des soldats et le type d'armes emporté. De cette façon, le Q.G. de l'armée pouvait décider si l'ennemi devait être attaqué ou évité. Ce poste en particulier, disait Dinh, grâce à sa position parfaite, était invulnérable, sauf par les airs. On ne pouvait l'approcher que par petits bateaux peu armés risquant de sauter sur les mines posées dans les passages étroits et spécialement conçues à cet effet. Depuis les airs, il avait été rendu invisible par le camouflage des huttes administratives, construites dans les palmiers près de la berge. De plus, on ne tirait jamais sur les avions de reconnaissance, même lorsqu'ils volaient à basse altitude. Plus tard, « très bientôt » pensait Dinh, ces postes périphériques lanceraient des ramifications vers les territoires occupés par les Français tandis qu'ils deviendraient le quartier général d'un bataillon, avec des fonctions purement opérationnelles.

Le Q.G. poursuivait un second objectif, celui de la propagande et de l'éducation. C'était sa mission que d'éradiquer l'analphabétisme de ces régions. D'une alphabétisation totale avant le colonialisme, quand l'ambition de chaque homme était que son fils puisse concourir dans les examens de l'administration, la part de la population illettrée était revenue à quatre-vingts pour cent. Les gens seraient maintenant éduqués, disait Dinh, en territoire viêt-minh où des conditions propices à l'étude prévaudraient. Le fait de ne pas savoir lire et écrire avait été déclaré (avec quelque sévérité) faute punissable. Dans les régions frontalières, comme ici, chacun avait son opinion. Analphabète voulait dire mauvais patriote, clamait le Viêt-minh aux paysans. Et quand ils sauraient lire, le Viêt-minh, bien sûr, s'occuperait de leur fournir la nourriture intellectuelle.

A notre arrivée, tout le personnel du poste, à l'exception des gardes, dormait déjà. Dinh expliqua que le dernier repas était pris à dix-sept heures et qu'ensuite les groupes partaient en canoë, à la nage ou à pied, vaquer à leurs travaux d'alphabétisation dans les villages. Mais durant la semaine dernière, on les avait tous virtuellement consignés à leurs casernes à cause des affrontements dans la région. Des avertissements par radio avaient indiqué plusieurs raids de commandos de marine. Une fois, on avait même été obligé d'envoyer des hommes pour faire diversion alors qu'un poste voisin était attaqué. Apparemment, nous n'avions pas eu de chance avec la planification de notre arrivée.

Le commandant du poste entra. Il était sorti regarder l'attaque que nous avions entendue, elle avait été dirigée contre des tours tenues par les forces de Bao Dai. Agé d'environ vingt-cinq ans, petit, mince et grave, il avait les traits brouillés par les cicatrices de la varicelle. Il ne portait aucune insigne signalant son grade, mais selon Dinh, il était capitaine. On ne saluait pas les officiers, on les appelait frère, comme tout le monde.

— Le respect du supérieur est une seconde nature chez le Vietnamien. Il ne peut croître par le rajout d'un titre.

S'excusant d'avoir été trop occupé pour me montrer lui-même le camp, le commandant dit qu'il y avait une recrudescence d'activité dans tout le secteur et que les troupes de Bao Dai venaient de recevoir l'ordre de les attaquer. Je demandai quelles étaient ses sources d'information et, souriant vaguement, il répondit que c'était son travail que de savoir. Pour anticiper ces attaques, il avait été décidé de capturer, quoi qu'il arrive, toutes les tours et une unité de combat avait été dépêchée avec les armes nécessaires. Je lui demandai si les tours prises seraient conservées. Le commandant, hochant la tête négativement, dit qu'il n'y voyait pas d'intérêt. Elles seraient démolies.

Deux tours avaient été prises cette nuit mais il pensait que le Q.G. aurait pu lancer une attaque de jour sur celles qui restaient. Lorsque c'était possible, il aimait qu'un cameraman filme ces raids pour que les officiers puissent voir comment les commandants se débrouillaient sur le terrain, corrigeant leurs erreurs si nécessaire. Les films des attaques réussies servaient aussi pour la propagande et l'éducation.

Je demandai s'il était possible d'assister à l'une de ces opérations et le commandant, un peu froidement, me dit qu'il croyait la chose peu vraisemblable. Il n'avait aucune autorité pour le permettre. Regrettant peut-être son refus un peu brusque, il ajouta que des actions de ce genre s'avéraient parfois très dangereuses. D'habitude, la tour se rendait sans résistance, ou alors après une résistance de principe, car elle était attaquée par des forces supérieures en nombre. Mais récemment, après qu'une reddition eut suivi des négociations pacifiques, au moment où le groupe viêt-minh s'avançait pour en prendre le contrôle, la tour avait ouvert le feu, tuant l'officier commandant l'opération et un observateur officiel envoyé par le Q.G. C'était un rare exemple de gâchis, dit le commandant, mais il démontrait bien que des accidents étaient possibles.

Parmi les tableaux statistiques qui décoraient la pièce, une affiche de propagande montrait une carte du monde avec la Chine et l'Union soviétique unifiées en une grande masse rouge. Des mots vietnamiens étaient écrits en travers de la carte. Le commandant les traduisit : « Ces gens sont avec vous ». Il surenchérit : « Nos ennemis nous poussent peu à peu au communisme. Si seul le communisme peut nous offrir la liberté, alors nous deviendrons communistes. »

Nous dormîmes sur des couchettes, dans la hutte de garde. Des moustiquaires nous protégeaient et une boîte de pilules contre la malaria traînait sur la table. Un clairon tonitruant me réveilla avant l'aube mais je me rendormis et ne me levai que par un soleil déjà bien haut. L'opération toilette se déroulait dans une hutte équipée de bols de bois alignés. On y trouvait de grandes jarres d'eau. Dinh, déjà debout, entra dans la pièce et dit que le remplissage des jarres à la rivière était l'une des besognes que l'on faisait à tour de rôle, comme la cuisine et les autres travaux domestiques.

Il me suggéra ensuite une baignade et nous descendîmes nager dans une mare jaunâtre et tiède. Dinh mentionna qu'elle était réservée aux hommes et que celle des femmes était plus loin, le long de la rivière, modestement cachée par un écran. Je la remarquai derrière des palmiers étonnamment grands. Pendant un certain temps, disait Dinh, le naturisme et le bronzage mixte avaient été officiellement considérés comme relaxations culturelles, on y consacrait une demi-heure de la journée avec l'approbation des autorités. Mais aujourd'hui on les désavouait, tout comme la poésie lyrique, parce qu'on les jugeait préjudiciables à l'adoption d'une attitude réaliste face aux problèmes actuels. Les histoires d'amour portaient également préjudice à l'efficacité et ne devaient être tolérées, tout comme l'acte de fumer, qu'au fond d'une jonque.

A dix heures, le premier repas fut servi. Comme chez les Quackers, les filles baissaient les yeux avec modestie d'un côté de la table ; les hommes se tenaient de l'autre côté, habillés de calicot noir. La tentation de dévisager l'étranger était grande. Dinh me dit qu'à l'intérieur du territoire viêt-minh, certains jeunes n'avaient pas vu d'Occidentaux depuis leur enfance. Leur première expérience des traits rougeauds, féroces et souvent barbus de l'ennemi s'avérait particulièrement terrifiante.

Le repas comprenait du *tit ca* – porc mijoté dans du lait de coco – et des boulettes de riz gluant. Curieusement, ce riz « gluant » n'était pas du tout collant. Il ne pouvait être plus différent que le riz mangé en Angleterre. Chaque grain est séparé, ferme et grisâtre, presque sec ; la cuisson est faite de telle façon que les grains collent entre eux pour être roulés en boules. Il y avait du *nuoc mâm* de mauvaise qualité dans lequel on trempait le riz ; il était aqueux, noir et nauséabond. En silence, la nourriture fut rapidement avalée, on n'avait que quinze minutes. Selon Dinh, une sieste d'un quart d'heure puis un bref moment de gymnastique suivraient. Le commandant le corrigea. D'après une nouvelle directive, la deuxième partie d'une journée dédiée à la culture physique pourrait être remplacée, selon les circonstances, par des chants communs. Chacun se lava les mains dans une jarre d'eau et un bol placés devant la porte de la hutte et se consacra à l'interprétation orientale sévère d'un hymne à la bravoure.

Le poste avait un prisonnier dont tous étaient fiers. Ils s'excusèrent de ne pas avoir eu l'occasion de l'envoyer à la prison militaire. Il semblait pourtant évident qu'ils le garderaient aussi longtemps qu'ils le pouvaient et qu'ils le considéraient comme le boa constricteur du poste français – comme un monstre fabuleux qui, une fois rendu inoffensif, était devenu leur mascotte, objet d'une curiosité sympathique. C'était un légionnaire allemand trouvé plus ou moins par accident après que sa jeep eut explosé sur une mine. Celle-ci ne semblait pas avoir été très puissante car les autres occupants du véhicule purent s'enfuir, abandonnant cet homme, blessé à la jambe. Le commandant dit qu'ils l'avaient trouvé assez ouvert à leur cause et que, sans aucun doute, les Français l'avaient obligé à combattre pour eux. Il espérait qu'après un cours d'endoctrinement et une période d'observation, il aurait la chance de pouvoir s'engager dans l'armée viêt-minh. Dinh m'apprit que la loyauté des candidats était testée en fin d'endoctrinement par une occasion de fuir. Quand des raids de commandos avaient lieu à proximité des cages des prisonniers, les gardes se dispersaient, disant aux prisonniers de rester là. Ceux qui obéissaient recevaient des notes de bonne conduite et quelques privilèges.

Aucun garde n'était posté près de la hutte du prisonnier. Même sans ses blessures à la jambe, disait le commandant, ni lui ni personne ne pouvaient espérer fuir dans ce dédale de marais. L'Allemand était petit, noiraud et mince, diminué peut-être par ses mésaventures. Il était couché sur son grabat, la jambe bandée de papier. Quand il se rendit compte que je n'étais pas un autre prisonnier, il se montra maussade et hostile. Je lui demandai comment il se sentait et il répondit que ses jambes le faisaient constamment souffrir et qu'il donnerait un an de solde pour un paquet de cigarettes. Au début, il refusa de donner son nom mais plus tard il dit s'appeler Breczina. Il était Sudète et avait servi comme *Unterscharführer* dans la Waffen S.S. Il avait été sélectionné pour cela, disait-il, puis, avait été blessé sur les fronts de l'Ouest et de Russie. Lorsque je lui demandai s'il était bien traité, il dit qu'il ne pouvait pas se plaindre mais que la nourriture était infecte. Etait-il vrai qu'on l'avait converti aux vues viêt-minh ? Il fit une grimace. Je pouvais imaginer ce qu'il pensait des rouges, mais si le pire devait encore venir, il deviendrait rapidement officier de l'armée viêt-minh – on lui avait dit que les Allemands de la Légion prenaient parfois des commissions – plutôt que de pourrir comme prisonnier de guerre. Son destin avait peu d'importance, puisque la défaite de l'Allemagne avait démontré que l'univers n'a aucune raison d'être. Pour l'instant, il était juste gêné par la perte de ses lunettes. Son seul chagrin était que ces mésaventures avaient encore reculé le jour où il verrait à nouveau ses parents. Il ne les avait pas revus depuis qu'il avait quitté l'école pour entrer dans l'armée.

Plus tard dans la journée, on constata une certaine activité aérienne. Un avion nous survola et décrivit plusieurs cercles au-dessus de la région, comme s'il prenait des photos. La tentation de tirer était grande puisqu'il passait très bas. Dinh pensa qu'il y avait une chance sur deux de le descendre avec une mitrailleuse. Il dit que dans le sud, le Viêt-minh était mal équipé en moyens de défense anti-aérienne et qu'un règlement stipulait que si un fusil avait été utilisé une fois, il devait être immédiatement déplacé. Peu après que l'avion eût surgi, un coup de sifflet retentit comme signal de se mettre à couvert. Plus tard, on ordonna que toute personne sans fonction reste dans sa hutte pour la journée. L'expérience au front, sauf si l'armée est en mouvement, est très limitée dans ces zones. Si le secteur est par exemple une petite île cachée par des écrans de végétation dans un marais, autant dire que la vision qu'on a des événements est aussi réduite que si on se trouvait dans un sous-marin.

Il fut décidé que nous partirions dès qu'il ferait noir car, comme il n'y avait pas eu d'activité pendant la journée, la nuit promettait d'être agitée. Nous montâmes sur le sampan au crépuscule et, d'après la cordialité de dernière minute du commandant, il sembla ravi de nous voir partir.

Une fois de plus, la nuit était parfaitement claire, avec un ciel argenté, délimité par un horizon sans fin de palmiers blancs. Le sampan glissait doucement sur l'eau comme une gondole à travers des voies bordées de bambous ; nous arrivâmes enfin sur une rive, abandonnâmes le bateau et escaladâmes une petite colline. Il avait dû y avoir un village autrefois car, bien que toutes les cabanes eussent disparu, un groupe de tombes y demeurait encore, présence étonnante de pierres blanches et d'os sur une terre indifférente. Tout autour se déployait une jungle délavée de palmiers, et devant nous s'étendait un champ dégagé. Au centre de cette clairière, à environ un kilomètre, s'élevait une tour, petite, nette, d'allure médiévale, avec sa ceinture de bambous, isolée sur la plaine qui brillait comme la surface monotone d'une patinoire.

— J'ai une surprise pour vous, dit Dinh en regardant sa montre. Dans quinze minutes, l'attaque va être déclenchée.

Mais un quart d'heure plus tard, rien ne se passa. Quinze autres minutes s'écoulèrent encore, Dinh commençait à devenir nerveux. Le groupe d'assaut devait être là, disait-il, mais sans doute caché dans un repli invisible du terrain. Nous entendîmes ensuite un grondement de faible intensité, le brouillage discontinu d'une radio mal réglée ou les basses d'un gramophone mourant.

— Les haut-parleurs, s'exclama Dinh triomphant.

Ils invitaient la tour à se rendre.

Le grognement s'arrêta et un long silence s'installa. C'était un spectacle très ordonné, intensifié par le décor et l'éclairage théâtraux. Il y avait là la tour, jouet bien fait et gracieux, solide et intact. Pendant ce temps, la douzaine d'hommes qui la défendaient devaient être tapis quelque part à sa base, rampant peut-être afin de trouver un abri supplémentaire, comme on le fait parfois en de tels cas d'urgence sous un meuble incongru. A tout moment, la tour pouvait s'écrouler sous nos yeux, se dissoudre ou se démanteler avec le ralenti caractéristique des destructions observées à distance. Cela rappelait l'instant où, dans l'arène, la porte du toril était brusquement ouverte, et on attendait l'entrée du taureau avec excitation et une légère inquiétude.

A grande distance de la tour, un léger trouble parcourut la plaine, se rassemblant en un nuage argenté de fumée ; il perdit ensuite sa forme. Une explosion tonna à nos oreilles. Il semblait impossible que la tour ait été la cible de l'obus. Un autre nuage de fumée, insignifiant, s'éleva et disparut. Il avait l'air plus proche que le premier, mais encore assez éloigné. Dinh pensa qu'il s'agissait d'une équipe sans expérience qui s'entraînait. D'après la violence des explosions, il crut qu'ils utilisaient un mortier inhabituel, qui lui parut inadapté à cette mission. Un petit canon aurait suffi pour démolir entièrement la tour en quelques coups. A moins qu'un des obus de mortier n'atterrisse juste sur le toit de la tour, tout était vain.

Il y eut un crissement faible et lointain, comme si un lourd portail de fer tournait sur ses gons. Nous baissâmes légèrement la tête. Le crissement s'arrêta dans une explosion plus aiguë mais moins pesante que les obus de mortier et le nuage de fumée s'éleva plus près de la tour. Les assiégeants étaient sous le feu des Français. Un autre sifflement se dirigea directement vers nous et nous plongeâmes derrière le mur d'une tombe tandis que de la terre noire s'élevait à mi-chemin entre nous et la tour. Dinh ressortit son « Exciting ! ». Au même instant, de la fumée s'échappa de la base de la tour et nous vîmes des flammes qui vacillèrent quelques secondes et s'éteignirent.

— Un coup direct, s'exclama Dinh. Ils vont se rendre maintenant. Effectivement, nous perçûmes un mouvement, comme celui d'un insecte, de l'autre côté de la palissade, rapidement masqué par une dénivellation du sol. La garnison s'était rendue. Quelques obus furent encore lancés puis le silence se réinstalla.

Les Asiatiques semblaient se contenter de ces feux d'artifice limités pour régler leurs différends. Une bouffée de fumée, une résistance d'une demi-heure pour sauver la face, et tout était terminé. Pour les vaincus, une période probatoire d'endoctrinement puis un changement de drapeau compléteraient le tableau. Ce n'était pas si éloigné de l'ancienne conception sinoannamite de la guerre, devenue si étrangement pittoresque, presque dilettante, dans ses demi-mesures et ses courtoisies grotesques. Les généraux opposés se rencontraient afin de fixer la date et le lieu de la bataille en consultant des entrailles de poularde ; les guerriers portaient des lanternes la nuit pour donner à leurs ennemis une chance de les repérer ; la bataille était suspendue pendant le mauvais temps et la victoire donnée au camp montrant le plus de professionnalisme dans le battement du gong. On se souvient des manuels militaires – indispensables à la guerre traditionnelle dans le plus pur style vietnamien –, des sympathiques mangeurs de feu, du général Dao et du maréchal Khe, de leurs discussions courtoises sur la meilleure façon de cuire le riz à cheval alors qu'ils étaient en campagne, de leur emphase sur le pouvoir des masques agressifs, ou en leur absence, de l'importance de faire des grimaces à l'ennemi.

La victoire, comme l'observe Pasquier dans son étude sur l'armée vietnamienne, est généralement accordée en évitant le recours aux armes au camp reconnu comme ayant l'ascendant moral. Cela fait partie du pacifisme fondamental d'un peuple qui a pour adage : « Le plus grand honneur qu'un être humain puisse jamais espérer est celui de retourner dans son village avec le titre de Docteur ès Lettres, obtenu aux concours triennaux de Hué. A défaut, il n'est pas mauvais de devenir Maréchal de l'Empire ayant remporté de grandes victoires sur l'ennemi. »

Le lendemain après-midi, je revis Saigon pour la dernière fois. Je revenais en voiture avec l'ingénieur. En ville, la nuit avait été « tranquille ». Cela signifiait que seul un petit nombre de grenades avaient explosé. Mais il redoutait des problèmes plus graves car tout un bateau d'Africains était arrivé. Ils remplissaient déjà les rues.

En fait, comme nous arrivions dans la banlieue, nous les vîmes, ces Sénégalais, errant comme des enfants perdus près des postes qu'on leur avait attribués – têtes noires de géants qui dominaient la foule asiatique anonyme.

Les premiers étrangers en ces terres, disait Borri, avaient été des marins naufragés qui « prirent ce pays en telle affection qu'aucun homme ne voulut repartir. Le capitaine du bateau fut contraint de les ramener à bord avec moult coups et blessures. Il chargea le bateau avec le riz que l'équipage avait amassé et qui criait : « j'ai faim ».

C'était, bien sûr, la fin de l'histoire, le cercle qui se refermait... ces Noirs effrayés côtoyant les indigènes renfrognés détournant leurs visages. Les successeurs des naufragés européens étaient revenus en nombre, prêchant, commerçant, se glissant jusqu'au cœur du pays, le modifiant, le remodelant, et finalement, l'accaparant. Aujourd'hui, ils se retiraient de nouveau sur le port de leur arrivée où, derrière ce rempart africain, ils attendaient les sursauts du destin.

Je me demandai si tout cela valait la peine – bref mariage forcé avec l'Occident qui allait être implacablement brisé. Y avait-il, après tout, une raison mystérieuse à tout ce sang versé, aux années de mépris, à la servitude, au dédain ? Ce processus sera-t-il finalement positif ? Les nations libres d'Indochine, dans leur renaissance proche, auront-elles gagné à avoir connu cette rupture forcée avec leur ancienne et immuable façon de vivre, manière de vivre qui allait être remplacée par une philosophie matérialiste et par l'idéal tout-puissant d'un niveau de vie élevé ?

Aucune réponse définitive ne peut être donnée à ces questions puisqu'il n'y a pas de mesures pour le bonheur, et même une réponse partielle ne pourra être fournie que par un observateur de la génération à venir.

Cet ouvrage a été reproduit
par procédé photomécanique
par la SOCIÉTÉ NOUVELLE FIRMIN-DIDOT
Mesnil-sur-l'Estrée
pour le compte des Éditions U.G.E.
en août 1996

Imprimé en France
Dépôt légal : septembre 1996
N° d'édition : 2702 – N° d'impression : 35553